KB252501

GAME
상호작용 이야기

우리는, 왜, 게임에 몰입하게 되는가

일러두기

- 가독성을 위하여 문맥상 구분이 어려운 특수한 경우를 제외하고는 게임 제목에는 ' ' 기호를 표기하지 않았습니다.
- 논문과 영화, TV프로그램 제목에는 〈 〉를, 책 제목에는 《 》를 사용했습니다.

상호작용 이야기

우리는, 왜, 게임에 몰입하게 되는가

이용설

한얼

노란 셀로판지로 유리창을 바른 80년대 후반 오락실. 대다수의 또래 친구들과는 달리 오락실을 통해서가 아니라, 친한 친구의 집에 있던 비디오 게임기를 통해 게임을 처음으로 접했다. 도트 그래픽과 8비트 사운드의 단순한 슈팅 게임이었지만 화면에 나오는 비행기가 조작대로 움직인다는 사실은 몇 개월간 꿈에 나올 성도로 매력적이었다.

게임과 인연을 맺게 된지 30년이 지난 후 게임에 관한 책을 쓰는 것은 필자의 30년 삶에서 느껴왔던 즐거움을 돌이켜 보는 의미이기도 하다. 게임과 각종 문화콘텐츠에 빠져 하라는 공부에 소홀했던 나를 어떻게든 '정상화' 시켜보려는 부모님의 열성을 배신하고, 게임 프로듀서의 꿈을 품고 적성에 맞지 않는 공학대학에 진학하기도 했다. 후회가 없는 것은 아니지만 청소년기에 상상했던 장밋빛 미래와 차가운 현실 사이의 괴리를 인식하는 계기가 되었다는 점에서 그다지 나쁜 선택은 아니었던 듯하다. 바라던 대로 게임 기획자가 되었으나 그저 게이머로서 몰두하기만 했다면 책을 쓸 생각은 하지 못했을 것이다. 20대 이후 흔한 온라인 게임에 흥미를 느끼지 못하고 휴식기를 가졌기에, 한 발 떨어진 곳에서 보다 중립적 시각을 가질 수 있게 되지 않았을까 한다. 비슷한 시기를 겪었을 30대 게이머들에게 추억을 되살리고 공감할 수 있는 코드를 느끼게 할 수 있다면 필자로서는 행복할 것이다.

한국은 좋은 의미로 미쳐야 성공할 수 있다는 신화를 신봉하는 사회다. 대다수의 국민들은 일에 미치지만, 일이 아닌 다른 것에 미칠 정도로 몰두하는 사람도 적지 않다. 낚시에, 여행에, 야구 등 아웃도어 취미활동에 미쳐있는 사람은 그나마 괜찮지만, 그렇지 않아도 사회적 인식이 부정적인 '게임'에 미친 사람은 지위고하를 막론하고 사회부적응자 취급을 받는다. 일부 게임플레이에 미친 청소년들이 프로게이머라는 직종을 창출해 냈지만, 프로게이머들의 열정과 노력이 게임에 대한 인식을 근본부터 변화시키지는 못했다. 사회 주류의 시선은 스타급 프로게이머들이 벌어들이는 연봉에만 향해 있었기 때문이다.

필자는 한국 사회가 구성원들에게 미칠 것을 강요하지 않는 사회가 되었으면 한다. 개인의 삶에서 직업 활동은 가장 큰 부분을 차지하는 것이 일반적이긴 하다. 그러나 일이 인생의 전부가 되어서는 안 되는 것처럼, 게이머에게도 게임이 전부가 되어서는 바람직하지 않을 것이다. 게임을 직업으로 삼는 사람이건, PC방에서 인생을 즐기는 사람이건 게임은 즐거워야 한다. 현실에서의 치열함을 게임에서도 재현하려 하고, 타인과 경쟁해서 이기기 위해 의미 없는 시간을 게임공간에서 보내다 허탈한 결말을 맞이한다면 현실의 괴로움 못지않은 상실감을 느낀다. 일중독도 그렇지만 게임중독 역시 단기적 성과와 쾌감을 극대화시킬 수 있을지는 모르나, 장기적으로 심신이 피폐해지기 일쑤라는 점에서 공통된다.

문제는 게임제작·유통사들의 제작 초점도 유저들을 '미치게' 만드는 것에 고정되어 있다는 것이다. 물론 유저들을 미치게 만들면 단기 수익성을 확보할 수 있을지는 모르나, 게임 생태계의 유지와 발전을 위해서는 소비자와 장기적으로 공생해야 한다는 태도를 잊어서는 안 된다. 일부 미친 유저들을 위해서가 아니라, 게임을 통해 인간의 다양한 즐거움을 제공함으로써 유저들과 신뢰를 구축함으로써 미치지 않은 유저들이 게임을 하나의 취미로 자연스럽게 받아들일 수 있게 하지 않는다면, 현실에서도 게임에서도 미친 사람들이 주도하는 세상에 지쳐가게 될 것이다.

필자는 미쳐있거나, 미쳐있지 않은 유저들이 모두 공감할 수 있는 내용을 전달하고자 했다. 물론 게임에 미쳐있는 유저들이라면 책을 사거나 볼 시간에 레벨이나 하나 더 올리겠지만. 내용을 읽고 게임이 제공해야 하는 재미와, 유저들이 느끼고 있는 재미를 발견하는 계기가 될 수 있다면 한다. 게임 스토리텔링에 관련한 담론을 담고자 노력했으나, 개인의 취향과 가치관에 따라, 혹은 게임에 대한 이해관계의 차이에 따라 충분히 다른 시각으로 받아들일 수 있다는 점은 분명하다. 따라서 필자가 제시하는 담론의 초점은 독자들에게 게임에 대한 하나의 참고적 시각으로서 받아들여지기를 희망하는 바이다.

항상 응원을 아끼지 않고 필자를 지원해 준 아내, 자문을 통해 내용의 완성에 큰 도움을 주신 부친과 글의 완성도를 확인, 교정해 주신 모친, 같은 게이머로서 필자의 독단을 지적한 동생 내외, 출판 작업을 도와준 관계자 여러분에 깊은 감사를 드리고자 한다.

Chap I 게임이란 무엇인가

Chap I

게임이란 무엇인가

01 서든어택 2
서비스 종료

23일 후

2016년 7월 29일 15시 1분, 한국 최대의 게임회사 넥슨은 서든어택 2 서비스 종료를 공지하였다. 넥슨은 차기 주력 게임으로서 알파·베타 테스트 포함 4년의 개발기간과 300억을 상회하는 개발비용을 서든어택 2에 투입하였기 때문에 유저들의 기대치는 매우 높았다. 그러나 넥슨은 정식 상용화 서비스를 개시한지 고작 23일 만에 실패를 인정하고 서비스 종료를 결정한다.

출시 전 대대적인 TV광고를 통해 관심이 집중된 상황이었기 때문에, 서든어택 2 서비스 조기 종료는 게임계 이슈를 넘어 문화산업계 전

서든어택 2 서비스 종료 공지

반에 파문을 던졌다. 서비스 종료 공지가 발표되기 전부터 한국 온라인 커뮤니티 다수가 서든어택 2의 부실함에 대한 실망감으로 뒤덮여 단점을 분석하고 나열하는 상황이었다. 출시 전부터 품질 저하 문제로 우려를 표명하던 유저들에게 공격성을 보이던 일부 개발인력들의 오판까지 재조명되는 판국에 이르렀다. 전작 서든어택은 리니지와 함께 국산 온라인 게임의 대표성을 가지고 있었다는 점을 감안하면, 서든어택 2의 처참한 몰락이 국산 게임 업계의 전반적인 하락세와 직결될 가능성이 제기되었다.

서비스 종료가 확정되자 서든어택 2를 홍보하고 옹호하던 게임 언론사들도 등을 돌린다. 300억의 개발비가 투자된 게임의 조기 철수 소식이 일부 포털사이트를 장식하기도 했다. 그러나 기사의 면면을 살펴보면 서든어택 2 서비스 종료 관련 기사는 사실 관계와 분석 방향이 본질에서 벗어나 있다는 느낌을 지울 수 없다. 정도의 차이는 있으나 대부분의 기사가 '출시 일주일 만에 여성 캐릭터 성 상품화 및 선정성 논란이 불거졌고 출시 23일 만에 서비스 종료가 결정됐습니다.'라는 요지로 마무리된다. 완성도와 마케팅 실수, 기획 및 개발 과정의 실책에 대한 언급은 없고, 서든어택 2의 선정성 때문에 사회적 지탄을 받아 서비스를 중단하게 되었다는 결론이다.

표류하는 게임 생태계

서든어택 2 서비스 조기 종료 사태, 그리고 해당 사태를 진단한 기사는 한국 게임 산업 생태계 전반의 기형적 발전을 압축해서 보여준다. 게임 제작자, 유저, 그리고 기성세대의 인식을 반영해 관련 법령 및 제도를 지원하는 공공부처로 구성된 게임 산업 생태계는 전자 게임 산업이 본격화되기 시작한 1980년대 중반부터 30년이 지난 현재까지 확고한 중심축 없이 성장해 왔다.

서든어택 2 사태의 핵심은 300억 투자 실패보다 실패 원인에 대해 생태계 구성원들이 공유하는 인식이 없다는 점이다. 제작자, 유저, 기성세대들이 각각 게임이라는 매체에 대해 다른 인식을 가지고 있는지도 모른다. 제작사는 유저들의 지갑을 열게 하는 사행성 상품으로, 유저는 시간때우기용 콘텐츠로, 기성세대는 사회 부적응자들의 도피처로 각각 다르게 인식하고 있다면 서든어택 2 조기 종료와 유사한 참사는 반복될 수밖에 없다.

한국 게임 생태계 위기는 구성원들 사이의 비정상적 상호작용이 장기간 축적된 결과에 가깝다. 함량 미달 콘텐츠의 양산을 야기하는 비합리적 소비행태, 실효성 없는 규제와 게임계가 창출하는 수익에 현혹된 관련 부처 및 유관기관, 게임을 사회악으로 바라보는 사회 전반적 분위기는 게임에 대해 편향된 시각을 가지고 있는 각 구성원의 상호불신을 통해 형성되었다.

게임 생태계의 불신 풍조

게임 생태계를 흔드는 뿌리는 '불신'에 있다.

제작자 입장에서는 공들여 좋은 콘텐츠를 만들어도 정당한 대가를 지불하려 들지 않는 유저들에 대한 불신이 자리잡고 있다. 게임 콘텐츠의 품질 향상을 통해 수익을 얻기보다 극단적인 경쟁을 유도하고 과금 시스템과 이벤트에 집중하여 단기간에 최대한의 수익을 뽑은 후 차기

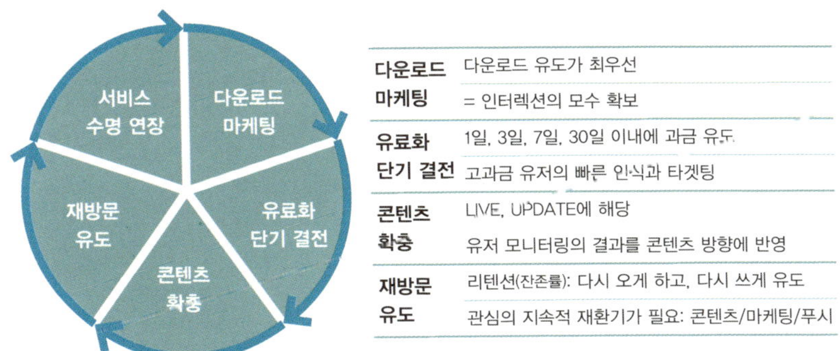

다운로드 마케팅	다운로드 유도가 최우선 = 인터렉션의 모수 확보
유료화 단기 결전	1일, 3일, 7일, 30일 이내에 과금 유도. 고과금 유저의 빠른 인식과 타겟팅
콘텐츠 확충	LIVE, UPDATE에 해당 유저 모니터링의 결과를 콘텐츠 방향에 반영
재방문 유도	리텐션(잔존률): 다시 오게 하고, 다시 쓰게 유도 관심의 지속적 재환기가 필요: 콘텐츠/마케팅/푸시

모바일 게임 서비스 주기: 과금과 재방문 유도(와일드카드 리포트 2014)

작을 출시해 동일한 행태를 반복하려는 제작사들이 도태되기는커녕 성
장을 거듭해 왔다. 정상적인 지원은 고사하고 셧다운제 등 실효성 없는
규제 남발로 게임계가 창출하는 수익에만 관심을 가지는 각종 협회와
위원회 등 관련 부처에 대한 업계의 불신 역시 뿌리가 깊다.

유저들 역시 제작자들에 대해 신뢰를 하기 어렵다. 게임의 작품성에
는 신경 쓰지 않고 노골적인 과금(주로 게임 내 아이템 거래 및 사행성 이벤
트를 통해 추가적인 금액 지불을 요구하는 행위) 시스템에만 집중하는 행태
에 유저들은 지쳐있다. 그럼에도 불구하고 다른 선택지가 적다 보니 지
속적으로 과금을 감당하며 국산 온라인 게임을 즐기는 유저들이 적지
않다. 불만과 불신이 누적된 한국 유저들은 국산 온라인 게임이 실패할
때 앞장서 비웃는 역할을 맡는다. 유저들은 게임 관련 기관이 추진하는
정책과 규제에 대해서도 냉소를 보낼 뿐이다. 유저 입장에서 볼 때 게
임 관련 기관이 내놓는 정책은 게임에 대한 몰이해의 산물에 불과하기
때문이다.

게임 관련 공공기관들은 유저와 제작사의 관점이 아니라 기성세대
의 시선으로 게임을 '규제'하려 한다. 게임에 대한 기성세대들의 부정
적 편견(현실감 상실, 중독 현상, 폭력성 및 선정성 강화)을 토대로 게임이 미
치는 해악을 최소화하는 것을 우선시한다. 당연히 게임 제작자와 유저
들에 대한 불신을 기저에 두게 된다.

게임 생태계를 왜곡된 방향으로 이끄는 상호불신의 고리를 풀기 위한 첫 단계는 공감대 형성이다. 게임을 만드는 입장, 게임을 즐기는 입장, 게임을 관리하는 입장이 게임이라는 대상을 각각 다르게 파악하고 있다면 이부터 바로잡아야 한다. 게임이 가진 긍정적인 면과 부정적인 면 모두를 인정하고 본질에 대해 공유된 이해와 인식을 가져야 한다.

'게임이란 무엇인가?'라는 질문을 게임 생태계 구성원에게 던져보자. 게임 제작에 종사하는 개발자도, 매일 게임을 즐기는 유저도, 게임물 심의와 규제를 담당하는 공무원도 명료하게 답변하는 경우가 드물다. 컴퓨터나 콘솔 하드웨어, 휴대용 단말기로 레버와 버튼, 키보드를 통해 조작하는 시청각 소프트웨어 정도로 막연하게 설명할 뿐이다.

짧게는 30년, 전자 게임의 출현 이전 바둑과 장기, 가위바위보까지 포함하면 수천, 수만 년을 인류와 함께한 놀이문화가 게임이라 할 수 있다. 그럼에도 불구하고 게임의 본질에 대해 고찰하고 요약 정리한 개념이 미비하다는 점은 놀랍다. 어쩌면 우리는 실체가 불명확한 대상을 수십 년간 만들고, 즐기고, 관리하러 했다고도 할 수 있다.

게임중독

게임에 대한 왜곡된 인식을 대표하는 현상이 게임중독이다. 게임의 본질에 대한 논의가 없다시피 한 반면, 게임에 중독되는 청소년들에 대한 우려와 반감의 역사는 짧지 않다.

한국은 세계적인 게임강국으로 알려진데다 세계 최초로 프로게이머라는 직업을 탄생시켰으며 개인방송 플랫폼에서도 게임방송으로 성공적 사업모델을 구축한 국가다. 프로게이머와 게임방송이 공식화되기 이전 헤비 게이머들은 기성세대의 시각에서 영락없는 게임중독자였다. 현재 기준으로도 게임에 투자하는 시간과 돈의 비중이 과도해 게임중독으로 진단되는 유저들의 비율이 적지 않다. 한국 온라인 게임 산업의 견인차 역할을 해온 PC방 번영의 핵심 원인은 숙식을 PC방에서 해결하며 삶의 대부분을 게임에 투자한 헤비유저들의 기여 덕분이었다. 중독성 있는 게임을 설계하는 것이 제작자의 핵심 자질이기도 하다.

그러나 게임중독이 특별한 현상은 아니라는 점을 분명히 해야 한다. 중독은 인간이 가진 본성 중 하나다. 개인의 취미가 과도하면 무엇이든 중독으로 나아간다. 알콜중독, 도박중독, 마약중독 등 아예 범죄의 영역에 포함되는 중독을 제외한다 해도 소설중독, 골프중독, 낚시중독, 바둑중독 등 인간이 즐기는 모든 취미는 중독의 위험성을 내포하고 있다. 중독의 위험성은 취미의 건전성과는 상관관계가 없다.

중독의 위험성이 있다고 해서 취미 자체를 소멸시키고 부정하는 것은 문제를 회피하는 태도다. 인간은 유희적 동물이며 유희활동이 과도해서 중독으로 나아갈 위험성이 있다는 이유로 유희를 부정하고 삭제할 수는 없다. 중독의 해악을 방지하고 완화하기 위해서는 중독의 원인과 중독 과정을 면밀히 고찰해서 취미가 중독으로 변질되지 않도록 장치를 마련해야 한다.

게임의 재미

왜 게임중독이 존재하는가? 유저들은 왜 그렇게 게임을 하지 못해 안달이며 침식을 잊고 건강마저 해쳐가면서 행복해하는가? 이는 게임의 해악을 방지하고자 하는 게임 관련 기관들뿐만 아니라, 재미있는 게임을 통해 유저들을 끌어들여야 하는 제작자에게도 중요한 화두다. 유저 역시 무엇 때문에 게임에 빠져드는가를 이해할 때 자신이 원하는 재미를 제공하는 작품을 쉽게 취사선택할 수 있다.

앞서 던졌던 게임의 본질에 대한 의문을 다시 반복해 보자. 게임 생태계 구성원들에게 '유저들은 왜 게임에 빠져들까'라는 질문을 던져보면 다양한 답변이 나올 것이다. 그러나 게임의 본질에 대한 의문과는 달리 게임에 빠져드는 이유에 대해서는 대다수가 한 가지 맥락에 도달하게 된다. 인간이 게임에 빠져드는 이유는, 재미있기 때문이다. 유저들은 수면과 식사를 희생시키면서도 게임을 통해 재미를 느끼기 때문에 게임에 중독된다.

결국 게임중독 현상을 해결하기 위한 출발점은 게임이 왜 재미있는가에 대한 의문에서 시작해야 한다. 게임은 왜 재미있을까, 게임을 즐기는 사람만큼이나 게임을 즐기지 않는 사람도 많다. 코미디 영화를 좋아하는 팬이 있고 호러 영화만 좋아하는 팬이 따로 있듯 게임에 대한 호불호도 갈린다. 게임의 재미를 고찰하여 보편적 결론에 다다르려는 시도는 오류가 있을 수 있다. 학습만화, 성인만화, 소년만화가 다른 독자층을 가지고 다른 재미를 제공하는 것처럼, 게임 역시 다양한 유저들에게 다양한 재미의 가능성을 제시한다.

게임의 개념과 재미의 본질

게임, 그리고 게임 산업은 한국사회에서 외면하거나 부정할 수 없는 위치에 오른지 오래다. 언론에서 한류산업의 성공을 찬양하지만, 다른 문화콘텐츠는 게임 산업이 창출하는 매출 및 수익 관점에서 비교가 되지 않는다. 한국의 게임 산업은 20세기 중후반 한국의 신속한 산업화처럼 양적 성장이 두드러졌으나 곧바로 찾아온 IMF 상황처럼 부실한 질적 구조를 벗어나지 못하고 있다. 게임에 대한 공유된 개념 인식과 게임이 제공하는 재미의 본질을 탐구함으로써 기형적 성장의 고리를 끊고 제작자, 유저, 사회 주류 층 사이의 상호 신뢰 관계 구조를 확립하는 것이 지속적 성장의 열쇠다.

02 게임의 법칙

게임의 독자성

대중들과 평론가들은 게임을 하나의 미디어 장르로 취급한다. 소설, 만화, 영화, 연극처럼 콘텐츠를 전달하는 방법론의 하나로 간주하는 것이다. 그러나 게임을 미디어 장르 범주로 분류하는 것이 합당할까? 게임 이외의 미디어 장르가 소비자들에게 주는 재미와 게임만이 줄 수 있는 재미는 동일한가?

게임은 다른 재미를 제공할 수 있다. 소비자가 선택했을 때(action), 반응이 돌아온다(reaction)는 것이다. action과 reaction의 연쇄 과정인 상호작용(interaction)은 타 미디어 장르가 제공하지 못하는 게임만의 즐거움이다.

게임 구성 요소

게임의 몰입도는 상호작용(interaction)과 스토리텔링의 조합으로 형성되며, 자넷 머레이는 게임의 이러한 특성을 반영해 '인터랙티브 스토리텔링'으로 정의한다.

인간은 유희를 즐기는 본성이 내재되어 있기에 유희적 동물(Homo Ludens. 요한 하위징아, 2010)로 지칭하기도 한다. 고대로부터 인류는 다양하게 유희를 즐겼고, 게임은 유희의 핵심 영역을 담당하고 있었다. 바둑, 체스에서부터 가위바위보까지. 게임의 정의를 내리기 위해서는 인류의 역사를 통틀어 존재해 온 게임의 기본 법칙을 정리해야 한다.

하나. 일정한 규칙이 존재한다.
둘. 참여하지 않는 게임은 재미없다.
셋. 패배하는 게임은 재미없다.
어떤 게임이든 상기 세 가지는 불변의 법칙이다.

규칙이란 제한이다. 원형에 가까운 단순한 게임인 가위바위보를 생각해 보자.

참가자는 가위·바위·보의 중 하나를 선택해서 제시해야 한다. 아무것도 내지 않으면 패배한다. 가위는 보를 이기고, 보는 바위를 이기고,

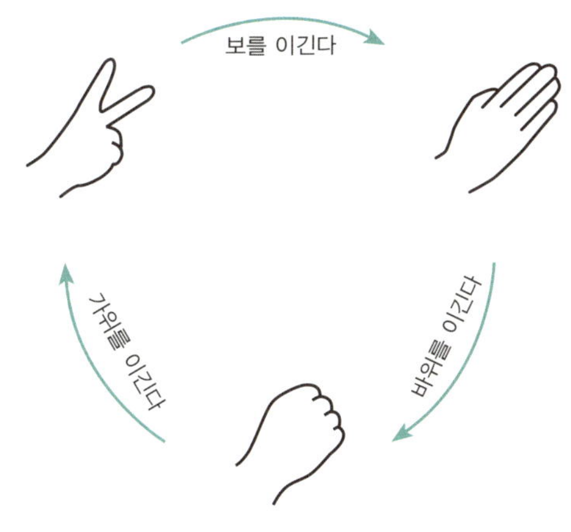

가위바위보 법칙

바위는 가위를 이긴다는 단순하고 강력한 규정이 가위바위보의 핵심이다. 상대와 같은 것을 선택하면 비기고 승부는 원점으로 돌아가며, 상대의 선택을 이기는 선택지를 골라야 승리한다.

참가자는 승리하지 않으면 안 된다. 승리하기 위해, 즉 게임의 목표를 달성하기 위해 선택한다. 그러나 이것만으로는 게임이 되지 않는다. 장래 훌륭한 사람이 되기 위해 공부하는 것을 게임이라고 부르는 사람은 어디에도 없다. 상대자가 없기 때문이다.

혼자서는 가위바위보를 할 수 없다. 반드시 상대자가 필요하다. 상대 역시 규칙을 알고 있고, 이기기 위해서 머리를 굴린다. 승리하기 위해서는 상대의 선택을 예측하고 이길 수 있는 선택을 해야 한다. 첫 번째 대결은 순전히 운수에 달린 문제가 될 가능성이 있다.

두 번째 대결에서는? 이제 단순한 확률 문제가 아니다. 냈던 선택지를 다시 내는 것은 망설여진다. 이번 선택은 지난 대결 내지 않았던 선택지일 가능성이 높다. 이런 심리를 역이용해 상대가 빈틈을 찔러올 가능성이 있고, 그 경우 오히려 '상대가 저 선택은 하지 않겠지'라고 생각함과 동시에 선택의 제한이 발생한다. 이러한 심리의 연쇄 과정이 재미를 유발한다.

> 게임이란 결국 Action과 Reaction의 반복이다. 무언가를 선택했을 때(행동: Action), 어떤 것이 돌아온다(반응: Reaction). 반응에 대응하고, 상대는 다시 그것에 반응한다. 이것이 반복되는 과정을 상호작용(Interaction)이라고 하고, 이것이 게임의 본질이다.

출처: 원문 제공-이우치 히로시(井内ひろし, 레이디언트 실버건 팀 디렉터)/원문 공개-후지와라 시로츠구(藤原城嗣, 'NO REFUGE' 편집장)/한역 공개-KAISO(wzKIKEIHA CLUB)
후출처: 성스러운 총은 무엇을 쏘았을까? http://egloos.zum.com/laguna/v/1072617

게임은 스토리텔링과 상호작용의 두 요소 조합으로 이루어져 있다. 스토리텔링에 극단적인 비중을 둔 게임이 있는가 하면, 스토리텔링보다는 상호작용성에 치중한 게임도 있다. 전자를 어드벤처 게임(ADV) 장르라고 하고, 후자는 흔히 아케이드(Arcade)라고 한다. 현대 PC/콘솔 게임의 원형은 텍스트 어드벤처 게임이었고 다음으로 등장한 장르가 아케이드 중 상호작용을 극단적으로 추구하는 슈팅 게임이다.

　게임은 어드벤처와 슈팅을 양 극단으로 해서 스토리텔링과 상호작용의 비중을 배분, 조합시킴으로서 플레이어들에게 즐거움을 제공하는 미디어이다. 게임의 본질을 파고들기 위해서는 각 게임 장르에서 스토리텔링과 상호작용성의 비중과 의의, 관계성을 분석해야 한다.

03 경쟁 상호작용
대전액션 게임

그대, 그리고 나

컴퓨터와 콘솔 게임기가 확산되기 전에는 게임을 즐길 방법이 없었을까?

그렇지 않다. 가위바위보부터 체스, 장기, 바둑뿐만 아니라 최근까지도 젊음의 거리를 휩쓸었던 보드 게임 카페에서 사람들은 전자기기 없이 게임을 즐겨왔다. 합의된 룰에 의해 플레이어들이 경쟁하는 형태의 유희는 모두 게임으로 간주할 수 있다.

게임의 필수 전제는 상대방의 존재였다. 또한 상대방은 지적인 사고 능력을 토대로 선택을 할 수 있어야 했다. 식물, 짐승에게 룰을 이해시켜 게임의 재미를 공유하는 일은 무리였다. 게임의 상대자는 반드시 다른 사람이어야 했다. 전자기기 이전 시대 게임은 타인과의 교류를 전제로 했다. 정리하자면, 게임을 하기 위한 환경은 두 가지 요건을 만족시켜야 했다.

1. 상대자가 있어야 한다.
2. 상대자와 직접 만나야 한다.

전자 게임, 온라인 게임이 주류를 차지하는 현대에선 두 가지 전제가 무너졌다. 인공지능의 발달로 유저는 다른 유저가 아닌 설계자의 알고리즘과 경쟁, 혹은 협력을 통해 게임을 즐길 수 있다. 다른 유저와 대면하지 않고 온라인 환경을 통해 의사소통하며 게임을 즐길 수 있다.

게임의 대세가 전자기기로 넘어가는 일종의 과도기로 돌아가 보자. PC, 콘솔 등의 개인용 기기가 거의 보급되지 않았던 시절. 새로운 엘도라도인 전자 게임을 즐기고 싶었지만 환경을 구비할 수 없었던 유저들의 선택은 자연스럽게 귀결되었다.

오락실(아케이드 게임룸) 전성시대

단돈 50원이면 실력에 따라 무제한으로 게임을 즐길 수 있던 장소. 오락실은 청소년 클럽과 유사했다. 클럽 마니아가 있는 것처럼 오락실에 매일 출근하는 아이들이 많았고 음악이나 춤을 즐기고 싶어서 클

80년대 오락실 풍경

럽에 오는 사람처럼 게임을 즐기기 위해 오락실을 찾는 청소년들이 있었다.

오락실은 사교와 소통의 공간이기도 했다. 같은 취미를 가진 사람들이 모이면 어떤 형태로든 교류가 생겨난다. 오락실에서 시작된 교류든, 친구와 함께 오락실에 오든 '타인과 함께' 게임하고 싶은 욕망을 유발시킨다. 동시에 같은 게임에 참여하고 싶은 욕망이 발생한다.

아케이드 기판 제작사들은 동시에 2배, 3배의 코인을 벌어들일 수 있는 기회를 놓치지 않았고, 오락실에는 다인용 게임기판이 들어온다. 여러 명의 유저가 같은 게임을 동시에 즐길 수 있게 된 것이다. 좁은 단위 공간에 통용되는 인트라넷 같은 형식이었다.

초창기 다인 동시 플레이는 미리 아는 관계의 게이머들을 중심으로 이뤄졌다. 모르는 사람 옆에 앉아서 플레이 하는 행위는 재미보다 어색함이 더 컸기 때문이다. 진행하면서 다른 플레이어와 의사소통 해야 하는 경우도 많았기에, 낯선 사람과의 플레이는 흔치 않는 일이었다. 아는 사람들끼리 게임을 즐겼기에, 초기의 아케이드 게임의 멀티 플레이는 '협력'을 근간으로 했다. 엔딩에 도달하기 위해 다른 유저와의 협력을 요구하는 '벨트스크롤 액션 게임'이다.

멀티 플레이 위주의 기판이 도입되면서 오락실의 수익은 증가했고 수요층은 확장되었다. 오락실에는 사람이 모여들었고, 플레이 하기 위해 순서를 기다리는 진풍경도 벌어졌다. 1980년대 중후반까지의 일반적인 모습이었다.

더블 드래곤 & 스트리트 파이터

당시 최고 인기를 구가하던 게임은 테크노스 재팬이 1987년 발매한 더블 드래곤이었다. 쌍절권 도장을 운영하는 청년 빌리의 연인 마리안이 폭력조직에게 납치되자 빌리와 형제인 지미가 마리안을 구출하기 위해 싸움의 여정에 나선다는 단순한 이야기를 담고 있는 작품이었다. 타이틀 '더블 드래곤'은 주인공 리 형제를 가리키는 말이기도 하다. 높은 난이도와 절묘한 게임 밸런스로 게이머들의 도진 욕구를 자극했으며, 고수가 게임 후반까지 진행하면 관객들이 몰려들기도 했다.

더블 드래곤은 파격적인 엔딩 구조로 화제를 모으기도 한다. 최종보스를 물리칠 때까지 2명의 플레이어가 모두 생존해 있는 경우 엔딩으로 넘어가지 않는다. 엔딩에 도달해 마리안과 재회의 입맞춤을 나눌 수

더블 드래곤 플레이어1 VS 플레이어2

있는 플레이어는 한 명뿐이어야 했다. 최종보스를 쓰러뜨리고 마리안을 구하기 위해 줄곧 협력해 왔는데, 결말을 보려면 협력해 왔던 플레이어와 대결해서 둘 중 하나가 죽어야 했던 것이다.

더블 드래곤의 엔딩은 컬트적 인기를 끌었다. 엔딩을 보기 위한 최종 시스템을 통해 게임의 다른 가능성을 제시할 수 있었다. 다인 플레이에서 '협력'이 아닌 '경쟁'이 가능하다는 사실이었다. 더블 드래곤이 출시된 1987년은 아케이드 게임계에서 큰 변혁이 일어난 해이기도 하다.

대전 격투 게임 장르의 태동을 알린 캡콤의 '스트리트 파이터(이하 스파)'가 출시된 것이다. 세계를 돌며 다른 격투가들과 대결하러 다니는 게임 스트리트 파이터 1(이하 스파 1)은 대전 격투 게임의 효시이긴 하나 본격적인 대전 격투 게임이라 볼 수는 없었다. 플레이어가 선택 가능한 캐릭터는 둘뿐으로 플레이어1 류, 플레이어2 켄밖에 없었고, 둘은 이름과 외모만 다르지 캐릭터 성능 면에서는 동일했기에 피아구분의 의미밖에 없었다. 스파 1은 류/켄이 AI가 컨트롤하는 9명의 격투가를 쓰러뜨리고 최종보스인 사가트와 대결하는 장소이동형 액션 어드벤처에 가까웠다.

스파 1의 파급효과는 대단했고, 제작사 캡콤을 메이저 제작사로 자리매김시켜줬으며 대전 격투 게임의 전성시대를 열었다. 대전 격투 게임의 뼈대를 확립한 게임은 스파1 발매 4년 후 출시된 스트리트 파이터 2이다. 무수한 오락실 폐인들을 양산했고, 아직도 '오락실' 하면 떠오르는 게임의 대명사이기도 하다. 스파 2를 계기로 오락실의 대세는 대전 격투 게임으로 넘어가고, 프로게이머들의 초기 형태가 대전 격투 게임을 매개로 나타나기 시작한다.

강호무림계

스트리트 파이터 2(이하 스파 2)는 아케이드 역사상 최고의 인기를 기록한다. 스파 2를 통해 아케이드에 입문한 청소년들은 필살기 커맨드를 연습하며 기본기를 다지기 시작했고, 방과 후면 오락실로 달려가 코인을 투입하며 승부를 즐겼다. 패배하면 왜 졌는지 연구하며 대처법을 찾기 위해 노력했다.

스파 2는 게임 실력을 증명하고 인정받을 수 있는 기준점으로 작용했다. 경쟁에서 이기기 위해 연구하고 경험을 쌓으면서 스파 2 유저들은 오락실, 도시를 중심으로 계층을 형성하고 서열을 매기기 시작했고, 게임 외적으로 스토리 구도를 만들어 내기 시작했다. 무협소설처럼 무림의 형성 과정을 직접 체험한 것이다. 유저들의 성향에 따라 다양한 특색을 가진 캐릭터를 선택하고, 어떤 유저는 신사적, 정석대로 대전에 임하는가 하면 어떤 유저는 승리를 위해 온갖 치사한 수단을 가리지 않았다. 승부보다는 자기 캐릭터를 더욱 완벽하게 조종하기 위해 구도의 길을 걷는 유저도 있었다.

스파 2의 성공 요인은 무엇이었을까.

스파 1의 주목적은 1인의 캐릭터를 선택해서 인공지능적 캐릭터와 대전하여 승리하는 것이었다. 아직 어드벤처 게임의 형식에서 벗어나지 못한 형태였다. 후속작 스파 2에서는 8인의 개성 넘치는 격투가 캐

캡콤의 스트리트 파이터 1

릭터들을 마련해 사람과 사람 사이의 대전을 위주로 게임을 설계했다. 8인의 캐릭터 각각 싸움의 이유와 결과에 대한 스토리 라인을 마련해 놓기도 했다.

스파 2는 멀티 플레이 게임에서 '협력' 플레이가 아닌 '경쟁' 플레이가 본격화된 작품으로서 의의를 가진다. 게임오버를 결정하는 주체가 인공지능이 아니라 다른 플레이어와의 경쟁이라는 점은 유저들을 흥분시켰다. 기존 게임에서는 게임 시스템의 인공지능이 위기를 부여하면 플레이어가 동체시력과 반응속도에 따라 위기를 돌파하기 위한 조작을 하고, 선택이 맞을 경우 진행할 수 있는 구조였다. 상호작용처럼 보이지만 유기적 상호작용이 아니라 정해진 문제에 대한 답을 내는 해결과정에 가까웠다. 인공지능이 내는 문제는 일정한 패턴을 가지고 있었고, 패턴만 파악하면 유저들은 동일한 과정으로 문제를 해결했다.

다른 인간과 대전할 때는 상황이 완전히 바뀐다. 같은 사람과 대전한다 해도 상대는 같은 상황에서 다르게 반응할 수도 있고, 계속해서 성장, 연구해서 실력이 나아지기도 한다. 지루해질 틈이 없는 것이다. 두 플레이어는 출제된 문제를 해결하는 것에 그치지 않고 서로에게 문제를 내며 답을 내는 과정을 통해 즐거움을 얻었다. 대전 격투 게임이 제공하는 즐거움의 본질은 스파2 때 확립되었다고 볼 수 있다.

대전 격투 게임은 유저 사이의 경쟁을 통해 비언어적 소통을 제공한다. 유저는 대전을 통해 타인의 성향과 역량을 알아가고, 관계를 형성하게 된다. 마치 무림인이 무공대결을 통해 교류를 쌓아가듯, 대전 격투 게임을 통해 유저들은 경쟁하며 교류하고 집단을 형성할 수 있었다.

캐릭터 게임으로서의 변신

오락실 입장에서도 대전 격투 게임은 황금알을 낳는 거위였다. 기존 게임에서는 단돈 50원, 100원으로 장시간 플레이가 가능한 고수 때문에 회전률이 낮아져 매출에 타격을 주기도 했다. 이에 비해 대전 격투 게임의 회전율은 차원이 달랐다. 넉넉잡아 5분이면 게임오버를 맞이하며 패배한 유저의 승부욕이 자극되는 경우 지속적으로 코인을 소모하게 된다. 오락실 전성기에는 가게에 대전 격투 게임만 수십 대를 갖춰 놓는 진풍경도 드물지 않았다.

스파 2는 이야기보다 상호작용을 중시하는 액션 게임 중 흔치 않게

캡콤의 스트리트 파이터 2

도 이야기의 개연성을 중시했다. 8인의 캐릭터들은 세계 싸움꾼 대표답게 살벌한 외모와 배경 스토리를 가지고 있었다. 게임의 인기 요인 중 하나로 최초의 여성 격투가 캐릭터 춘리를 들 수 있다. 홍일점 춘리의 존재감은 이후 어떤 여성 게임 캐릭터도 미치지 못할 정도로 대단했다. 격투가 하면 떠오르는 남성적이고 강인한 이미지를 일신한 시도였다. 남성 비율이 99퍼센트였던 격투 게임유저 사이에서 성능도 좋고 외모도 뛰어난 여성 캐릭터의 매력에 빠져드는 경우가 적지 않았다.

같은 값이면 다홍치마인 것처럼, 이왕이면 마음에 드는 캐릭터로 승리를 쟁취하고 싶다는 대전 격투 게임유저들의 욕망은 심화되어 가기 시작했고 이후 출시되는 대전 격투 게임에서는 외모가 출중한 여자 격투가 두세 명은 필수 요소가 된다.

여자 캐릭터뿐만 아니라 대전 격투 게임에서 선택할 수 있는 캐릭터는 점점 개성이 풍부해지고 숫자가 늘어나게 된다. 대전 격투 게임유저들이 다변화된 것이다. 승부에서 이기고 높은 서열을 차지하는 데 희열을 느끼는 유저들이 여전히 다수였지만 승패에 집착하지 않고 좋아하는 캐릭터를 잘 다루고 싶어하는 유저들도 있었다. 후자에 편승한 작품이 한국에서 최고의 인기를 구가한 대전 격무 게임인 더 킹 오브 파이터즈(이하 킹오파)다.

킹 오브 파이터즈 시리즈

킹오파 시리즈는 2D 대전 격투 게임의 정점을 찍은 작품이자 대전

SNK의 킹 오브 파이터즈 94

격투 게임이 주는 재미를 다양화시킬 수 있음을 증명하였다. 게임 캐릭터를 아이돌화시키고, 캐릭터 팬덤을 형성시켜 2차 창작시장을 활성화시킨 시발점이다.

킹오파 94는 1 대 1 대결의 격투 게임 대신 3 대 3으로 대결한다는 팀 배틀 형식을 도입했다. 이기기 위해 한 캐릭터만 파던 헤비 유저들까지도 최소한 3명까지 연구, 선택하도록 강제시킴으로써 캐릭터에 집중하게 한 것이다. 제작사 SNK는 기존 발매한 게임(아랑전설, 용호의 권, 이카리, 아테나) 캐릭터들을 한 작품에 모아 구성함으로써 크로스오버 세계관을 시도했다.

후속작인 킹오파 95부터는 약 30명의 캐릭터 중 3명을 골라 팀을 짤 수 있게 만든 '팀 에디트' 시스템을 도입함으로써 본격 캐릭터 게임으로서의 지평을 열었다. 대전 격투 게임유저들은 자신만의 고유한 팀을 짤 수 있는 가능성이 무한히 늘어났고, 상대에 따라 캐릭터 등장 순서를 조절하는 전략적 재미까지도 느낄 수 있게 되었다.

혁신은 팀 에디트 기능뿐만 아니었다. 킹오파 97까지 이어지는 일명 삼신기 스토리로 캐릭터에 생명을 불어넣었다. 일본의 창세신화를 모티브로 만든 삼신기 이야기를 세 명의 오리지널 캐릭터에 연결시킴으로써 캐릭터에 강렬한 개성을 불어넣었다. 킹오파 시리즈 95, 96, 97은 오로치 세력대 삼신기 팀이라는 배경 설정만으로도 많은 수의 만화와 동인지를 남겼다. 주인공 쿠사나기 쿄와 라이벌 야가미 이오리는 서브컬처 캐릭터계에 획을 그은 캐릭터들이다. 이오리의 설정과 대사, 스토리는 캐릭터가 사용하는 기술에 이야기를 제공하고 플레이하지 않는 사람까지도 매료시켰다. 강렬한 복장센스를 통해 '코스튬 플레이(이하 코스프레)'라는 새로운 캐릭터 팬 문화의 단초를 제공하기도 하였다.

무림맹주 등장

1993년 겨울 게임계에 일대 사건이 벌어진다. 닌텐도와 더불어 일본 아케이드 게임계를 양분하고 있던 SEGA(Service Game)가 최초의 3D 대전 격투 게임 버추어 파이터(이하 버파)를 출시한 것이다. 버파 시리즈의 등장은 대전 격투 게임 분야를 넘어 게임계 역사상 손에 꼽을만한 파급 효과를 불러일으킨다. 당시 소프트웨어 개발자와 프로그래머들의 전유물에 가까운 용어였던 폴리곤, 랜더링 등이 일반 게이머들에게까

SEGA의 버추어 파이터 1

지 널리 알려지게 만든 계기이기도 했다.

출시 20년이 넘은 현 기준에서 보면 마치 목각 인형들이 움직이는 것처럼 보이나 1993년 12월 당시 세계 게임 업계 관계자들은 버파 1의 그래픽 효과에 경악을 금치 못했다. 너무 혁신적이었던지라 발매국인 일본에서조차 인기는 높지 않았지만 시리즈를 거듭할수록 드러나는 뛰어난 게임성에 중독된 유저들이 폭증하면서 버파 2부터는 대중성 관점에서도 스파 시리즈나 킹오파 시리즈에 필적하는 흥행 기록을 남긴다.

버파 시리즈는 단순히 대전 격투 게임 캐릭터를 3D로 표현한 것 이상의 의의를 가진다. 기존 대전 격투 게임들이 스파 2의 영향력 아래 아류작을 양산하고 있었으나 버파 시리즈는 혁신적인 게임성으로 대전 격투 게임 업계의 규칙을 바꿔버린다. 공격과 방어, 필살기 판정에 이르기까지 기존에 없던 새로운 기준을 제시했다. 현재까지도 3D 대전 격투 게임들은 예외 없이 버파 시리즈의 영향력 아래에 있다고 해도 과언이 아닐 정도다.

버파2는 강호무림의 춘추전국시대 각축전과 같았던 대전 격투 게임 유저 생태계에 무림맹주를 탄생시키기도 한다. 한국의 대전 격투 게임 유저가 한국은 물론이고 본가인 일본 최고수들을 파죽지세로 압도하며 세계 최고수로 인정받은 것이다. 버파 무림을 평정한 최고수, 일명 아키라 꼬마 신의욱(당시 15세)은 관련 국내대회를 석권하면서 당시 대전 격투 게임 동호인 커뮤니티에서 명성을 떨치기 시작했다. 버파 2 대박 이후 게임잡지에서 대회를 주관했고 신의욱은 압도적 기량으로 우승, 팀 배틀 대회에서 팀 에이스로 출전하면서 모든 게임유저들에게 화제가 된다. 신의욱은 일본에서 개최된 대회에 참가해 유명세를 떨치던 일본 최고수들을 농락해 일본 게임유저들을 충격에 빠뜨린다. 당시 세계 최강을 번갈아 가며 차지했던 한국 플레이어들은 대부분 비슷한 시기에 데뷔하여 전설적인 명성을 쌓게 된다.

경쟁과 도태

스파 시리즈가 2D 대전 격투 게임계에서 킹오파 시리즈에게 밀려난 것처럼, 버파 시리즈 역시 버파 2 이후 남코의 철권 시리즈에 정상의 자리를 내주게 된다. 버파 시리즈와 철권 시리즈의 경쟁은 게임역사에 길이 남을 결전이었다. 3D 대전 격투 게임의 패권만이 아니라 차세대 가정용 콘솔시장의 주도권이 이 싸움의 결과에 달려 있었기 때문이었다.

게임 업계의 절대자 닌텐도는 슈퍼패미콤 이후 콘솔시장의 맹주 자리에서 물러나 휴대용, 청소년용 게임시장에 수익을 집중시킨 상황이었다. 닌텐도의 지지부진을 틈타 자사의 32비트 콘솔 새턴의 성공에 고무되어 1인자 자리를 노리던 세가에게 복병이 등장한다. 게임 업계와 연관이 없었지만 차세대 성장동력으로 게임 엔터테인먼트 사업에 주목, 참가하기로 결정한 SONY였다. 양사가 내놓은 하드웨어의 성능에 큰 차이가 없었기에(2D와 음향, 최적화에서는 새턴이, 3D와 서드파티 다양성에서는 플레이스테이션이 약간씩 우위) 세가 새턴 대 소니 플레이스테이션 전쟁의 격전지는 3D 대전 격투 게임이었다.

1차전은 무승부였다. 시리즈 최고 인기작인 버파 2의 경쟁력이 뛰

5세대 콘솔 하드웨어 대전 (루리웹 Country Road)

어나기도 했지만 SEGA가 게임 업계에서 수십 년간 축적한 노하우를 SONY가 단기간에 대적하기는 무리였다. 잠시 숨을 고른 SONY는 SEGA가 가진 구조적 문제—하드웨어 업체와 소프트웨어 개발사 사이의 갑을관계—의 빈틈을 파고들어 서드파티 다양성으로 유저 층을 확보하는데 성공한 후 2차전을 시작한다. 오늘날의 콘솔강자 소니를 자리잡게 한 가정용 콘솔전쟁의 핵심, 드림캐스트의 버파 2와 플레이스테이션 2의 철권 2이다. 결과는 철권 2의 완승으로 끝났고 이 시점부터 SEGA는 몰락일로를 거쳐 회사가 매각되는 굴욕으로 이어진다.

격투 게임의 황혼

철권의 시대가 시작되며 대전 격투 게임 업계는 성숙기에 들어간다. 여러 회사들이 대전 격투 게임을 개발했으나 어떤 신작도 스파, 킹오파, 버파, 철권 시리즈만큼의 파급효과를 가질 수는 없었다. 스파2와 버파에서 기본 골격이 확립된 상태였고 킹오파 시리즈가 캐릭터와 스토리텔링 요소를 가미했으며 철권 시리즈가 2D 격투 게임 요소를 부가해 유저 층을 넓힌 이후 새로운 혁신을 찾기 어려웠다. 영미권에서는 실사 캐릭터들을 선호하는 유저 성향을 반영한 모탈 컴뱃 시리즈가 절대강자로 군림했지만 격투 게임 제작 흐름에 미치는 영향은 미미했다.

대전 격투 게임의 전성기는 21세기를 맞이함과 동시에 끝을 보이기 시작한다. 장르 자체의 인기가 하향 곡선을 타면서 유저 인구가 줄어들었다. 2010년대 신작 격투 게임은 2000년대 이전과 비교해도 눈에 띄게 줄어들었고, 대부분은 일본 내수 시장에서만 운영된다. 원인은 무엇일까.

먼저 대전 격투 게임의 산실인 오락실 산업이 붕괴했다. 대전을 하고 싶어도 할 장소가 사라진 것이다. PC방 등 대체업종의 생성, 모바일 플랫폼 대두 등 기술발전으로 인한 변화도 중요한 원인이긴 하나, 대전 격투 게임의 특성인 짧은 플레이 시간은 게임 콘텐츠 소모 속도를 높여 진부함을 유발시킴으로써 장르의 쇠락으로 연결되었다.

오락실 산업이 쇠퇴하지 않았다 해도 신규 유저의 유입 감소 때문에 대전 격투 게임의 쇠락은 피할 수 없었다. 유저 간 대전을 메인으로 내세우다 보니 초보자들에 대한 진입 장벽은 갈수록 높아지는 태생적 한계가 있다. 대전 격투 게임이 마니아 게임이 되고 장르가 심화되면 될수록 시스템이 복잡해진다. 슈팅 게임 역시 유사한 과정을 통해 몰락하였다. 이기기 위해 정답을 추구하다 보니 캐릭터, 유저 성향에 따른 다양한 플레이 스타일과 개성은 사라지고 획일화되기 시작하는 것이다.

대전 격투 게임의 미래는 어떻게 될 것인가.

장르 자체의 회생가능성이 암울하진 않다. 대전 격투 게임은 '사람과 사람 사이의 경쟁'이라는 게임의 본질적 구도에 충실한 게임이기에 유저들을 흡입시킬 수 있는 힘을 가지고 있다. 캐릭터 산업의 선봉장으로서 대전 격투 게임만큼 확실히 캐릭터를 내세울 수 있는 장르도 흔치 않다. 1990년대 중후반처럼 게임 업계의 상징 같은 존재로 빛날 수는 없겠지만, 언제든 주류 게임으로 발돋움할 수 있는 잠재력은 충분한 장르다. 대전 격투 게임의 재미가 스타크래프트로, LOL로 넘어가듯, 다시금 대전 격투 게임이 '관전의 재미'를 어필하는 방송 콘텐츠가 될 가능성도 존재한다고 본다.

04 협력 상호작용
벨트스크롤 액션 아케이드 게임

벨트스크롤 액션 아케이드란?

대전 격투 게임이 사람과 사람 사이의 '경쟁'에 주목했다면, 벨트스크롤 액션 아케이드는 사람과 사람 사이의 '협력'에 초점을 맞춘 장르다.

벨트스크롤이란 진행 방향이 좌 → 우인 횡(橫)스크롤의 진행 방식 중 화면전환이 화면 단위로 이루어지는 진행 방식이다. 캐릭터를 조작해서 오른쪽으로 움직이면 즉시 화면이 따라 움직이는 것이 아니라, 마치 벨트를 채울 때 정해진 홀 단위로 채우듯 해당 화면에서의 미션을 마치고 특정 위치까지 움직이면 화면 전체가 우측 다음 화면으로 일괄 전환된다.

3인 협력플레이가 가능했던 캡콤의 캐딜락과 공룡

　액션 아케이드. 게임의 진행이 실시간 조작을 통해 이루어진다. 주어진 상황에서 반사신경과 경험을 토대로 캐릭터를 조작, 목표를 달성해야 하기에 액션 게임으로 분류된다. 아케이드는 오락실에서 플레이 하는 게임을 통칭하는 의미임을 고려하면. 벨트스크롤 액션 아케이드는 게임 진행방식과 플레이 장소를 반영하는 개념이다.

　벨트스크롤 액션 아케이드는 대전 격투 게임과 더불어 오락실 번창을 이끈 쌍두마차에 해당한다. 1인용 슈팅과 퍼즐, 액션이 주류였던 1세대 오락실은 신규 유저 유입에 한계가 있었고, 플레이어 실력에 따라 코인 회전율이 극심한 차이를 보이는 리스크가 있었다. 대전 격투 게임이 '경쟁'을 유도해 코인 회전율을 끌어올렸다면, 벨트스크롤 액션 아케이드는 플레이어들 간 '협력'을 통해 게임의 일상성을 향상시켰다.

짧은 플레이 시간과 실력 차 때문에 아케이드에 접근하지 못하는 라이트유저들의 진입장벽을 낮춰주는 입문자형 게임으로서 30년 이상 사랑 받고 있는 장르다.

벨트스크롤 액션 아케이드는 이동과 전투방식이 3D 그래픽 기반 게임에는 적합하지 않고, 2D 그래픽 기반에서 최적의 플레이가 가능한 게임 장르다. 때문에 그래픽 효과보다는 게임성이 성패를 가르는 요소로 작용하기에 유저들에게 회자되는 명작들이 다수 배출되었다. 고난도의 기술력보다는 개발사의 센스와 창의성, 특히나 기획이 중요한 장르로 볼 수 있다.

벨트스크롤 액션 아케이드의 법칙

벨트스크롤 액션 아케이드들이 가진 플레이 법칙을 정리해 보면 다음과 같다.

- 소수 대 다수의 동시전투이다. 적 캐릭터가 다수이고 플레이어 캐릭터가 소수이기에, 기본적으로 플레이어 캐릭터에게 어드밴티지(공격판정 확장, 다운 우선권)가 주어진다.
- 근접 격투를 지향하기 때문에 액션성 강조를 위해 캐릭터의 크기가 상대적으로 거대하다.
- 플레이어블 캐릭터는 2명~4명이며, 캐릭터별 특성(외모, 능력, 성향)이 명확하게 구분된다.

- 플레이어의 숫자와 난이도가 반비례한다. 즉 플레이어블 캐릭터들의 협력플레이 성향이 높을수록 게임의 난이도가 내려가며 엔딩에 도달하기도 쉬워진다.

아케이드 게임의 엔딩을 보는 것은 쉽지 않았다.

게임이 쉬우면 쉬울수록 오락실 입장에서는 손해였고, 오락실에 들어오는 게임들은 단순한 시스템을 가지고 있었기에 플레이어들의 선택지가 적었다. 찰나의 실수는 게임오버로 직결되었고, 끈기로 코인을 소모할 각오가 없다면 엔딩을 보기 위해서가 아니라 게임오버 화면을 보기 위해서 게임을 플레이 하는 듯한 착각마저 일으켰다. 게임 언어가 외국어라 구체적 스토리도 파악하기 어렵고 드라마성을 강조할 필요도 없었지만, 엔딩의 성취감을 원했던 게이머들은 고수의 플레이를 지켜보며 대리만족하기도 했다.

동시협력 플레이를 제공하는 벨트스크롤 액션 아케이드는 이들에게 한줄기 광명이었다. 실력이 일천할지라도, 고수와 함께 한다면 훨씬 깊은 곳까지 진행할 수 있었고 새로운 체험이 가능했다. 자기가 조작하는 플레이어가 진행에 기여하고 엔딩에 참여한다는 성취감은 여타 장르에서는 맛볼 수 없는 재미였다. 다양한 캐릭터가 각자가 가진 특성을 협력, 조합해 나홀로 플레이로 불가능한 플레이의 가능성을 높이기도 했다.

패턴 암기 게임이 되어가는 슈팅 게임이나 고수들만이 경쟁에 살아남아 승패만을 추구하는 대전격투와는 달리, 벨트스크롤 액션 아케이드는 인공지능과의 승부라 할지라도 동료 플레이어들의 성향과 역량에 따라 새로운 플레이가 가능했고, 신규 유저들의 진입장벽도 낮아졌다. 친구에게 이끌려 오락실에 방문하게 된 유저가 처음으로 접하는 게임은 대부분 벨트스크롤 액션 아케이드였다. 친구와 함께 공동의 적(인공지능)을 상대하며 난관을 헤쳐나가는 즐거움. 이것은 20년 후 게임의 대세가 된 MMORPG가 제공하는 재미의 본질과 통해 있었다.

파이널 파이트

벨트스크롤 액션 아케이드의 기본 골격을 정립한 명작으로 캡콤의 파이널 파이트를 꼽는다. 오락실에서 잔뼈 굵은 게이머치고 파이널 파이트 게임기에 동전 한 번 안 넣어본 사람이 없었다. 파이널 파이트는 벨트스크롤 액션 아케이드에 캐릭터 개성을 부각시켜 다양성을 가져왔다. 코디·가이·해거 3인의 플레이어블 캐릭터는 힘, 속도, 기술, 스토리상 역할까지 확연한 차이를 가지고 있었고, 등장하는 일반적 캐릭터(스테이지 보스급)에게도 이름과 배경 설정을 붙여 개성을 부여했다.

파이널 파이트는 벨트스크롤 액션 아케이드가 갖춰야 할 요소들을 상당수 정립하였다. 플레이어블 캐릭터들이 확실한 개성과 다양한 조작성을 가지고 있으며 대전 격투 게임과는 달리 캐릭터 간 성능 차이에 신경 쓸 필요 없다는 점을 보여주기도 했다. 캐릭터 성능의 차이가 게임의 난이도를 차등화시켜 유저의 도전 욕구를 자극했기 때문이다.

캡콤의 파이널 파이트

파이널 파이트는 원래 캡콤에서 스파 1의 후속작으로 기획된 대전 격투 게임이었다. 미국에서는 스파 1의 대전플레이가 인기였기 때문에 캡콤 미국 지사에서 본사에 속편 제작 의뢰를 했다. 제작자들이 출장을 가보니 미국 게임센터에선 더블 드래곤이 인기를 끌고 있었다. 미국 게임센터는 입장 후 돈을 전용 코인으로 바꿔서 몽땅 소비하는 방식이기 때문에 1코인에 목숨을 걸고 플레이를 할 필요가 없었다. 게임오버 되면 가진 코인으로 계속 진행하는 분화였기 때문에 유저 실력에 상관없이 때리고 차고 부수기만 하는 게임성이면 충분했기 때문이었다. 이 전통은 현재까지도 일본 게이머와 미국 게이머가 가진 성향차이로 이어진다. 메인 플래너인 니시타니 아키라는 후일 인터뷰에서 당시 유행하던 벨트스크롤 액션 게임의 등장 캐릭터는 색깔만 다른 플레이어1과

플레이어2 뿐이라는 점에 착안, 캐릭터를 3명으로 하고, 복잡한 커맨드 조작에 거부감 느끼는 유저들을 위해 버튼을 누르는 것만으로 동작이 바뀌는 시스템을 도입해 성공을 거뒀다고 밝혔다.

벨트스크롤 액션 아케이드 명작들

벨트스크롤의 명가 캡콤에서 만든 캡틴 코만도 역시 많은 사랑을 받았다. 등장 캐릭터가 4인으로 늘었으며, 4인 동시 플레이가 가능해졌다. 캡틴 코만도를 플레이하기 위해 4명이 얌전히 차례를 기다리는 광경도 흔하게 볼 수 있었다. 캐릭터별 개성은 훨씬 심해졌으며, 캐릭터 차이에 의한 난이도 차이도 여전했다. 캡틴 코만도에서는 캐릭터들이 탑승, 조종하는 메카닉을 통해 동일 캐릭터에서의 플레이 다양성을 확장시켰다. 총 세 가지 속성의 공격을 할 수 있는 탑승 로봇의 활용을 통해 보다 전략적 플레이가 가능해졌다.

발매 20년이 넘은 현재까지도 심심찮게 플레이되고 있는 명작, 던전 앤 드래곤 2: 쉐도우 오버 미스타라는 벨트스크롤 액션 아케이드 역사상 최고의 명작으로서 이야기거리가 많다. 게임계 전반에 미친 영향으로 보자면 반드시 꼽혀야 할 정도로 뛰어난 게임성을 지닌 작품이다.

던전 앤 드래곤 1: 타워 오브 둠의 후속작으로서 전작을 압도하는 화려한 연출과 조작체계로 매력을 발산했으며, 엔딩을 보기까지 1시간은 넘어갈 만큼의 볼륨을 자랑한다. 던전 앤 드래곤 시리즈는 플레이어블 캐릭터의 확연한 개성을 극대화시켰다. 플레이어블 캐릭터 6명은 각자

캡콤의 던전 앤 드래곤 2: 쉐도우 오버 미스타라

다른 직업(전사, 엘프, 드워프, 성직자, 도적, 마법사)를 가지고 있으며 직업에 따라 다른 무기, 마법, 필살기, 체력, 방어력, 공격력, 속도, 플레이 성향을 드러낸다. RPG 요소인 경험치와 레벨 시스템을 추가하고 아이템과 마법 스크롤 개념까지 삽입함으로써 재미와 몰입도를 제공했다.

던전 앤 드래곤 시리즈가 해당 장르의 명작인 이유는 '협력 플레이'의 효과와 상징성을 본격화시킨 작품이라는 점을 들 수 있다. 여섯 가지 캐릭터들의 수백 가지 조합을 통해 스토리 신행의 선택 시나리오, 스테이지 클리어 방법, 아이템 배분 및 공유까지. 캐릭터들의 장단점이 서로 보완되도록 설계되었다. 완벽에 가까운 게임이었기에 후속작들은 던전 앤 드래곤을 끝내 넘어서지 못하고 벨트스크롤 액션 '아케이드' 최후의 명작이자 히트작으로 불리게 되었다. 이후 벨트스크롤 액션 게임은 아케이드가 아닌 가정용 콘솔 시장에 자리잡기 시작한다.

온라인과 협력 플레이

온라인 기반은 경쟁뿐만 아니라 협력의 범위도 확장시켰다. 오프라인에서 모르는 사람과 협력해야 한다는 어색함을 익명성으로 완화시켜 진입 장벽도 낮췄다. 국산 벨트스크롤 온라인 액션 게임인 던전 앤 파이터(2005년 출시)는 10년이 지난 현재까지도 인기를 모으고 있다. 이름에서부터 던전 앤 드래곤의 영향을 받았다는 사실을 드러내는 던전 앤 파이터는 빠른 플레이라는 캐치플레이즈에 걸맞게 가볍게 플레이 하는 온라인 아케이드 게임이다. 무작정 던전으로 쳐들어가서 적을 차고, 쏘고, 잡고, 꺾는다는 벨트스크롤 액션 기반 플레이 방식 덕분에, 간단하게 플레이 할 수 있는 게임이 그다지 많지 않은 한국 온라인 게임 풍토 속에서 저연령층에서 청장년층까지 폭넓은 유저들을 끌어모으는 인기 게임으로 등극할 수 있었다.

오랫동안 이렇다 할 신작 벨트스크롤 액션 게임이 나오지 않던 콘솔 시장에 2013년 발매된 드래곤즈 크라운이 게임성을 인정받으며 인기를 끌었다. 던전 앤 드래곤 시절의 향수를 자극하는 요소들로 동서양 할 것 없이 많은 게이머들을 사로잡았다. 드래곤즈 크라운에서는 내레이션 역할을 맡은 게임 마스터 시스템을 도입, 판타지 모험북을 읽는 느낌으로 플레이어들의 활약상을 읊어준다. TRPG 마스터링을 하듯 상황을 설명해줌으로써 몰입도를 높였다.

2015년 큰 인기를 끌었던 게임 클로저스 역시 벨트스크롤 액션과 MMORPG를 조합한 게임으로서 인기를 끌고 있다. 벨트스크롤 액션은 오프라인에 이어 온라인 기반에서도 유저들에게 꾸준히 사랑 받고 있는 장르다. 다른 플레이어와의 협력을 통해 혼자서는 끌어낼 수 없던 재미를 유발한다는 점에서 상징적인 장르이며, 그래픽 효과보다 게임성을 핵심 경쟁력으로 내세운다는 점에서 누구나 제작에 쉽게 참여할 수 있는 분야이기도 하다.

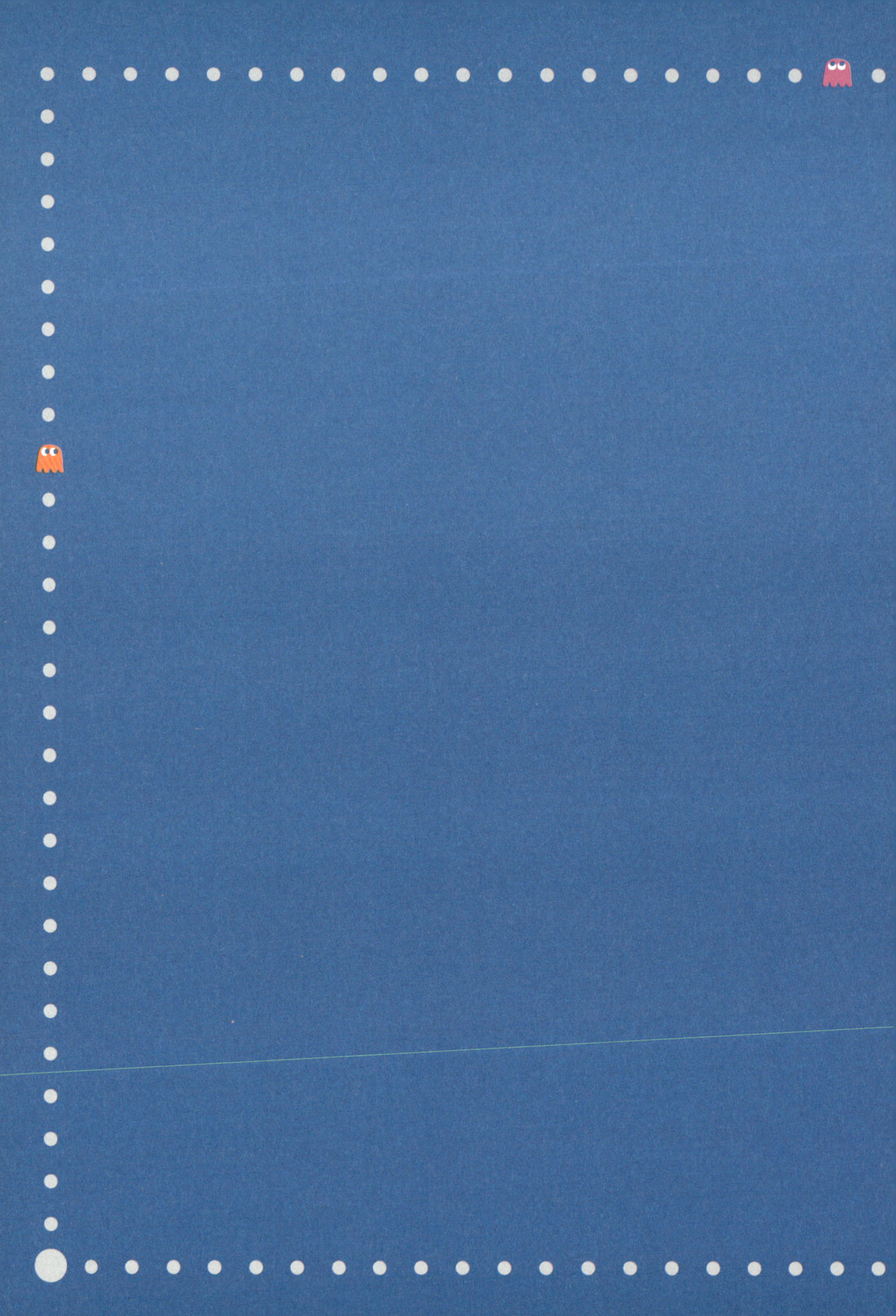

Chap Ⅱ

시뮬레이션 게임

01 I am nowhere

모의실험과 게임

시뮬레이션(Simulation)의 사전적 정의는 실제와 유사한 상황을 수식, 알고리즘화하여 사실인 것으로 가정하고 연산을 되풀이하여 특성을 파악하는 일을 의미한다. 시뮬레이션 개념은 교육 및 학습이론, 실험 방법론뿐만 아니라 사회 전반에 걸쳐 예측 모형을 통한 리스크 감소에 탁월한 효과를 나타내며 활용되고 있다. 현대 인류는 시뮬레이션의 시대를 살고 있다.

그렇다면 시뮬레이션 게임이란 무엇일까?

현실의 사건, 시간, 배경을 모방하고 재현하여 유저에게 체험시키는 게임이다. 게임의 기본 전제가 현실을 모티브로 이야기를 재창조하는 콘텐츠이긴 하지만, 시뮬레이션 게임은 플레이어가 실제로 살아가는 현실의 정보를 최대한 디테일하게 반영한다. 얼마나 방대하고 질 높은 데이터베이스를 활용하는가가 게임의 완성도를 좌우한다.

시뮬레이션 게임의 성패는 '현실을 디테일하고 방대한 정보로 얼마나 충실하게 반영했는가'에만 달려 있을까? 데이터의 종류, 수준, 양, 정확성이 높을수록 시뮬레이션 게임이 전달하는 정보의 신뢰성은 높아지고, 유저들의 몰입감 형성에도 도움을 주는 것은 사실이다. 하지만 시뮬레이션 게임 역시 '게임'이다. 게임이 아닌 시뮬레이션이라면 현실 재현도가 높을수록 우수한 평가를 받아야겠지만, 시뮬레이션 게임의 재미는 현실 재현도와 비례하지 않기도 한다.

블루 마블

유명 보드 게임 블루 마블(원제: Monopoly-독점)을 예로 들어보자.

보드 게임의 형식을 취하고 있으나, 블루 마블은 내용상 시뮬레이션 게임에 가깝다. 2명~4명의 참가자는 일정 액수의 자금을 분배 받고 주사위를 굴려 세계 각지에 들린다. 도착한 지역에서 선택에 따라 건물을 매입해 통행료를 받는다. 투자금 크기에 따라 수익이 커지기 때문에, 게임의 엔딩은 1명의 독점과 나머지 모두의 파산이다.

만약 도시를 사들여 통행료 받는 사람들이 실제로 있다고 해보자. 투자가들이 독점을 위한 경쟁을 한다 해도, 실제 양상은 절대 게임과 동

씨앗사의 블루 마블(Monopoly)

일하게 전개되지 않는다. 초기 투자액부터 다르며, 비용과 수익은 건물 이외에서도 발생한다. 시뮬레이션 기준으로 블루 마블은 현실 재현도가 낮다. 그러나 블루 마블은 몰입도 높기로 유명한 게임이다. 블루 마블이 재현하는 것은 건물 계약, 도시의 디테일이 아니라 '독점 시스템'이기 때문이다. 규제 없는 시장 경쟁에서 독점이 발생하는 과정과 독점의 결과를 체험하게 하는 것이다.

가장 무서운 중독이 사업중독이라고 한다. 소위 '사업병'에 걸리면 치료약도 없이 가족과 친지들의 재산까지 깡그리 소진해도 포기하지 않는 증상을 빗댄 단어다. 왜 사업병에 걸리면 빠져나올 수가 없을까? 빠져나올 수 없는 '재미'가 있기 때문이다. 경쟁자들을 도태시키고 자신만이 성장해서 살아남는 성취감에 취하면 다른 모든 것들이 시시해진다. 시뮬레이션 게임으로서의 블루 마블은 독점의 성취감을 현실 이상으로 재현하는데 성공했기에 보드 게임의 명작이 되었다.

방대한 게임 용량과 고성능 시스템을 채용한 최신 시뮬레이션 게임들에 비해 고전 시뮬레이션 게임의 정보량은 턱없이 부족하며, 현실의 디테일과 차이도 크다. 그럼에도 불구하고 게이머들은 삼국지 3, 대항해 시대 4같은 오래된 명작 시뮬레이션 게임을 아직도 즐긴다. 게이머들은 고전 시뮬레이션 게임이 최근 유행하는 차원 높은 그래픽, 발전된 조작 시스템에 비하면 기초적인 소프트웨어라는 사실을 실감하면서도 고전에 빠져들어 도트 그래픽으로 이루어진 중국 대륙과 대서양을 누빈다. 이는 시뮬레이션 게임의 성패가 정보의 디테일·분량과는 관계없음을 보여준다.

핵심의 간략화

중요한 것은 '핵심의 간략화'다. 시뮬레이션 게임의 관건은 핵심의 간략화에 달렸다.

시뮬레이션 게임은 현실을 기반으로 시간, 장소, 사건, 인물을 재현하되, 유저들이 관심을 가질 만한 본질적 정보에 집중해서 과장, 포장하는 반면 나머지 디테일은 생략, 왜곡하는 게임이다. 핵심의 간략화 역량이 뛰어날수록 시뮬레이션 게임의 몰입도는 높아진다. 블루 마블에서는 '시장 독점의 즐거움' 하나에 집중한 후 나머지 디테일을 생략했고, 삼국지 3은 군주로서 작은 세력을 성장시켜 천하를 제패하는 '정복감'에 집중한 후 디테일을 생략했다.

이중 표상

왜 핵심의 간략화가 사람들을 몰입시키는가. 이야기에 빠지는 과정이 핵심의 간략화와 관계 있기 때문이다. 흔히 '이중 표상'이라고 불리는 이 특성은 생물체 중 인간만이 가진 능력이며, 짧은 시간에 인간이 지구를 제패하도록 만든 요인이기도 하다.

인간은 상징적인 형상을 지닌 물체를 보면서 동시에 다른 어떤 것을 떠올린다. 동시에 여러 가지를 떠올릴 수도 있다. 이를 '이중표상 이론: Dual Representational Theory'이라고 부른다(들로치 교수의 정리). 이중표상 이론은 어떤 사물이 실제로 소유하지 않은 특성과 의미를 지녔다고 생각하는 인간의 능력을 설명한다. 즉 인간은 실제로 존재하지 않는 사물을 만들어내 실제를 모사한다고 생각할 수 있다는 얘기다.

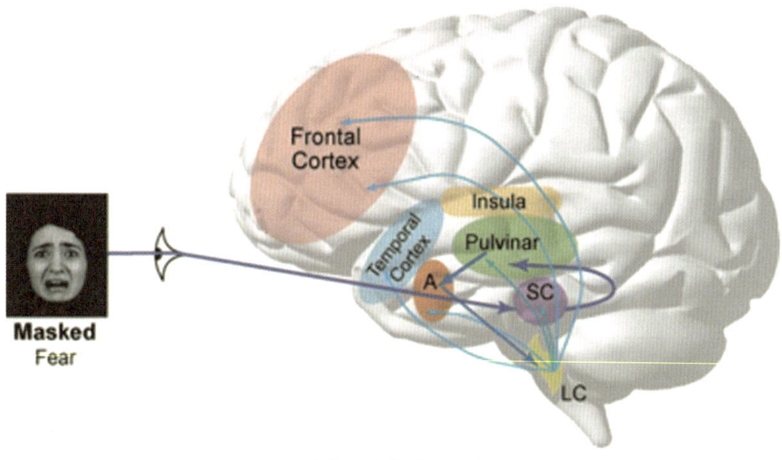

인간 두뇌의 이중 표상

(*A direct brainstem–amygdala–cortical 'alarm' system for subliminal signals of fear*, Liddell BJ 외 7인, 2005)

인간은 이중표상 능력이 뛰어나 상징들을 결합해서 여러 겹의 의미를 만들어낸다. 이를 통해 언어 능력뿐만 아니라 수학적 추론 능력까지 발전시켰다. 원과 사각형들이 결합하면 기하학이 되고 입체파 화가들의 작품이 된다. 원과 짧은 선들의 결합은 음악과 시가 된다. 상징추론과 문화를 생성하는 능력 사이에는 끊으려야 끊을 수 없는 지적인 과정이 존재한다.

시뮬레이션 게임에서 핵심의 간략화는, 원래 현상이 제공하는 재미를 핵심으로 포장해 유저에게 상징으로 전달한다. 유저는 간략화된 게임의 핵심을 자신의 인지 구조에서 확장해 마치 현실의 자신이 체험한다는 느낌을 받는다. 핵심을 잡지 못한다면, 필요 없는 정보를 생략, 왜곡하지 않는다면 유저는 공상할 수 없다. 정보의 일부로 받아들일 뿐, 이야기화할 수 없는 것이다.

시뮬레이션 게임의 본질 (mountainmovingmindset.com)

I am nowhere.

나는 어디에도 없다. 혹은 나는 지금 여기에 있다.

이것이 시뮬레이션 게임이 주는 재미의 본질이다. 핵심의 간략화를 통해 가공된 현실은 게이머가 '이것은 현실과는 다르다'라는 인식을 주는 동시에 현실 속에 자신이 참여해서 이야기를 만들어 나간다는 모순된 인식을 제공한다.

버추어 파일럿
비행 시뮬레이션 게임

비행기 조종의 비일상성

시뮬레이션 게임은 갈수록 다양화, 세분화되고 있다. 인류가 관여할 수 있는 영역이 넓어지기 때문에, 가상 모의실험의 필요성도 생겨난다. 비행기 발명 이전에는 비행 시뮬레이션이 개발될 수 없었다. 시뮬레이션은 가능성이 실체화된 이후 성립하기 때문이다.

현대 인류에게 여객기는 자동차나 배, 기차 등과 더불어 주요 교통수단으로 정착한 지 오래다. 비행기 탑승료만 지불할 수 있다면 누구나 손쉽게 비행기를 타고 하늘로 올라갈 수 있는 시대다. 그러나 비행기를 타기는 쉬워도 비행기를 직접 조종할 기회는 일반인에게 오지 않는다.

엑스플레인의 비행 시뮬레이터 플레이 화면

평생 조종사 교육과 경험을 축적한 파일럿만이 실제로 비행기를 조종할 수 있다. 비행 시뮬레이션 게임의 특성은 이 부분에서 출발한다.

비행 시뮬레이션 게임 콘텐츠는 게임이라기보다 모의 체험에 가깝다. 시뮬레이션 게임이라기보다는 비행 '시뮬레이터'라고 부르는 편이 적합하고, 실제로 제작사와 유저들은 그렇게 부르는 경우가 많다.

시뮬레이션 게임의 본질을 되새겨 볼 때 비행 시뮬레이션 게임은 이질적이다. 시뮬레이션 게임의 근간이 '핵심의 간략화'라고 전제했을 때, 비행 시뮬레이터가 제공하는 재미의 핵심을 생각해 보자.

비일상의 가상 체험

유저는 비행 시뮬레이터를 통해 비행기 조종을 가상 체험한다. 비용과 시간, 안전 관계상 실제 비행기 조종간을 잡는 것이 불가능하기에 정보기술의 힘을 빌려 실제와 유사한 환경을 재현해서 체험하는 것이 목적이다. 이는 시뮬레이션 게임의 본질인 '간략화'와는 대치되는 것처럼 보이지만 그렇지 않다.

비행기를 떠올릴 때 연상되는 이미지는 무엇인가. '날다', '조종하다'이다. 비행기는 스스로 날 수 없는 인간이 기체를 조종함으로써 날 수 있게 해주는 매개다. 일반적으로 비행기에 연상되는 개념은 비행과 조종일 수밖에 없다. 그러나 실제 비행기는 조종사만 있다고 날 순 없다. 유지 관리를 위한 정비 인력은 조종보다 훨씬 많아야 하며, 계획 인력, 관제 인력 역시 필수적이다.

비행 시뮬레이터는 정비, 플라이트 플랜, 관제 등의 비행기 관련 배경 업무를 생략하고, '비행기를 조종' 하는 작업을 집중 재현한다. 핵심의 간략화가 적용된 것이다. 비행 시뮬레이터에서는 '조종'이 핵심이며, 조종 작업을 얼마나 실제와 가깝게 모사하는가가 중요하다.

비행 시뮬레이터의 효용

비행 시뮬레이션 게임은 어떻게 발전해 왔을까.

시뮬레이션 게임은 교육훈련 보조 소프트웨어에서 시작했다. 다른 장르의 시뮬레이션 게임이 개발되기 훨씬 이전으로, 시뮬레이션 게임 개발 역사로 정리한다면 최초가 비행 시뮬레이션 게임이라 볼 수 있다.

원래 비행 시뮬레이터는 파일럿들의 교육훈련 보조용으로 개발된

1983년 애플 2용으로 출시된 마이크로소프트의 플라이트 시뮬레이터

장치다. 도트 그래픽의 초기형 시뮬레이터부터 미국연방항공국 인증을 받아 실제 비행기를 조작하는 느낌에 근접한 수준으로 개발한 뒤 실제 조종석을 잘라 붙여 만드는 장치도 있다. 제대로 만든 비행 시뮬레이터는 실제 비행기보다 비싸지만 유지관리비가 저렴하기에(연료비가 들지 않으며 조종사와 기체를 손실할 가능성이 없으므로) 장기적 운용 관점에서 이익이다.

사실성 추구 – 비행 시뮬레이션의 본질

재미의 본질이 '비행기 조종 대리 체험'이기 때문에, 유저들이 중시하는 것은 '사실성'이다. 종류에 따라 편차가 있으나 실제 비행기의 움직임, 계기판 표시 및 조종 장치들의 조작 방법, 전투가 가미된 작품의 경우 레이더와 무장 사용법 등을 최대한 사실과 가깝게 재현한다. 게임에 몰입하면 유저들은 자신이 '버추어 파일럿'이 된 듯한 느낌을 받을 수 있다.

아무리 사실성을 중시한다 해도 실제와 똑같은 것에만 집중하면 즐길 거리가 획일화된다는 문제점이 있기에, 사실성을 희생시켜 게임적 타협을 성사시키기도 한다. 유저들에게 전신을 감싸는 파일럿 슈츠를 입고 플레이하도록 만든다면, 사실성은 높아질지 모르나 플레이 접근성이 낮아지게 된다. 기본적으로 비행 시뮬레이터로 불릴 만큼 게임성이 부족하다. 조종해서 나는 게 전부인 게임이다. 주어지는 미션도 없고, 스토리는 아예 없다.

마니악한 측면을 가진 비행 시뮬레이션 게임유저 수는 소수다. 구글 어스 비행 시뮬레이터 등 저렴한 소프트웨어를 쉽게 다운 받아 플레이 할 수도 있다. 하지만 사실성의 극대화를 위해 엄청난 정보량이 필요하며, 최적화에 특별한 신경을 안 쓰기 때문에 가정용 기기로는 구동이 쉽지 않다. 비행 시뮬레이션 게임을 제대로 즐기려면 일단 PC 사양에 적시 않은 비용을 투자해야 하며, 컨트롤러와 주변 기기에도 돈이 큰 단위로 소요된다. 유저가 들이는 비용도 비용이지만 개발비용 측면에서는 진입장벽이 더 높다. 실제로 운행한 데이터가 필요하기에 항공기 개발 및 운용에 있어 노하우를 가진 국가에서나 개발할 수 있고 결국, 이 모든 것을 할 수 있는 나라는 미국밖에 없다. 이처럼 마이크로소프트(이하 'MS')가 윈도우를 개발, 출시하기도 전에 마이크로소프트 플라이트 시뮬레이터는 MS의 중요 프로젝트였다. MS 비행 시뮬레이터 시리즈의 명맥이 끊겼지만 록히드 마틴, 보잉 등의 대형 비행기 제조업 체와 연계되어 나오는 비행 시뮬레이션 게임들은 주로 영미권에서 이 어지고 있다.

03 욕망의 폭주
운전 시뮬레이션 게임

비행과 운전의 차이

비행과 운전 시뮬레이션은 비슷해 보인다. 실제 비행기·자동차를 모의 조종함으로써 대리체험하는 게임이다. 그러나 비행과 운전 시뮬레이션 게임이 유저에게 제공하는 재미는 본질적으로 다르며, 발전 방향 또한 다르게 전개되었다. 비행 시뮬레이션과 운전 시뮬레이션의 차이는 뭘까.

평생 비행기를 조종해 볼 수 있는 사람은 거의 없지만 차는 대다수가 몰아본다. 비행기 조종은 게임을 해봐야 간접 체험해 볼 수 있고, 직접 체험하려면 공군 조종 특기 장교로 복무를 하거나 파일럿 양성과정

도요타의 시뮬레이터

에 참가해서 십 년 이상을 고생해야 가능하다. 반면 20세 즈음해서 대부분 운전면허증을 딴다. 학원만 잠시 다녀도 누구나 운전면허증을 발급받고 차량을 살 여유가 없다면 렌트나 리스를 통해서라도 차를 몰아볼 수 있게 된다. 운전 경험을 굳이 시뮬레이터로 체험하지 않아도, 도로만 나가면 어떤 시뮬레이터로도 완벽하게 재현할 수 없는 실제 운전이 가능하다. 운전 시뮬레이션의 사실성을 극한으로 높인다 해도 도로로 나가 실제로 운전하는 수준의 사실성을 확보할 수 없다.

운전 시뮬레이션 게임은 비행 시뮬레이션과는 다른 '핵심의 간략화'를 추구한다.

최대한 실제 조종과 유사한 환경을 제공해서 사실성을 추구하는 것이 비행 시뮬레이션의 과제라면, 운전 시뮬레이션에서 과도한 사실성은 게임의 경쟁력을 떨어뜨리는 요소가 될 수 있다. 사실성이 중요하지 않은 것은 아니다. 현실에서 동떨어진 차량, 실제와 다른 조작법, 비현실적인 물리법칙이 적용되는 주행 환경이 적용되는 운전 시뮬레이션은 시뮬레이션 게임에서 벗어난다. 운전 시뮬레이션 게임에 등장하는 차량은 실제 차량과 동일한 조작감을 부여해야 한다.

첫째, 차량, 조작감, 적용되는 물리 법칙이 현실과 동일할 것.

둘째, 현실의 운전이 '주지 못하는' 즐거움을 제공해야 할 것.

첫 번째 조건이 시뮬레이션 게임이 추구하는 공통 비전이라면 두 번째 요건은 운전 시뮬레이션 게임만의 핵심 요건이다.

현실의 운전이 제공할 수 없는 즐거움은 무엇일까. 현실의 차량 운전이 가지는 한계에 대해 생각해 보자. 많은 사람들에게 운전이 생활화되어 있기에 간과하기 쉬우나 차량 운전에는 적지 않은 리스크가 따른다. 자동차 사고로 매년 사망하거나, 부상을 당하는 사람들의 수는 다른 사고·재난 희생자보다도 많다. 도로에는 수많은 차량들이 각자 움직이며, 스스로 통제할 수 있는 요소는 오직 운전대를 잡고 있는 차량뿐이다. 때문에 교통법규와 조항의 숫자는 날이 갈수록 늘어날 수밖에 없다. 수많은 교통법규와 조항이 운전자에게 의미하는 것은 무엇일까. 운전자의 생명과 재산을 지켜주는 방어조치다.

법규와 조항은 운전자의 행위 선택을 '제약'한다. 현실 운전은 법규와 조항에 의해 제한되는 것이다. 속도 무제한 고속도로라 하더라도,

속도 이외의 모든 교통법규가 적용된다. 속도 위반, 신호 위반, 드리프트, 주차 위반, 중앙선 침범, 눈·빗길에서 급제동 등등… 현실의 운전은 하지 말아야 될 일 투성이다. 아무리 강심장이라 해도 제약을 무시하면 생명이 위험하다.

운전 시뮬레이션 게임이 파고들 요소는 바로 제약에서의 해방이다.

현실 제약으로부터의 해방

판돈 없는 도전, '제약 없는 운전 체험'이 시뮬레이션 게임으로는 가능하다. 게임을 통해 유저들은 세계 유명 도심 한복판에서 환호성을 지르며 드리프트 조작을 연습하고, 이차선 도로에서 마음껏 추월의 승부욕을 발산하며 도심 한복판에서 시속 300킬로미터로 달려볼 수 있다. 운전법뿐만 아니다. 평생 볼 일도 없는 전설의 명차, 레이싱차, 머슬카 등 존재하긴 하지만 경험해 볼 일 없는 슈퍼카들을 돈 한 푼 내지 않고 몰아볼 수 있다. 운전법, 차량 소유의 제약뿐만 아니라 운전의 목표조차도 현실의 제약을 벗어날 수 있다.

왜 운전을 할까. 목적지에 빨리 도달하기 위해서, 간혹 목적지 없는 주행으로 스트레스를 풀기 위해서. 레이서가 아닌 이상 누군가와 속도 경쟁하기 위해서 운전하는 사람은 드물다.

그러나 운전 시뮬레이션 게임에서는 가능하다. 경쟁자를 앞질러 골인하기 위해, 악당으로부터 멀리 도망치기 위해, 혹은 다른 차량을 효율적으로 들이받아 고철로 만들기 위해. 게임이기 때문에 목표가 다양해진 것이다. 현실의 제약을 받던 운전 행위 목적성이 다양화, 복합화된다. 이 모든 것들이 게임의 재미에 기여한다.

레이싱 모델과 슈퍼카 — 욕망의 폭주

물질적 성공을 나타내는 척도는 무엇일까. 대표적으로 집, 그리고 자동차다. 비행기는 돈이 있다고 해서 조종할 수 있는 물건이 아니지만, 돈이 많으면 많을수록 비싸고 좋은 차를 여러 대 소유하고 운전할 수 있다. 현대 사회에서 차란 물질적 욕망의 집약체이며, 나아가 삶의 성공을 나타내는 주요 척도로 기능한다. 첨단 기술, 세련된 디자인, 우월한 성능. 현대 사회의 부를 상징하는 가치의 종합이다.

레이싱 모델이 빠지면 섭섭하다. 대회의 진행 보조 인력 개념에서 출발한 레이싱 모델은 모터쇼에서 출품되는 신작 차량보다도 주목 받는 존재가 되었다. 고급 명차와 레이싱 모델, 완벽한 조합이다. 그야말로 유저들의 욕망을 폭주하게 만드는 요소들이다.

게임 역시 가상의 레이싱 모델들을 심벌로 삼아 유저들의 욕망을 자극한다. 현실에서 레이싱 모델들을 구경하려면 모터쇼에 가서 하루 종일 기회를 엿보며 사진이나 찍으면 끝이지만, 운전 시뮬레이션 게임에서는 차만 열심히 몰아도 미녀 캐릭터가 엮이게 된다. 남코의 릿지 레이서는 쉬운 조작감의 운전 시뮬레이션 게임을 모토로 제작되었지만, 릿지 레이서 시리즈가 본격 흥행한 계기는 시리즈 4편부터 대표 캐릭터로 부각된 나가세 레이코의 폭발적인 인기 덕분이었다.

릿지 레이서 4의 마스코트 나가세 레이코

운전 시뮬레이션 게임의 다양한 시도

운전 시뮬레이션 게임은 PC와 콘솔을 가리지 않고 꾸준한 인기를 받는 장르였지만, 운전이라는 행위를 기반으로 제작된 게임들이기에 장르 자체의 참신함이 부족한 한계를 노출한다. 제작사들은 다양한 시도를 통해 이를 극복하고 있다.

스토리텔링으로 목적을 부여해, 스토리 진행 방식으로서의 운전 시뮬레이션을 추구한 시도가 성공을 거두기도 하였다. 동명의 인기만화를 기반으로 제작된 이니셜 D 스테이지 시리즈가 대표적 사례. 주인공이 전국 각지를 돌아다니며 지역의 레이싱 강자들과 정해진 코스(일본의 실제 지명 및 도로 재현)에서 승부를 겨루면서 형성된 이야기를 스토리 모드로 제공하는데, 원작만화를 잘 반영했을 뿐만 아니라 운전 시뮬레이션 게임으로서의 완성도도 높았다.

출시 당시 화제를 몰고 온 운전 시뮬레이션 게임, 유로트럭 시뮬레이터는 방향성이 달랐다. 유럽의 화물차량 운전사를 주인공으로 삼아 극사실성을 추구한 게임(교통법규 및 조항의 제약을 그대로 받아야 한다)이지만, 본질은 자기경영 시뮬레이션, 즉 인생게임에 가깝다. 주인공 캐릭터의 직업이 화물차 운전자이기 때문에 운전 시뮬레이션이 게임의 주 화면이 되었을 뿐, 게임의 본질적인 재미는 돈 벌어서 빚 갚고 부자가 되는 것이며, 그 수단이 운전일 뿐이다.

운전 시뮬레이션 게임은 시뮬레이터로서 사실성을 추구하는 한편, 현실에서 제약된 욕망의 한계를 해방시킴으로써 유저들을 몰입시킨다.

SCS소프트웨어의 유로트럭 시뮬레이터

운전 시뮬레이션 게임이 가지는 재미의 본질은 '욕망을 폭주시킴으로써 얻을 수 있는 해방감'이다. 그리고 그 욕망은 현실 세계에서의 물질적 성공과 부에 집중한다는 특징이 있다.

04 김성근 되기
스포츠 시뮬레이션 게임

스포츠 게임은 전자 게임의 태동기부터 꾸준히 사랑 받고 있는 장르다. 게임의 진행 방식과 목표에 따라 구분하는 다른 장르와는 달리, 스포츠 게임은 '스포츠'를 게임의 핵심 소재로 다룬 게임을 총칭한다. 스포츠를 소재로 한 게임이라 할지라도 진행 방식이 동일하지 않기 때문이다.

스포츠 게임은 크게 액션과 시뮬레이션 게임으로 구분할 수 있다.

스포츠 시뮬레이터

스포츠 시뮬레이션 게임을 제대로 플레이 하려면 가상현실, 혹은 증강현실 기술이 필수다. 실제 경기장과 동일한 환경을 조성하고 실제 스포츠를 즐기듯 몸을 움직여 진행해야 한다.

현재 기술 수준으로 구현이 가능하지만 비용과 접근성 문제로 스크린 골프와 타격 연습장, 사격 연습장 이외에는 상용화되지 않았다. 고정된 자세에서 플레이 할 수 있는 사격, 골프, 야구의 타격 연습이 아니라 각종 구기, 격투기, 육상, 수영 등의 경우 구현해야 할 기술 수준이 높고 플레이 하기 위해 갖춰야 할 제반요건이 진입장벽으로 작용하기에, 스포츠 시뮬레이터는 일부 종목을 제외하면 사업성이 떨어진다.

스포츠 액션 게임

스포츠 액션 게임은 시뮬레이션으로 분류될 수 없는 장르임은 분명하다. 스포츠의 본질인 경쟁과 목표 달성의 즐거움을 제공할 뿐, 모든 조작이 방향키와 버튼으로 이루어진다. 스포츠의 다양한 움직임을 손가락 운동으로 대체하는 것이다. 아무리 스포츠 액션 게임을 플레이하며 경험을 쌓는다 한들 실제 운동과는 하등 관계가 없다. 스포츠 시뮬레이터의 골프나 활강스키가 실제 운동에 대한 모의실험 역할을 하기에 실제 실력 향상의 효과도 있는데 비해 스포츠 액션은 확연한 차이가 있다.

스포츠 시뮬레이션 게임의 실질적 의미

스포츠 시뮬레이터의 상용화는 요원하고, 스포츠 액션 게임은 시뮬레이션과 거리가 있다. 그렇다면 스포츠 시뮬레이션 게임의 다른 진행 방식은 무엇일까.

선수가 아닌 관리자(manager)가 되어 팀을 운용하는 시뮬레이션 게임이다. 조작을 통해 경기에 개입할 수도 있으나 초점은 팀, 혹은 선수의 커리어를 관리하고 성장시키는 데 있다. 팀의 로스터 관리, 출전 라인업과 선수 교체, 전술 훈련 및 운용, 트레이드와 FA 영입 등 선수나 플레이어가 아닌 감독·GM(단장)의 입장에서 역할을 수행하는 것이다.

흔히 죽기 전에 한번 해 보고 싶은 3대 직업으로 오케스트라 지휘자, 해군제독, 프로야구 감독을 꼽는다. 오케스트라 지휘자는 수십 명의 연주자들을 지휘자의 생각대로 통제함으로써 장대한 선율을 창조하고, 찬사를 한 몸에 받을 수 있다. 해군 제독은 외부의 개입과 간섭 없이 전문군인에 대한 통제권을 가지고 막중한 임무를 수행해 내며 결과에 대한 책임을 지는 자리다. 야구 감독은 전력을 활용해 게임 운용 전권을

아이도스인터랙티브의 풋볼매니저 게임화면

가지고 전술운용을 통한 팀 목표 달성에 책임진다. 공통점은 조직의 방향성을 이끌고 결과에 책임진다는 것.

소속감과 통제욕구

선망의 배경에는 두 가지 욕망이 자리한다. 동일한 목적을 가지고 운영되는 집단에 관여하고 싶은 '소속감', 그리고 속한 집단에 핵심 영향력을 행사하고 싶은 '통제욕구'. 스포츠 (경영) 시뮬레이션 게임은 두 가지의 욕구를 게임으로 구현한다.

스포츠 시뮬레이션 게임의 대표작이라 할 수 있는 FM(Football Manager) 시리즈를 사례로 살펴보자. 축구 선수 30만 명 이상의 데이터를 자랑하며, 모든 축구리그가 들어가 있는 FM에서 게이머는 선택한 팀의 감독이 되어 시즌을 운용한다. 클럽의 역사나 라이벌 구단, 레전드부터 시작해서 후보 선수들의 능력치까지 표현하고 있다. 좋은 선수와 자본이 뒷받침되어도 운용이 좋지 않으면 우승하기 힘들다. 같은 선수라도 사기에 따라 활약이 다르며, 우천시에는 패스 성공률이 낮아지거나 홈/원정 경기에 따른 변화 등 변칙적 요소들도 구현되어 있다. 시리즈를 거듭할수록 감독(유저)이 고려해야 하는 데이터의 종류와 양이 늘어나며, 유저는 데이터를 활용해서 판단을 내리고 팀을 운용한다. 유저는 FM 시리즈를 통해 각종 데이터가 관여하는 형태, 조합되어 드러나는 결과 등을 학습하고 판단력을 성장시키게 된다. FM 시리즈는 실제 프로축구에서 감독과 구단주가 가질 수 있는 권한 이상을 부여하고 즉각 결과를 보여줌으로써 소속감과 통제욕을 빠르게 만족시켜 줄 수 있다.

세가에서 출시한 '프로야구팀을 만들자 2'를 국산화한 프로야구 매니저, 야구 9단, 피파 온라인 등 스포츠 시뮬레이션 게임은 실제 스포츠 플레이보다는 매니저 역할을 수행하며 소속감과 통제욕구를 만족시킨다. 시뮬레이션 게임의 고수가 실제 축구팀의 감독이 되는 사례도 있었고 한화 이글스 김성근 감독의 경우 스포츠 시뮬레이션 게임하듯 팀을 운용해 비판 받고 있기도 하다.

스포츠 시뮬레이션 게임은 액션과 결합해 유저들에게 종합적인 서비스를 제공하는 방향으로 발전하고 있다. NBA 2K 시리즈나 NFL 등의 EA 제작 스포츠 게임에서는 선수들을 조작해서 팀을 이기는 모드와 트레이드와 드래프트, FA 영입 등 팀 전력을 구성하는 단장 모드, 경기 중 전술지시와 선발라인업 및 선수 교체를 지시해서 승률을 높이는 감독 모드 세 가지를 수행할 수 있다. 향후 스포츠 시뮬레이션 게임은 액션과 시뮬레이션을 결합한 형태로 제공될 것이다.

스포츠 시뮬레이션 게임은 인간의 소속욕, 통제욕을 자극하는 게임 장르이기에 사랑 받을 수밖에 없는 장르다. 심한 중독성의 여지가 있으므로 제작 단계에서부터 중독성 완화 장치 마련이 중요하다. 명확한 엔딩이 없고 플레이 결과물이 쌓여가며 중독성을 유발한다는 점은 한국식 MMORPG의 폐해와도 맞닿아 있다. 이를 해결하는 것이 스포츠 시뮬레이션 게임의 과제이다.

05 피그말리온의 꿈
육성 시뮬레이션 게임

아이돌

한류(韓流)를 이끄는 상품은 아이돌 그룹이다.

Idol. 우상. 어원은 그리스어로 $\iota\delta\varepsilon\iota\nu$이고 이후에는 $\varepsilon\iota\delta o$에서 idola로 변형되어서 idol로 통용된다. 십계명 중 '우상숭배 하지 말라'에 언급되는 우상이 바로 아이돌을 뜻한다. 1940년대 프랭크 시내트라의 인기를 표현할 때 '10대 여학생의 우상(Bobby six's Idol)'이라는 개념을 쓰면서 대중 문화계로 확장되었다. 즉 우상화될 정도로 인기 있는 존재를 의미한다.

거대 연예 기획사들의 아이돌 상품이 한국에서 흥행하기 시작한 역사는 그리 길지 않다. 일본 연예계에서의 히트상품들을 도입해 독특한 방식으로 발전시켜 온 것이다.

일본 연예계의 경우 1970년대부터 아이돌 문화가 정착해 1980년대 마츠다 세이코와 나카모리 아키나 양대 빅스타가 시장을 양분했다. 두 아이돌은 일본 연예계를 지배했다 해도 과언이 아닐 정도로 국민스타 반열에 올랐다. 실력과 외모, 스타성을 겸비한 두 명의 스타는 아이러니하게도 현대 일본 아이돌보다는 한국 아이돌의 모티브에 가깝다. 현재 한국과 일본의 아이돌에는 개념상의 차이가 있다는 의미다. 한국과 일본 아이돌의 차이는 무엇일까.

한국의 아이돌 대표로 보아, 소녀시대, 동방신기, 빅뱅, 최근의 EXO 등을 떠올릴 수 있다. 오랜 준비기간을 거쳐 춤과 노래, 외국어에 예능 훈련까지 완성시켜 내놓은 마스터피스 상품들이다. 일본에서도 소녀시대와 동방신기, 보아는 인기를 끌었는데, 일본에서는 아이돌이 아닌 아티스트로 활동했고 그렇게 취급 받았다(일본 가요계는 기본적으로 가수들을 아이돌/아티스트로 구분한다).

일본에서 대세 아이돌로 선풍적 인기를 끌었던 카라의 경우 이질적인 사례로 분류된다. 한국에서도 인기 걸그룹이었던 카라였지만 대세의 위치까지 올라간 적은 없었다. 가창력이나 안무 등에서 눈에 띄지 않았고, 섹시, 세련 컨셉이 대세였던 아이돌 가요계에서 귀여움이 컨셉이었던 카라에 대한 관심도는 높지 않았다. 그러나 일본에서 인기는 역전되었다. 카라를 정통 아이돌 그룹으로 받아들인 일본 대중들의 성향이 달랐기 때문이다. 일본에 진출한 실력파 아이돌들이 출중한 노래와 춤 실력, 성숙함을 인정받아 아티스트로 분류된 것과 달리, 귀여움과 어설픔, 실수도 하지만 노력하는 모습이 아이돌 팬들을 공략했던 것이다.

한국과 일본의 아이돌을 비교하면서 '한국 아이돌이 일본 아이돌을 춤과 가창력에서 압도하니 한국 아이돌이 일본 아이돌을 앞질렀다!'라고 주장하는 의견이 있다. 절반은 맞고 절반은 틀린 얘기다. 실력에서 압도하는 건 맞지만 앞지른 것은 아니다. 한국과 일본에서 아이돌의 조건이 다르기에 수요에 따라 가요계가 움직였던 것뿐이다. 일본에도 실력 있는 가수들은 많지만 아이돌이 아닌 아티스트로 분류되는 차이가 있다.

한국과 일본이 원하는 아이돌은 어떻게 다른가? 한국 아이돌이 되기 위해서는 치열한 오디션을 뚫고 기획사에 연습생으로 들어가 혹독한 훈련을 거친 후 시장에 나온다. 일본의 아이돌 역시 치열한 오디션을 치르는 것까진 동일하지만, 아이돌 상품으로 나오기까지 긴 훈련과정을 거치지 않는다. 그룹 컨셉 잡고 곡 받고 안무 연습하면 바로 가요계에 등장한다. 그룹 인원수는 한국보다 많은데, 실력 있는 멤버는 타고난 멤버들뿐이다. 그래도 일본의 팬들은 '귀여워'를 연발하며 어설프게 활동하는 것을 응원하고, 성장해서 아이돌을 졸업할 때까지 따라다니는 팬덤이 된다. 즉 한국이 아이돌의 현재, 결과를 중시하는 데 비해 일본은 아이돌의 미래, 과정을 중시하는 취향이다. 옳고 그른 문제가 아니라 취향이 다르게 형성되어 있다.

애착과 기대감의 연쇄 – 육성 시뮬레이션의 본질

일본 아이돌 팬들이 어설픈 아이돌을 보고 팬덤화되는 현상이 육성 시뮬레이션 게임의 본질에 가깝다. 부족하고 미숙한 존재에 기대감을 가지고 미래의 성장 모델을 상상하며 교육과 훈련이라는 '조작'을 행한다. 이 과정에서 애착이 생겨나고, 애착이 다시 기대감을 강화시키는 연쇄 반응을 일으킨다. 육성 시뮬레이션 게임의 재미는 유저가 육성하는 캐릭터에 대한 기대감과 애착의 연쇄에서 나온다.

프린세스 메이커

육성 시뮬레이션의 역사는 길지 않다. 시뮬레이션 게임을 기획하기 위해 만들어진 것도 아니다. 최초의 육성 시뮬레이션 게임이라 볼 수 있는 프린세스 메이커 1은 롤플레잉 게임 캐릭터 성장 모델에서 능력치를 세분화하여 다중 지표를 만드는 기획의 게임이었다. 초기작인 프린세스 메이커 1, 2만 해도 당시 유행하던 RPG게임의 능력치와 스토리 구조, 세계관과 용어가 차용되고 있음을 확인할 수 있다.

육성 시뮬레이션 게임의 골격은 육성 대상 캐릭터를 중심으로 이야기가 전개되는 것이다. 플레이어는 대상 캐릭터의 육성 일정을 짜며,

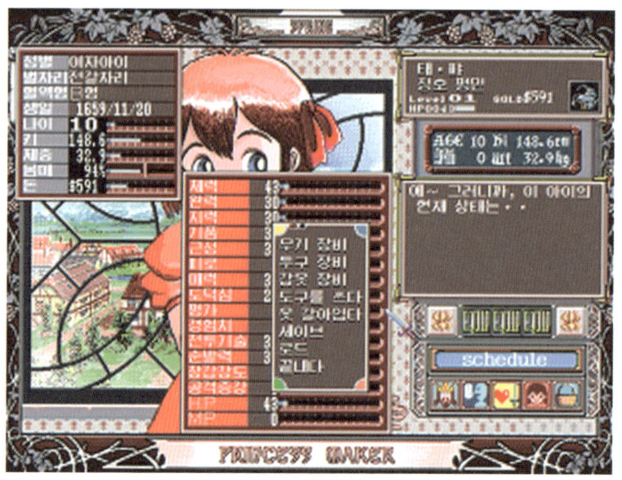

가이낙스의 프린세스 메이커 2

결과에 따라 육성대상 캐릭터의 능력치가 변화한다. 일정 기간 내에 목표 능력치를 달성하는 것이 목표이다. 육성기간이 끝나면 능력치와 캐릭터가 경험한 이벤트에 따라 엔딩이 달라진다. 육성 시뮬레이션 게임 기획에서는 다른 어떤 장르보다도 엔딩에 신경을 써야 한다. 적지 않은 시간을 투자해 조작하는 이유는 엔딩에 도달할 때 육성 캐릭터가 맞이하는 이야기의 결말을 통해 투자한 시간에 대한 보상을 느끼기 때문이다. 엔딩 개연성이 시시하거나 천편일률적이라면 플레이어는 배신감을 느낄 수밖에 없다. 프린세스 메이커 시리즈를 위시한 초기 육성 시뮬레이션 게임의 구조는 비슷했다(세분화된 능력 수치와 일정 관리 위주의 게임 진행, 다양하고 개연성 있는 엔딩 등).

동물 육성 게임

애완동물 배틀을 모티브로 하는 포켓몬스터 시리즈 역시 육성 시뮬레이션 게임에 가깝다. 실시간 육성 시뮬레이션 타마고치의 경우 한국의 '초딩'들을 지배할 정도로 선풍적 인기를 끌고, 타마고치 전용 휴대용 게임머신까지 불티나게 팔렸다. 포켓몬스터, 디지몬 시리즈가 애완몬스터의 성장과 진화를 통해 배틀을 붙임으로서 대전격투 캐릭터를 직접 육성하는 재미에 치중했다면(육성 시뮬레이션 + 대전 격투 게임), 타마고치는 육성 시뮬레이션 게임에 리얼타임 요소를 부여함으로써 각기 남자아이/여자아이들의 'Must have item'으로 자리잡았다. 게임 용량과 시스템 요구 사양이 낮다는 특성으로 인해 육성 시뮬레이션 게임은 가벼운 휴대용 게임기용으로 출시되는 경우가 많았다.

아이돌 마스터

육성 시뮬레이션 게임성을 혁신시키고 재도약의 계기를 마련한 작품이 아이돌 마스터(일명 '아이마스') 시리즈다. 플레이어는 프로듀서, 혹은 'P(프로듀서의 약자)'가 되어 기획사에 들어온 연습생들을 아이돌로 성장시켜 꿈을 이뤄준다는 단순한 육성 스토리 구조를 가지고 있다. 아이마스가 프린세스 메이커 시리즈와 본질적으로 다른 점은 동시에 육성할 수 있는 캐릭터의 수. 프린세스 메이커를 플레이 하는 유저들은 좋든 싫든 오직 한 명의 딸만을 육성시켜야 했다. 딸의 외모가 마음에 안 들어도, 딸이 가진 배경이 마음에 안 들어도 선택지는 하나뿐이었

남코의 아이돌 마스터 시리즈 캐릭터들

고, 캐릭터가 마음에 안 들면 지루한 육성 과정을 감내할 수 있게 해 주는 '기대감과 애착'이 형성되지 않기에 게임을 즐길 수 없었다.

아이마스에서는 다양한 외모와 능력, 배경 스토리를 가진 미소녀 캐릭터들을 수십 명 투입해 취향을 공략한다. 아무리 취향이 까다로워도 수십 명이나 되는 미소녀 캐릭터 중에 취향에 부합하는 캐릭터가 없을 리 없고, '기대감과 애착'을 형성하는 최적의 전략이었다. 현실 아이돌 모닝구 무스메나 AKB48 역시 이 전략을 채택한 사례이며, 한국에서도 아이돌 그룹의 멤버 수가 점점 늘어난 이유가 여기에 있다.

프린세스 메이커가 플레이어의 조작 성향에 따라 개연성 있고 다양한 엔딩을 보여준 데에 비해 아이마스 시리즈에서는 다양한 엔딩이 준비되어 있지 않다. 아이돌로서 성공하느냐 하지 않느냐, 플레이어 캐릭터인 프로듀서와 어떤 관계를 형성하느냐만이 엔딩에 영향을 준다. 아이마스는 엔딩을 보기 위해 육성과정을 감내하는 게임이 아니라, 선택해서 애착과 기대감을 형성한 캐릭터의 성장을 지켜보며 지내는 시간 자체를 즐기는 게임이다.

육성 시뮬레이션의 가능성

프린세스 메이커와 XX몬스터 시리즈 이후 육성 시뮬레이션 게임에는 이렇다 할 인기작이 오랫동안 등장하지 않았으나, 2010년 이후 육성 시뮬레이션 게임 장르는 아이마스 시리즈의 성공과 팬 참여 프로젝트를 앞세운 러브라이브 게임화를 거쳐 '오타쿠' 문화소비 시장의 중심으로 자리잡아 가는 추세다. 한류가 아시아 가요계를 강타하듯 서브컬처 업계에서는 육성 시뮬레이션 게임의 미소녀 캐릭터들이 캐릭터 산업을 선도하고 있다.

애착을 가지게 된 캐릭터에 지나치게 몰입하는 현상이 외부의 시선으로 볼 때 바람직하지 않은 것은 사실이다. 흔히 '오덕(오타쿠에 대한 멸칭)'들이 보여주는 행태를 비꼬거나 멸시할 때 육성 시뮬레이션 게임 캐릭터에 대한 애착을 사례로 드는 경우가 많다. 그러나 본질을 살펴보면 현실 아이돌에 열광하는 팬덤 현상과 육성 시뮬레이션 캐릭터에게 열광하는 메커니즘은 동일하다. 아이돌 산업에 들어가는 비용에 비하면 캐릭터 아이돌 산업에 들어가는 비용이 저렴하기 때문에 캐릭터 아이돌 산업의 수익성은 뛰어나다. 한류가 명성에 비해 높은 수익을 올리지 못하는 이유는 들어가는 비용이 만만치 않고 대체재를 쉽게 찾을 수 있다는 점 때문이다. 이에 비해 캐릭터 아이돌 산업은 사회 주류의 주된 관심사라 할 수 없지만 실속이 뛰어난 미래 먹거리 산업이다.

06 상실의 시대
연애 시뮬레이션 게임

짝짓기 알고리즘

전쟁·비행·운전·건설·경영·스포츠 등 여러 가지 인간 활동을 모의 실험 하는 유희가 시뮬레이션 게임이다. 게임 시스템은 설정해 놓은 알고리즘을 통해 유저의 선택에 대해 반응을 내놓는다. 그렇다면 연애에 대한 알고리즘이 존재할까? 남녀 혹은 남남, 여여 간 사랑이나 애정에 내재하는 보편적 알고리즘을 밝혀낼 수 있을까? 연애와 사랑은 철학적 논제지만, 그 알고리즘 분석은 논리적으로 접근하기 난해하다. 사람은 왜 다른 누군가에게 관심·집착·독점욕을 가지게 될까.

연애 시뮬레이션 게임은 이 난제를 '생물학적 관점'에서 접근한 답안이다. 철학적 접근, 사회학적 접근, 인류학적 접근 등등 여러 가지 가능성을 모두 외면한 채, 생물학적 관점에서 연애를 해석해 모의실험하고 재현하는 것이 연애 시뮬레이션 게임의 기본 원리다.

동식물에게 애틋한 사랑의 감정이 있는가를 논하는 것은 차치하고 동식물의 짝짓기 프로세스와 알고리즘을 생각해 보자. 짝짓기의 목적은 생식, 종족 보존이다. 오랜 연구를 통해 짝짓기는 생물의 본능이며, 일정한 알고리즘이 작용한다는 것이 밝혀졌다. 짝짓기 알고리즘은 복잡하지 않다. 짝짓기의 목적을 상기해 보면 된다. 종족 보존 확률을 높이는 것이 짝짓기 알고리즘의 방향성이다. 환경에 더 잘 적응하고 개체 생존률을 높여 다음 세대로 유전자를 전달할 확률이 높은 자식을 생산하는 것. 우수한 유전자를 가진 개체와 생식하고자 하는 것이 DNA의 명령이자 짝짓기 알고리즘이다.

자가 육성 전략 – 연애 시뮬레이션의 본질

연애 시뮬레이션 게임은 짝짓기 알고리즘의 게임화다. 연애를 하려면 상대가 필요하다. 마음에 드는 상대를 완력으로 제압해서 납치하지 않는 이상, 누군가와 연애를 하려면 상대에게 매력으로 어필해야 하고, 선택을 받아야 한다.

짝짓기 알고리즘으로 돌아가 보자. 선택을 받기 위해서는 어떻게 해야 할까? 상대에게 인정받아야 한다. 우수한 유전자를 후속 세대에게 남길 수 있는 능력을 가졌음을 증명해야 하는 것이다. 만약 현재 내세울 게 없다면 연애를 포기해야 할까? 연애 시뮬레이션 게임에서 유저가 조작하는 캐릭터는 내세울 부분이 없는 상태에서부터 시작된다.

연애 시뮬레이션 게임에서 유저의 아바타인 캐릭터는 초기 조건이 형편없거나 평범해야 한다. 신장, 외모, 성적, 특기 등의 파라미터가 뛰어나지 않게 설정되며 용모조차 파악할 수 없게 앞머리가 얼굴의 반을 가리고 있는 경우도 많다. 본인의 역량에 비해 이성의 외모에 대한 기준이 높아 미소녀 캐릭터가 아니면 관심을 보여주지 않는 설정이 일반적이다. 이상은 높은데 현실이 시궁창인 경우다. 이들이 연애성취 목표를 위해 취할 수 있는 전략은 자연스럽게 두 가지가 된다. 첫째 이상을 현실 수준으로 낮추거나, 둘째 현실을 이상 수준으로 향상시키거나. 연애 시뮬레이션 게임은 두 번째 전략을 목표로 삼고 과정을 즐기는 게임이다.

현실을 이상 수준으로 끌어올리는 방법은 무엇일까. 현실과 게임 모두 답이 정해져 있다. 노력과 근성, 올바른 방향성. 이것밖에 답이 없다. 먼저 연애하고 싶은 캐릭터에게 접근해 경계심을 무너뜨리고, 취향을 파악해 방향성을 세운다. 방향성이 정해졌으면 플레이어 캐릭터의 성장 목표를 세우고 목표에 연관되는 능력치가 무엇인지 파악하여 능력치를 향상시킬 수 있는 활동을 반복하는 것이다.

연애 시뮬레이션 게임은 육성 시뮬레이션과 진행 방식이 유사하다. 육성 시뮬레이션이 자기 캐릭터가 아닌 육성 캐릭터를 성장시킨다면, 연애 시뮬레이션에서는 자기 캐릭터를 성장시켜 공략 캐릭터에게 선택

받는다는 차이점밖에 없다.

연애 시뮬레이션 게임의 변천

연애 시뮬레이션 게임은 연애 상대의 선택을 받는다는 목표를 구현하기 위해 생물학적 관점에 치중한 결과, 자기 육성 시뮬레이션이라 불려도 무방한 게임이 되었다. 연애 시뮬레이션 게임이라는 장르를 개척했다고 평가 받는 도키메키 메모리얼은 게임 내용 대부분이 일정을 짜서 주인공의 능력치를 올리는 데 치중하고 있다. 능력치를 올리고 목표 캐릭터의 호감도를 상승시키는 과정의 반복이며 호감도가 목표 수준을 넘으면 전설의 나무 아래서 해당 캐릭터의 고백을 받고 엔딩을 맞이하게 된다. 육성 시뮬레이션보다 무성의한 엔딩이지만 유저의 성취감은 충분하다. 도키메키 메모리얼의 대성공 이후 연애 시뮬레이션들이 쏟아져 나왔지만 대부분이 아류에 지나지 않을 정도로 연애 시뮬레이션의 법칙은 확고했다. 콘솔용으로 발매된 도키메키 메모리얼에 비해 이후 연애 시뮬레이션 게임은 주로 PC로 발매되었는데, 자기복제 게임성에 질린 유저들이 자극을 요구했고, 점차 연애의 결과(주로 성적인 묘사)에 초점을 둔 방향으로 방향성이 옮겨갔기 때문이다. 엄격한 등급심사를 거쳐야 하는 콘솔 게임기와는 달리, 비교적 자유롭게 성적 표현이 가능한 PC쪽으로 이동하는 것은 당연했다. 이후 도키메키 메모리얼 시스템을 기본으로 하는 연애 시뮬레이션은 거의 명맥이 끊기고, 능력치 개념은 무시한 채 돌아다니며 이벤트를 통한 관계성의 성장에 초점을 맞춘 미소녀 ADV(어드벤처) 분야로 이어진다. 이는 동급생 등 초기 성인 어드벤처 게임 형식으로의 회귀를 의미했지만, 연애 시뮬레이션 게임의 게임성이 새로운 돌파구를 찾기 못했기 때문이다.

명맥이 끊긴 것이나 다름없는 연애 시뮬레이션 게임 업계에 다시 활력을 불어넣은 작품이 아마가미다. 엔터테인먼트 잡지와 서적 등을 발매했던 회사 엔터브레인이 전작 키미키스에 이어 발매한 연애 시뮬레이션 게임이다. 오랜만에 등장한 정통 연애 시뮬레이션의 명작이라는 극찬을 받은 작품으로서 능력치 개념이 없는 대신 히로인들과의 이벤트 소화를 반복 플레이 형식으로 제시하면서 능력치 육성 느낌을 준다. 주인공 캐릭터의 개성도 충만한데다, 호감도에 따라 동일 히로인 엔딩에 5가지의 결말을 준비함으로써 반복 플레이 요소에도 충실했다. 비주얼 노벨과 미소녀 ADV 요소들을 게임성으로 정착시켜 연애 시뮬레이션을 하고 있다는 느낌을 제공한다.

연애 시뮬레이션의 미래

연애 시뮬레이션의 초기 형태는 의외로 냉정하고 현실적이다. 짝짓기 알고리즘에 따라 능력이 없으면 연애도 못 한다는 차가운 현실을 제시하고, 대신 노력과 근성만 있으면 외모부터 능력까지 착실하게 성장할 수 있게 설계함으로써 유저들의 욕구를 대리만족 시켜주었다. 그러나 단순한 자기육성 게임 시스템에 유저들은 식상함을 느끼고 이탈하기 시작했고, 이에 히로인 캐릭터들과의 대화를 통한 관계성을 강조함으로써 돌파구를 마련하고 있다. 알파고가 이세돌을 바둑으로 꺾듯, 인공지능의 발전과 더불어 인공지능 대화 알고리즘 패턴이 다양화될수록 연애 시뮬레이션 장르의 인기는 향상될 수 있을 것이다. 사람과 대화하는 느낌이 강해질수록 연애 시뮬레이션의 수요는 늘어날 수밖에 없다. 무라카미 하루키가 《상실의 시대》에서 논했듯, 삶이 어려워지고 인생에 돌파구가 없어 보일수록 사람들은 사랑을 찾게 되어 있으니까.

07 신세계의 신
건설·경영 시뮬레이션 게임

게임중독

과유불급(過猶不及). 지나침은 모자람만 못하다. 무엇이든 지나치면 독이 된다. 일, 사랑, 관계, 관심, 흥미, 배려까지도 지나치면 삶을 고통스럽게 만든다. 놀이 역시 마찬가지다. 유희의 목적이 자극이든, 휴식이든 과도한 치우침이 있다면 독이 된다. 공교롭게도 생물체는 쉽게 중독될 수 있도록 설계되어 있다.

게임중독은 실재하는 현상이며, 게임을 좋아하는 유저라면 한 번쯤 경험이 있기 마련이다. 게임과 놀이를 죄악시하는 한국의 사회풍토에서 과장·왜곡된 면이 없진 않다고 해도 게임은 기본적으로 유저의 몰입감을 위해 중독성을 자극하는 방향으로 설계되었다. 게임의 무해성을 설파할 필요는 없다. 취미활동이 다 그렇듯이 게임 역시 유저를 중독시키기 충분한 요소들을 가지고 있고, 이에 대한 대책은 필요하다.

네버엔딩 스토리

게임의 작품성이나 흥행과는 별개로 쉽게 손대기 힘든 부류의 게임이 있다. 대표적인 유형이 한국식 MMORPG로 볼 수 있는 FM 시리즈, 그리고 건설·경영 시뮬레이션 게임이다. 이들의 공통점은 무엇일까.

게임은 상호작용하는 이야기다. 이야기가 가진 전제 중 '시작과 끝이 존재한다.'를 상기해 보자. 게임을 이야기로서 바라볼 때, 바람직한 게임이란 시작과 끝을 명확하게 갖춘 이야기 구조로 만들어진 게임일 것이다. 그러나 상기한 세 장르는 정해진 끝이 존재하지 않는 네버엔딩 스토리 구조다. 한 번 빠지면 헤어나오기 어려운 것이다.

게임 편집기

위대한 게임 기획자를 논할 때 반드시 손에 꼽히는 사람으로 윌 라이트가 있다.

시뮬레이션 게임의 본질인 '핵심의 간략화'를 이해하고, 중독성을 유발시키는 방법을 파악하고 있는 천재다. 건설·경영 시뮬레이션(CMS: Construction & Management Simulation) 장르의 창시자이기도 하다. 윌라이트는 게임 기획자로서 심시티 시리즈에 이어 인생 시뮬레이션 장

게임 프로듀서 윌 라이트

르를 개척한 심즈 시리즈까지 성공시켰다. 심시티 1의 기획 의도는 우연한 발견에서 비롯되었다. 1984년 윌 라이트가 개발한 헬기 슈팅 게임 번갤링 만 공격작전을 맵 에디터로 가지고 놀다가, 실제 게임보다 에디터로 맵을 만들어 가는 쪽의 재미가 나을 수도 있다는 느낌을 받은 사실이 계기였다. 건설·경영 시뮬레이션 게임의 태동을 이끈 심시티 시리즈는 맵 편집 툴에 다양한 기능을 추가해서 설계된 작품이었다.

창세기 체험 – 건설 시뮬레이션의 본질

기획자가 재미의 본질을 먼저 체험으로 이해하고, 이를 통해 기획된 장르가 건설·경영 시뮬레이션이었기에 심시티 시리즈는 크게 성공할 수밖에 없었다. 심시티의 등장은 단순히 건설·경영 시뮬레이션 장르를 태동시킨 것에 그치지 않고, 이후 등장한 RPG 만들기(게임), 쯔쿠

루(つくる) 툴, 스타크래프트의 유저 맵 세팅 기능에 이르기까지 '편집(Editing)'이라는 새로운 재미를 유저들에게 제공하게 된 시발점이었다. 건설 시뮬레이션 게임은 '세계 창조'에 대한 모의실험이지만, 실제 세계창조를 위해서는 엄청난 부대조건과 과정이 필요하기에 간략화 시켜 게임 설계자가 제공하는 도구를 통해 '편집'함으로써 재미를 제공한다.

문제는 게임의 이야기가 네버엔딩이라는 점이다. 건설하고 경영하는 건 좋은데, 정해진 게임의 엔딩이 없다. 유저는 게임을 종료하고 새 게임을 저장해서 덧씌우거나 세이브를 삭제하는 방법으로 자기최면적 결말을 상상할 수밖에 없다. 애초에 이야기의 시작도 없이 시장으로서 자신의 도시를 '편집'하는 재미뿐인 게임이다. 후속 시리즈로 갈수록 맵 에디팅에 가까운 '건설'보다는 건설된 도시의 각종 수치를 관리해 도시를 존속시키는 '경영'에 치중하는 쪽으로 변화하지만, 시리즈 최신작에 이르기까지 심시티 시리즈에 정해진 시나리오는 없다. 유저들은 취향

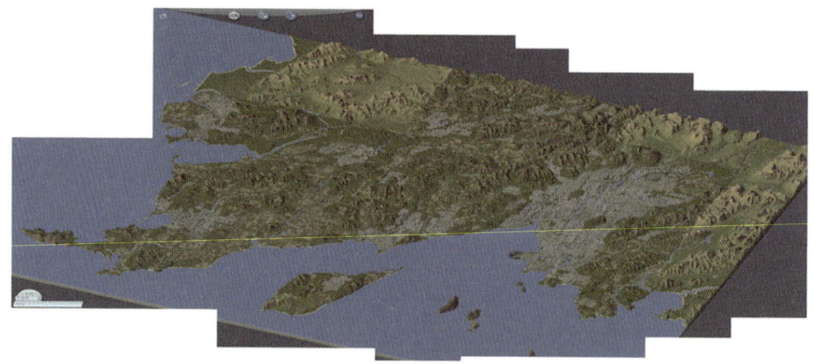

심시티로 지어진 인구 1200만의 초거대도시

에 따라 끝없이 플레이를 즐길 수 있으며 심지어 인구 1200만의 초거
대도시를 건설하기도 한다.

성취욕 피드백 – 경영 시뮬레이션의 본질

건설 시뮬레이션의 대표가 심시티 시리즈라면, 경영 시뮬레이션의
대표는 롤러코스터 타이쿤 시리즈로 볼 수 있다. 경영 시뮬레이션 게임
은 애플 Ⅱ 시절부터 있었지만, 1990년 시드 마이어의 레일로드 타이쿤
이 히트한 이후 '경영 시뮬레이션 = 타이쿤'이란 인식이 생겼다. 타이쿤
(Tycoon)이란 에도 시대 쇼군을 지칭하는 일본어 '大君'에서 유래된 용
어로 재계의 거물을 속칭하며 비즈니스 업계에서 왕처럼 군림하는 재
벌을 가리킨다. 플레이어는 타이쿤 이상의 결정권을 가지고 의사결정
권을 행사하며, 행사한 권한은 즉시 효과를 발휘한다. 경영 시뮬레이션
이 제공하는 재미의 본질은 최고 의사결정권자로서의 권한 행사를 통
한 성취욕 추구이며, 실제 경영 의사결정에서 비롯되는 조직 내 갈등을
모두 생략하고 효과를 즉각 피드백 함으로써 재미를 배가시킨다.

목표는 놀이동산의 건설 및 경영이다. 놀이동산의 거의 모든 것을 구
현할 수 있으며, 현존하는 대다수의 어트랙션을 구현할 수 있다. 설치
하면 제작된 맵들을 하나씩 선택하여 플레이 하게 되며, 하나의 시나리
오를 깰 때마다 새로운 시나리오가 등장한다. 놀이동산 경영 정상화를
위해서는 일정한 법칙 하에 건설계획을 세워야 관람객들의 만족도를
높이고 수익을 올리는 놀이동산을 유지할 수 있다.

건설·경영 시뮬레이션의 미래

직관적 인터페이스와 다양한 자원 관리를 통해 실시간 전략 게임을 결합한 세틀러 시리즈나 역사상 유명한 독재자들을 플레이어 캐릭터화해서 외딴 섬에서 독재국가를 건설, 경영하는 독재 체험 시뮬레이션 트로피코 시리즈까지, 건설·경영 시뮬레이션 게임 장르는 프랜차이즈 명작들의 후속작들이 꾸준히 이어지며 팬덤을 즐겁게 해주고 있다.

건설·경영 시뮬레이션은 세계를 편집하고 최고 의사결정권 행사를 통해 영향력을 즉각적으로 확인하는 재미를 추구하는 게임이며, 이야기의 끝이 존재하지 않아 한 번 몰입하면 중독성이 심해질 위험성이 있다. 인류는 앞으로도 더욱 다양하고 복잡한 사회로 나아가게 될 것이며, 향후 건설·경영 시뮬레이션의 소재는 무궁무진하게 펼쳐질 것이다. 이야기가 없는 게임에는 흥미를 느끼지 못하는 유저들에게는 아닐지라도, 하나만 파고드는 성향이 있는 유저들에게는 마약보다도 중독성이 강한 게임 장르이기에 자제력과 중독성을 극복하는 의지력이 요구된다.

08 스노우볼 공방전
전략 시뮬레이션 게임

워 게임

군생활 중 대표적으로 떠오르는 색다른 경험이 워 게임이다.

사이버 정보 지식방이 생기기 훨씬 전이었으므로 워 게임에 활용하는 PC는 386컴퓨터 수쥬으로서 상황판 펼쳐놓고 모형전투하는 것보다 약간 나은 정도였다. 대규모 합동훈련에서 워 게임을 병행하기에 중대원 열 명은 좁은 지휘통제실에서 단독군장을 착용한 채 땀을 흘려가며 약 5, 6시간 모의전투 훈련을 했다. 장교들이 시키는 대로 명령어만 입력하고 상황보고가 전부였던 훈련이다. 직접 내린 명령은 아니지만 명령에 의해 조작한 부대 커서가 실제 지형지물을 넘나들며 정찰, 부대이동, 전투, 부대수습을 벌이는 상황이 실시간으로 묘사되니 지휘관이 된 듯한 느낌이 들었다.

전략 시뮬레이션 게임은 워 게임으로부터 발전된 장르다.

지형, 부대 정보, 적 정보를 입력해서 실제 전투를 시뮬레이션 하는 형식의 게임은 워 게임밖에 없다. 전략 시뮬레이션 개념의 게임이 워 게임밖에 없다고는 해도 시중에서 워 게임을 구경할 수 없는 것은 아니다. 민간 게임회사들이 군사훈련용 워 게임을 토대로 민간판매용을 출시하고 있고, 수요도 일정하다. 유진 시스템즈가 발매하는 워 게임 시리즈는 밀리터리 마니아들이 가지고 놀기 좋은 작품이다. 게임이라 무기, 장비 디테일에서 고증오류가 존재하고 전투 알고리즘이 비현실적인 부분도 있지만, 실제로 전쟁을 지휘하는 듯한 게임성을 구현한 작품으로 높게 평가 받고 있다.

전략 게임

전략 게임(strategy game)이란 게임 내에서 유저가 상황을 파악한 후 목적 달성을 위해 가하는 조작-전략이 승패를 좌우하는 핵심으로 작용하는 게임을 일컫는다.

게임 플레이 방식은 턴 방식 전략 게임과 실시간 전략 게임의 두 가지로 분류할 수 있다. 턴 방식 전략 게임(Turn-based strategy game)의 경우 전쟁·전투에 도달하는 상황에 대한 이해와 분석을 수반하는 것이 실제 전술조작보다 중요하다. 전략과 전술에 관련된 정치와 경제, 외

시스템소프트의 대전략 시리즈

교 개념까지 고려하는 종합적 사고가 목적 달성을 위해 가장 중요한 요소인데 반해, 실시간 전략 게임(RTS: Real Time Strategy)은 유닛과 건물 생산을 위한 자원채취 및 관리 개념 이외에는 오로지 전략전술 단계에서의 판단과 실행력(조작역량의 수준 – 단축키와 마우스 등의 조작 속도 등)이 승패를 좌우한다. 때문에 실시간 전략 게임은 전략 게임보다는 액션 게임으로 분류되기도 한다.

턴 방식, 실시간 방식은 모두 전략 게임의 범주에 들어갈 수 있다. 목적 달성을 위해 필요한 조작과 역량에 차이가 있지만, 게임으로서 두 가지 방식이 추구하는 재미의 본질이 동일하다고 보기 때문이다. 턴 방식이든 실시간 방식이든 전략 게임으로서 추구하는 동일한 본질적 재미는 무엇일까. 대표적인 사례 비교를 통해 묶어보자.

턴 방식

턴 방식의 특징은 플레이어가 실제 조작하지 않는 동안에는 게임시간이 흐르지 않는 것으로 가정한다는 점이다. 다음 행동을 결정하기 위해 10년을 장고한다 하더라도 게임 내 시간은 정지된다. 즉 신중한 판단과 사고력이 게임을 풀어나가는 열쇠로 작용하며, 신체적 역량, 순발력이나 동체시력, 협응력은 게임 진행에 크게 관여하지 않는다.

KOEI의 삼국지 3

턴 방식 전략 게임의 대표작이 KOEI의 삼국지 시리즈다. 콘솔 게임 기반이 약한 한국에서 PC 게임의 상징은 삼국지 시리즈였다. 나관중의 역사소설 《삼국지연의》를 기반으로 만든 역사 시뮬레이션 게임이지만, 턴 방식 전략 게임의 표준을 확립하고 시스템적 발전을 이끌어 나가는 시리즈이기도 하다. 플레이어는 시기별로 세력을 형성했던 삼국지연의

삼국지 3

소설 내 등장하는 군주 중 하나를 고르거나, 플레이어가 직접 선택한 가상의 신군주를 선택해서 영지를 정한다. 게임 시작 이후 인재를 영입해 세력을 발전시키고 타 세력과 외교, 계략, 전쟁을 통해 중국 전토를 영지로 만들면 엔딩을 보게 된다. 시리즈가 거듭될수록 신경을 써야 하는 지표가 늘어나고 이벤트도 정교해졌으며 선택할 수 있는 메뉴가 다양해지고 있지만, 게임의 목표와 진행 추이 자체는 동일하다.

실시간 방식

실시간 전략 게임(이하 RTS 게임)은 게임 내부 시간과 플레이어의 시간이 함께 흘러간다. 플레이어가 손을 멈추고 고민하는 시간에도 상황이 시시각각으로 변화하는 것이 RTS 게임이다. 실제 흘러가는 시간 속에서 지속적으로 부대를 이동, 방어, 특수기술 사용, 집중공격, 후퇴시키며 전술적 우위를 확보해야 한다. RTS 게임에서는 플레이어의 반응속도와 컨트롤 능력이 게임의 승패를 좌우하는 핵심 요소다.

세계 최초의 프로게이머를 탄생시킨 스타크래프트 시리즈가 대표적인 RTS 게임이다. 블라자드의 스타크래프트는 저그·프로토스·테란의 3가지 세력 중 하나를 골라 시나리오 목표를 완수하거나, 맵 상에서 다른 유저와 섬멸전을 펼치는 실시간 전략 게임이다. 스타크래프트 플레이어는 초기에 주어진 병력과 자원을 가지고 맵 상의 자원을 차지해 전투 유닛을 생산하기 위한 시설을 건설하고, 상대 유닛 구성과 목표를 파악해 저지하고 격멸함으로써 게임의 목적인 승리(적의 전멸)를 달성하고자 한다. 이는 전작인 워크래프트나 후속작 스타크래프트에서도 변함없으며, 자원 종류·맵 구성·특수기술의 증가 및 컨트롤 방식의 발전에도 불구하고 게임의 목표와 진행 추이는 동일하다.

GG(Good Game)

삼국지 시리즈가 고질적으로 지적 받는 단점이자 턴 방식 전략 게임들의 공통적 한계점은 후반으로 갈수록 몰입도가 떨어진다는 것이다. 후반으로 갈수록 난이도가 떨어지는 반면 컨트롤의 수고는 늘어나서 지루함이 배가된다. 게임 초반에는 부족한 인재와 군사력 때문에 인공지능 세력들의 연속 공격을 당하며 게임오버 직전까지 몰린다. 죽느냐 사느냐의 위기를 극복하기 위해 밤새 몰입하며 버티지만, 버티는데 성공해서 거대 거점을 2개만 점령해도 게임오버 가능성은 사라진다. 어려운 난이도를 즐기기 위해 엄백호나 공손도를 군주로 선택해도 초반 공격을 막아내며 인재만 흡수하면 천하통일을 위한 기반은 닦였다고 봐도 무방하다. 성이 여러 개 생기고 나면, 성 전부를 일일이 관리하는 게 지루해지기도 한다. 물론 각 성을 위임 통치하고 핵심 지역만 컨트롤할 수도 있지만, 워낙 위기가 없다 보니 긴장감이 떨어져서 엔딩을 보기도 전에 의욕을 잃게 된다.

실시간 전략 게임의 플레이어 대 플레이어 모드의 경우 이러한 지루함의 해결책이 등장한다. 불멸의 인터넷 용어 'GG'의 등장이다. Good Game, 패자가 승자에게 '좋은 게임 했습니다'라는 패배선언을 하는 것

블리자드의 스타크래프트 속 'GG'

이다. 바둑에서의 불계승·불계패와 같은 의미다. 실시간 전략 게임에서 대전 모드의 경우 시스템상 승패가 결정되는 것은 한 쪽의 세력이 전멸했을 때. 섬멸(Elimination)이 완료되었을 때 생존 플레이어에게 승리가 주어진다. 그러나 유불리가 명백하여 전멸까지 진행할 필요가 없을 때, 불리한 쪽이 패배를 선언함으로써 경기를 종료하는 것이다.

승패를 겨루는 게임은 직접 하는 사람도, 구경하는 사람도 승패가 모호할 때 긴장감이 생기고 몰입할 수 있다. 어떤 선택을 해도 유불리를 뒤집을 수 없는 상황이 지속되면 긴장감이 사라지고 게임으로서 의미를 잃게 된다. 대전 모드가 없는 삼국지 시리즈에서는 인공지능이 중도 포기를 선언하지 않기 때문에 지루한 후반을 끝까지 플레이 할 수밖에 없다. 간혹 자동포기 기능을 갖춘 턴 방식 전략 게임이 있다고 하나, 적어도 알파고 급의 데이터 처리 능력이 없다면 인공지능이 시점을 판단하기는 쉽지 않다.

턴 방식 전략 게임의 후반 지루함을 RTS에서의 GG로 해결가능하다는 설명은 RTS가 턴 방식에 비해 우월하다고 주장하기 위함이 아니다. 두 가지 방식 모두 실질적 승패 결정시점과 시스템상 승패 결정시점의 괴리로 인해 지루해지는 게임임을 지적한 것이다. 전략 게임은 게임 시스템상의 엔딩과는 큰 관련이 없는 흥미주기를 가진 장르다. 인공지능 혹은 경쟁 플레이어가 어떤 선택을 해도 뒤집을 수 없을 만큼 세력의 차이가 심해진 시점이 게임 목적이 달성되는 순간이라는 점에서 실시간과 턴 방식은 동일한 전략 게임의 범주에 들어간다.

합리적 선택의 축적 – 전략 시뮬레이션의 본질

전략 게임에서는 플레이어의 모든 선택과 결과가 '축적'되어 연속성을 가지고 영향을 미친다. 초반에 했던 좋은 전략과 선택이 중반 진행을 지원하며, 메리트가 쌓여 경쟁 상대에 비해 절대적인 비교 우위에 다다르게 된다. 이를 경제 용어로 눈덩이 효과(Snowball effect)라 하며, 군사이론인 란체스터 제2법칙(리베르타 법칙) 역시 같은 맥락을 가지고 있다.

리베르타 법칙은 초기 병력 차에 의한 교환비를 논하는 수학적 이론으로, 실제 전쟁 결과를 통해 실효성이 충분히 증명된 바 있다. 거대한 그룹 간 전투에서는 개인 전투와 달리 병기와 역할분담이 추가되므로 공격력은 제곱이 된다. 결국 초기 조건의 차이가 압도적 손실 차이로

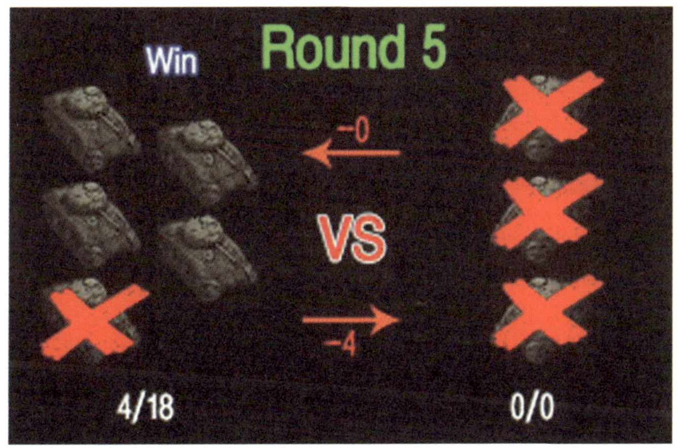

리베르타 법칙

변환된다.

전략 게임이란 플레이어가 선택의 결과를 축적하고, 축적된 결과에 따른 보상을 수용하는 것에 재미의 본질이 있다. 전략 게임의 키워드는 '축적'이다. 그래서 초반일수록 긴장감과 몰입감이 생기는 반면, 축적의 결과로 절대적 비교우위를 확보한 후반이 지루해지는 것이다.

전략 게임의 진행 과정을 눈덩이 효과만으로 요약하긴 어렵다. 턴 방식의 AI든, 실시간 방식의 다인이든 동일한 눈덩이 효과가 적용되기 때문이다. AI의 눈덩이 굴리기가 사람의 그것에 비해 획일적이기에 턴 방식의 전략 게임은 초기 아군 세력이 미약하다는 차이점이 존재하지만, 턴 방식과 RTS 모두 플레이어가 눈덩이를 얼마나 효율적으로 굴리느냐, 나아가 상대방의 눈덩이를 어떻게 방해할 것인가의 공방전이다.

09 모노드라마

인생 시뮬레이션 게임

드라마 보는 노인

미국에도 무협소설이 있다. 한국에서 무협소설이 인기를 끌던 1980년대, 북미에서 145권까지 출간된 《디스트로이어》 시리즈는 당시 미국 사회에 유행하던 '왜곡된 닌자물'의 일환으로 기획된 작품이다. 주목할 것은 신비주의 동양무술에서 약간의 변형을 추구하기 위해 주인공의 '사부' 포지션을 한국인으로 설정했다는 점이다.

꽤나 인기를 끌었는지 1985년 〈레모〉로 영화화되기도 했고, TV 더빙 버전으로 한국에서도 방영한 바 있다. NYPD 출신 주인공 레모 윌리엄스가 비밀 치안조직에 가입해 특수훈련을 받고 악의 조직을 일망타

영화 〈레모〉 포스터

진한다는 첩보액션물 영화다. 레모의 특수훈련 담당교관이 한국인 무술고수 역할의 치운 노인이다. 소설 설정을 반영했을 뿐만 아니라 영화상 비중이 더 커져 존재감이 주인공을 넘어서는 캐릭터다. 가공의 한국 무술 '신안주' 마스터로서 총알도 피한다.

치운 노인이 보여주는 설정과 연기를 보면 한국인에 대한 편견을 엿
볼 수 있기도 한데, "여자는 시집가서 애나 낳아야지"라고 가부장적 편
견이 가득한 잔소리를 한다거나, 가무를 사랑하는 특성을 반영해 아리
랑을 직접 부르기도 한다. 가장 인상 깊은 부분은 노인이 드라마 마니
아라는 점이다. 레모가 악당들의 파상공격에 이리저리 구르며 고전하
면, 뒷짐을 지고 등장해서 총알 피하고 물 위를 걷는 모습도 과시하며
순식간에 상황을 정리하는 고수의 풍모를 보여주다가도 드라마 시작시
간이 되었다며 급히 귀가하는 모습이 인상적이다. 레모가 왜 드라마에
그렇게 빠졌냐고 묻자 치운 노인은 대답한다.

드라마에는 인생의 모든 희노애락이 가득하지.
너희 미국놈들은 그 가치를 몰라.

드라마에서 묘사되는 희노애락은 인생 시뮬레이션 게임과 관련이
깊다. 인생 시뮬레이션 게임을 설명하기 위해서는 먼저 보드 게임부터
시작해야 한다.

인생게임

인생의 쓴맛을 제대로 맛보여주는 보드 게임이 있다. 인간의 일생을
중대 이벤트 위주로 간략화해서 노년기까지 다다르는 인생 스토리를
구성하는 게임이다.

죽음이 아닌 은퇴가 엔딩이며, 중간에 파산과 생활고, 이혼 등등 각종 이벤트를 경험할 수 있다. 게임으로서의 가치는 인정받지 못하는데, 이유는 룰렛 돌려서 나온 칸 수만큼 전진해 칸에 배당된 이벤트대로 운명이 결정되는 '운이 모든 것을 결정'하는 방식이기 때문이다. 즉 랜덤 일대기 드라마에 가깝다.

인생의 디테일을 재현하는 실질적 의미의 인생 시뮬레이션 게임은 PC로 구현된다. 심시티 시리즈의 기획자 월 라이트가 제작한 인생 시뮬레이션 게임 심즈 시리즈가 바로 그것이다. 심즈 시리즈는 시뮬레이션 게임 중 판매량 1위를 기록했으며, PC 게임 중 가장 많은 판매고를 올린 게임이다. 월 라이트가 심즈 시리즈 기획안을 들고 왔을 때, 유통사 EA에서는 실패를 예상했지만 월 라이트를 압박할 생각으로 허가를 내준다. 그러나 이러한 경영진을 비웃기라도 하듯 심즈 시리즈는 1편부터 폭발적 판매고를 기록하며 EA를 어리둥절하게 만든다. 제작·유통사마저 예측하지 못했던 심즈 시리즈의 인기 원인은 무엇일까?

인생 보드 게임과 마찬가지로 심즈 시리즈 역시 정해진 시나리오뿐만 아니라 엔딩도 없다. 무한한 자유도와 확장성(지속적인 확장팩 발매는 심즈 시리즈의 전통)을 통해 유저의 분신인 심즈(게임 속의 인간들)를 조작해서 유저의 생각대로 인생 시나리오를 설계하고 과정을 간략화 해서 '보여주는' 게임이다.

자작 드라마 – 인생 시뮬레이션 게임의 본질

인생 시뮬레이션 게임은 유저가 직접 설계해서 삶의 희노애락을 녹여내고 '관찰'함으로써 즐거움을 얻는 게임이다. 직접 쓰는 1인 드라마, 모노드라마야말로 인생 시뮬레이션 게임의 본질이다.

심즈 시리즈의 판매고가 높은 이유도 드라마성과 연결된다. 여성들은 남성에 비해 전자 게임에 대한 관심도가 낮다. 국가와 문화권의 차이에 상관없이 컴퓨터와 게임에 대한 남녀의 관심도 차이는 확연하기 때문이다. 게임에 대한 관심 차이만큼 두드러지는 게 드라마에 대한 남녀 관심의 차이다.

여성은 남성과 다른 양상으로 드라마에 몰입한다. 드라마의 이야기에 몰입하는 수준에 그치지 않고 방송가와 작가, PD에게 압력을 넣어서라도 원하는 흐름과 결말로 영향을 행사하고자 하는 욕망을 표출한다. 동일한 환경에서 여자아이들이 소꿉놀이에 치중하는 현상 역시 같은 맥락에서 이해할 수 있다. 소꿉놀이를 통해 여자아이들은 플레이어이자 드라마 작가, 스토리라이터의 즐거움을 맛보고자 하는 것이다. 남동생이나 오빠를 참가시키더라도 시나리오는 대부분 여자아이가 짜는데, 소꿉놀이의 핵심은 여기에 있다.

심즈 시리즈는 여성 유저들의 관심도와 구매율을 폭발적으로 상승시켰다. 진화된 소꿉놀이 기분으로 놀 수 있게 해주는 게임이기 때문이다. 여성 유저들이 심즈 시리즈의 팬덤을 형성하는 이유 중 큰 부분을 차지하고 있다. 닌텐도가 제작한 동물의 숲의 팬덤 커뮤니티 유저 대부

EA의 심즈 4

분도 여성이라는 점은 이러한 추정에 근거를 제공한다. 인생 시뮬레이션 게임은 높은 자유도와 확장성을 통해 유저가 모노드라마 스토리라이터가 되는 즐거움을 제공함과 동시에, 정해진 시나리오와 엔딩이 아니라 유저가 개입해 설계한 드라마를 관찰·감상하는 즐거움까지 제공함으로써 다른 장르의 게임들에 쉽게 접근하기 어려운 여성 유저들의 관심과 애정을 사로잡는데 성공했다.

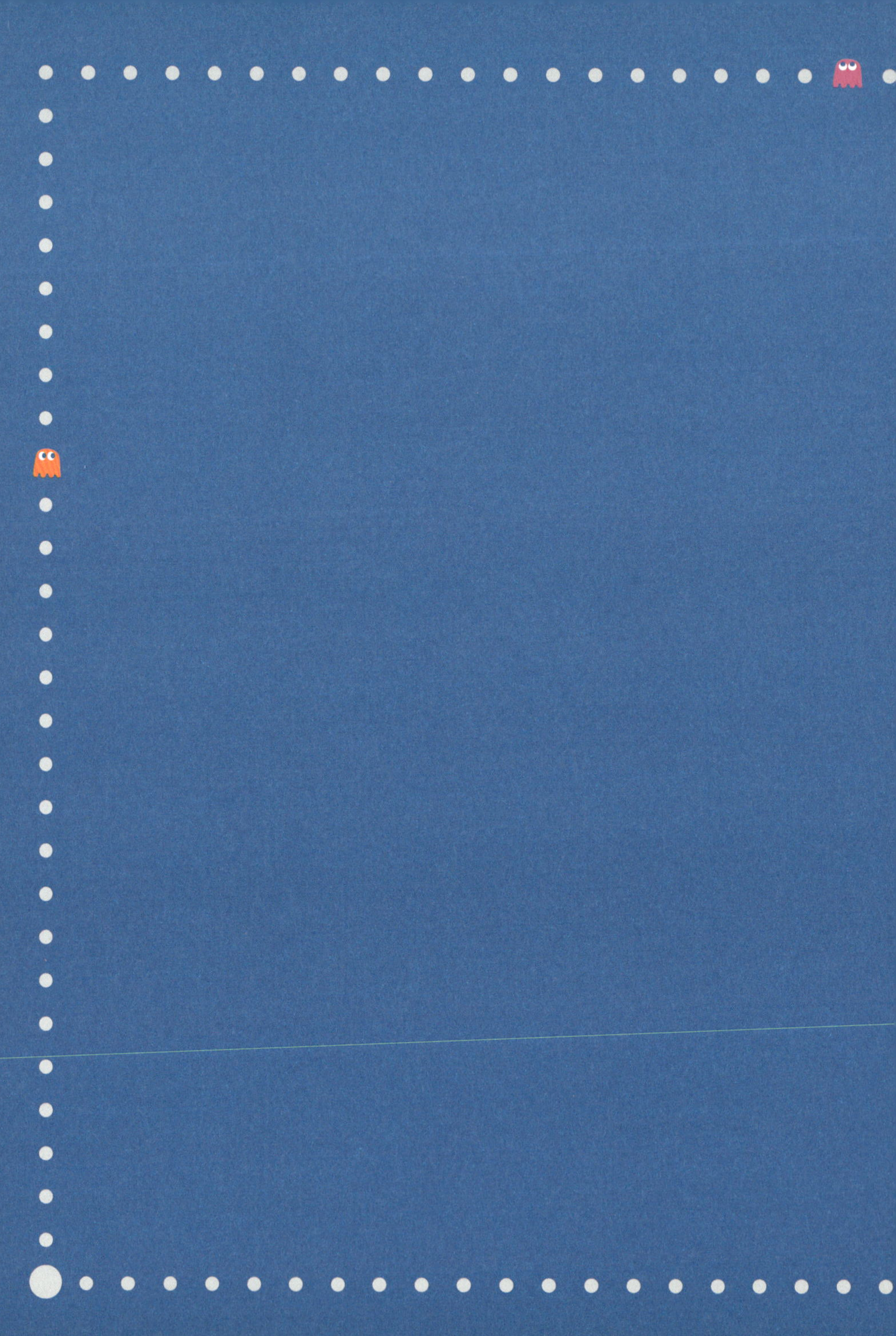

Chap Ⅲ

어드벤처 게임

01 자각몽(Lucid Dream)
어드벤처 게임의 본질

꿈의 이유

인류는 꿈을 통해 매번 새로운 가상현실을 경험하게 된다. 잠에서 깨면 기억하지 못하는 경우가 많으나, 인간은 꿈을 통해 현실에서는 경험하기 힘든 일을 접하고 다양한 이야기를 체험할 수 있다. 간혹 꿈의 내용에 몰입해서 극심한 감정표출(비명, 눈물, 공포)을 하면서 꿈에서 벗어나는 경우, 내용은 기억나지 않는데 감정의 여진이 남아있어 혼란을 느끼는 경우도 있다.

인간은 왜 꿈을 꾸는가. 최신 뇌과학으로도 해명되지 않은 문제다. 인간의 두뇌가 꿈을 꾸게 하는 이유는 물론이고 사람이 잠을 자야 하는 이유조차도 미제로 남을 가능성이 높다. 분명한 사실은 인간에게 꿈이 필요하다는 것이며, 인간은 꿈을 꿈으로써 얻는 것이 있다는 점이다. 꿈의 본질을 논하기 위한 근거가 부족하다는 점을 감안해서 꿈의 특성을 가지고 인간과 꿈의 관계에 대해서 추측해 보자.

꿈과 이야기

꿈꾸는 동안 사람은 꿈 밖의 현실에 대해 인식하지 못한다. 꿈꾸는 사람은 현실의 연장선상이 아닌 독립적인 이야기 시작을 통해 꿈을 진행시키고 꿈을 현실로 인식하게 되며 감정몰입이 발생한다. 감정몰입이 위험한 수준에 이르면 뇌는 현실 상태로 전환되며 꿈이 끝난다. 비록 꿈의 끝이 현실의 삶이 종료되는 형태와는 차이가 있다 해도, 꿈 역시 하나의 이야기다.

영화 〈인셉션〉의 엔딩—넘어지지 않는 팽이

꿈이 캐릭터와 플롯에 의해 진행되는 '이야기'라는 입장에서 생각해 보자. 인간에게 꿈이 필요한 이유는 이야기가 필요한 이유와 일맥상통한다.

차이점을 보자. 시작과 끝이 있고 캐릭터와 플롯이 있지만 꿈과 이야기가 보여주는 큰 차이점은 시점의 차이다. 현실에서는 아무리 몰입도가 높은 이야기라 할지라도 관찰자의 입장에서 완전히 벗어날 수 없다. 이야기의 주인공에 감정이입 해서 감정과 판단에 몰입한다 해도, 관찰자로서 접근하기에 현실과 혼동하는 경우가 드물다.

그러나 꿈은 다르다. 꿈은 깨어난 다음에야 꿈임을 알 수 있으며, 깨기 전에는 현실로 인식하게 된다. 나를 대리해서 이야기에 참여하는 가상의 캐릭터가 아니라 나 자신이 이야기에 직접 참여하기 때문이다. 설정이 부실하거나 세부 정보가 부족하고 플롯에 개연성이 결여되어 주제를 파악할 수 없다 해도 몰입하게 된다. 이야기임을 모르고 즐기는 이야기이기 때문이다. 현실의 사회, 물리 법칙상 일어날 가능성이 희박한 방향으로 이야기가 전개된다 해도 부정할 수 없다. 실제로 일어나버린 이야기로 인식하기 때문이다. 결국 꿈이란 너무 몰입도가 높아 이야기라는 사실조차 인식하지 못하는 이야기라고 할 수 있다.

자각몽

꿈의 형태 중 자각몽(自覺夢, Lucid dream)의 존재는 흥미롭다.

자각몽이란 플레이어(꿈꾸는 사람)가 이야기가 꿈임을, 현실이 아님

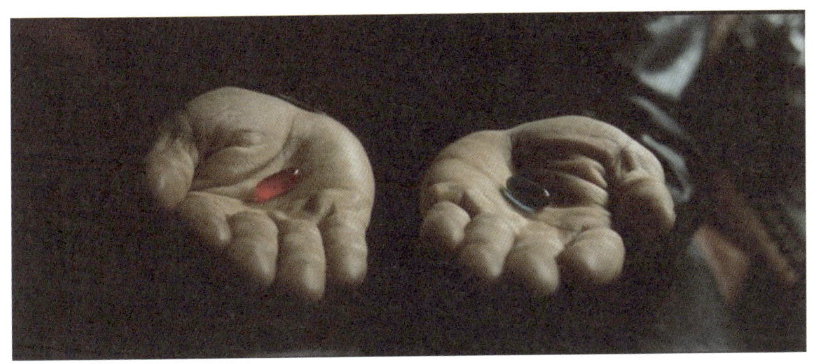

영화 〈매트릭스〉–네오의 선택

을 명확하게 인식한 상태에서 꾸는 꿈이다. 영화 〈매트릭스〉에서 모피어스가 내민 두 가지 알약이 이와 관련된 선택이다. 빨간 약을 먹으면 설계자가 제공하는 꿈을 현실로 받아들여 꿈이 꿈인 줄 모르고 살게 된다. 파란 약을 먹으면 '꿈에서 깨는 것'이 아니라, 지금 내가 참여하는 이야기가 꿈임을 '인식'하게 되는 자각몽 상태로 전환되는 것이다. 평범한 프로그래머였던 네오는 자각몽 상태로 전환되자마자 꿈 속에서 각종 퀘스트를 거쳐 후반부에서 신적인 능력을 발휘할 수 있게 된다. 완전한 현실도 아니고, 완전한 가상 이야기도 아닌 그 어딘가. 관찰자와 플레이어의 중간자적 환경이 자각몽이다.

자각몽 상태에서 플레이어는 완전한 현실, 완전한 가상 이야기보다 밀도 높은 희열을 얻을 수 있게 된다. 이야기를 이끌어 나가는 주인공이면서 동시에 이야기를 관찰하는 시청자의 즐거움까지 더해지는 것이다. 연구에 의하면 인간은 가끔 자각몽 상태를 경험하게 된다. 내가 이끌어나가는 동시에 즐기는 이야기. 이는 어드벤처 게임이 제공하는 재미의 본질이기도 하다.

자각몽 스토리텔링

어드벤처 게임은 이야기의 비중이 높다. 이야기를 다각적으로 구현하기 위한 형태의 게임이다. 스토리가 핵심이며, 상호작용의 중요성은 비교적 낮다. 이야기를 좋아하는 성향이 강한 유저일수록 어드벤처 게임에 재미를 느낄 가능성이 높다.

매트릭스에서 네오가 동료들과 함께 가상현실로 들어가 임무를 달성하는 과정이 어드벤처 게임이라고 볼 수 있다. 네오는 가상의 이야기에서 주인공이 되어 목적을 달성하기 위해 움직이며, 네오의 행적이 모험(어드벤처)인 것이다. 어드벤처 게임은 다른 장르의 이야기를 끌어오기에 가장 용이한 게임 형태다. 실제로 대작 영화나 소설이 대박을 치면 관련 게임으로 가장 먼저 떠오르는 것이 영화·만화·소설 기반의 어드벤처 게임. 대개 원래 스토리를 그대로 따라가면서도 주인공을 직접 조작하고 이야기의 속도와 방향에 개입할 수 있게 함으로써 자각몽에 가까운 체험을 하도록 설계되어 있다.

어드벤처 게임은 꿈같은 이야기 속 주인공을 플레이어에게 맡김으로써 이야기의 즐거움을 극대화시켜 마치 자각몽 상태에서 체험하는 관찰자와 플레이어의 입장을 한꺼번에 제공하고자 한다. 하드웨어 발전과 기획력 성장에 의해 초창기 텍스트 어드벤처의 시대는 지났지만,

최근의 대작 게임에서도 스토리텔링의 중요성은 커지고 있다. 게임의 스토리텔링 연출과 기법의 토대가 어드벤처 파트이기 때문에, 대작 어드벤처 게임에서의 스토리텔링 노하우는 게임뿐만 아니라 이야기 시장 전반에 확산될 것이다.

02 하이퍼텍스트 픽션
텍스트 어드벤처 게임

인생극장

한국 예능의 한 획을 그었던 프로그램들 중 하나로 MBC 〈이휘재의 인생극장〉을 빼놓을 수 없다.

매주 긴박감 넘치는 시나리오가 주어지고 전기에 해당하는 장면에서 화면이 양분되며 주인공의 두 가지 선택지가 제시된다. 선택의 기로는 다른 이야기, 인생 A와 인생 B로 나아가는 분기다. 인생극장이 흥미를 끌었던 이유는 두 가지 행보를 모두 보여줬기 때문이다. 사람은 일상에서 선택의 순간을 마주하면, 가지 않을 길에 대해 궁금해 하고 시간이 지난 뒤에는 후회하기도 한다. 인생극장은 가지 않았던 길에 대한 후회를 돌이켜 보여줌으로써 대리만족을 제공했던 프로그램이었다.

가지 않았던 길의 과정과 결과를 알고 싶은 마음은 한국인들만의 욕망이 아니었다. 헐리우드 영화 〈슬라이딩 도어즈〉는 인생극장의 영화판이다. 히로인이 닫히기 시작하는 지하철 문으로 미끄러져 들어가느냐 지하철을 타지 않느냐에 따라 전혀 다른 이야기가 전개되고, 두 가지 이야기를 교차시켜 보여주는 구성으로 흥행에 성공했다.

인생극장과 슬라이딩 도어즈는 기초적 어드벤처 게임의 문법을 활용한 콘텐츠라 할 수 있다. 플레이어의 선택에 따라 진행 과정과 결말이 변화하는 이야기이기 때문이다. 인생극장과 슬라이딩 도어즈 모두 시청자들에게 선택지를 제시하지는 않았으나, 선택의 순간을 포착하고 양쪽 선택으로 인해 각각 다르게 전개되는 이야기를 모두 보여줬다는 점에서 게임 스토리텔링에 근접했다.

미디어별 인터랙티브 스토리 구현 가능성

선택 분기에 대응하는 이야기를 구현할 때, 영화·드라마·TV 프로그램·애니메이션은 시각과 청각을 동시에 만족시키는 동영상 콘텐츠를 제작해야 한다. 선택지가 늘어날수록 제작기간과 비용은 끝없이 증가하게 된다. 인생극장과 슬라이딩 도어즈가 하나의 선택 분기를 기점으로 두 가지 이야기가 한계였던 이유다. 영상 미디어는 선택과 조작을 통한 인터랙티브 스토리 구현에 소요되는 비용이 너무 크다.

소설과 만화는 어떨까? 소설은 선택 분기를 통해 파생되는 여러 가지 이야기 과정을 텍스트만으로 구현할 수 있기에 인터랙티브 스토리 제작에 절대적으로 유리하다. 텍스트와 정지된 삽화가 결합하여 제공하는 만화의 경우도 텍스트에 비해서는 어렵지만, 동영상 콘텐츠 제작에 비하면 훨씬 저렴한 비용, 짧은 시간 안에 인터랙티브 스토리를 구현할 수 있다.

게임북

소설과 만화에서 정보기술의 도움 없이 인터랙티브 스토리를 구현할 수 있음을 증명한 사례가 게임북이다. 정확한 기원은 알 수 없으나, 에드워드 패커드가 아이들에게 이야기를 들려주다가 중간에 분기점을 넣어 상황에 변화를 주는 방식으로 제작한 시리즈 〈당신의 모험을 선택하세요(Choose Your Own Adventure)〉가 원조가 아닐까 추정되고 있다. 최초의 공식 게임북으로 간주되는 이 시리즈는 1979년에 등장하여 1998년 184번째 책이 나올 때까지 근 20년 가까이 출판되었다. 제본된 책의 특성(독자들은 펼치지 않은 텍스트를 읽지 못한다)을 활용해 이야기 진행 구조를 페이지 순이 아닌 독자들의 선택 순서에 따라 배치한 게임북의 문법은 후에 웹기술로 구현된 하이퍼텍스트의 원리와 일치한다. 하이퍼텍스트는 이미 인류가 활용하고 있던 비선형 이야기 구성 방식을 정보기술로 구현한 것이다.

게임북의 전성기는 길지 않았다. 저렴한 비용과 짧은 제작기간을 통해 하이퍼텍스트 원리에 입각한 인터랙티브 스토리의 초기 형태를 구

새소년의 게임북 〈호크 대탈출 작전〉

현하긴 했으나 분량의 한계가 있었다. 페이지 수는 보통 200페이지 남짓, 많아야 400페이지를 넘어가지 못했다. 영상매체에 비하면 저렴하긴 했으나, 게임북 역시 하드카피(출판본)의 형태로 존재했으므로 제작비용 및 재고비용을 고려해서 적당한 길이로 만들 수밖에 없었다. 200~300페이지 안에 이야기를 여러 개 넣기에는 한계가 있었고, 게임북은 장편 스토리에 친숙하지 않은 유년·소년기 독자층을 대상으로 소비되게 된다. 결국 비약적으로 발전한 PC기반 텍스트 어드벤처 게임의 성장으로 게임북 시장은 정체하게 된다.

유저의 상상력을 자극하는 궁극의 그래픽 효과

PC 게임의 역사와 텍스트 어드벤처의 역사는 궤적을 함께 한다. 초기 어드벤처 게임에는 아예 그래픽이 존재하지 않았다. 소스코드 텍스트 출력 문구 영역에 게임 상황을 알려주는 텍스트 문구만 입력하면 게임이 완성되는 수준이었다. 구현 난이도가 최하였기에 텍스트 어드벤처는 최초의 PC 게임 장르라는 타이틀을 획득할 수 있었다.

최초의 텍스트 어드벤처 게임은 게임북보다 빨리 등장했다. 프로그래밍 역사책에서만 이름을 발견할 수 있는 프로그래밍 언어 포트란으로 코딩된 거대 동굴 모험기(Colossal cave adventure)가 주인공이다. 텍스트로 모든 상황을 설명하는 방식이었으며, 명령어 선택지를 보여주는 것이 아니라 지정된 명령어를 키보드로 입력하여 텍스트로 이름만 존재하는 캐릭터를 움직이는 원리였다. 동쪽으로 이동하고 싶으면 'go east', 나무를 오르고 싶으면 'climb tree', 열쇠로 문을 열고 싶으면 'open door with key' 하는 식으로 타이핑을 해서 진행하는 방식이다.

이후 간단한 도트 삽화를 추가한 텍스트 어드벤처가 인기를 끌었고, 현란한 그래픽이 난무하는 2000년대에도 '인터랙티브 픽션' 장르로 살아남아 지속적으로 생존하고 있다. 그래픽 기술이 눈부시게 발전한 현재에 이르기까지도 텍스트 어드벤처의 게임 진행방식은 큰 변화 없이 보존되어 사운드 노벨·키네틱 노벨·비주얼 노벨 등등 다양한 파생 형

마이크로소프트스튜디오의 호크 대탈출 작전

태로 지속되었다. 텍스트로 상황을 설명하고 지정된 명령어를 통해서 미리 입력된 과정과 결과를 보여주는 게임 형태였지만, 유저들의 상상 속에서 텍스트는 이미지화될 수 있었고 이야기 몰입도도 높았다.

초창기 텍스트 어드벤처 게임은 이후 그래픽이 추가된 형태의 어드벤처 게임보다 게임성 측면에서 뛰어난 측면이 있었다고 평가 받는데, 이유는 높은 자유도 덕분이다. 텍스트 방식을 통해 이야기를 묘사했으나 유저들이 취할 수 있는 선택의 분기, 선택의 숫자, 선택으로 인한 이야기의 확장성은 비주얼 노벨 부류의 후기 텍스트 기반 어드벤처보다 넓었다. 근성이 뛰어났던 초기 PC 게이머들은 텍스트 어드벤처 게임을 이미지화하여 2차 콘텐츠(공략집, 지도)로 만들어 공유하기도 했고, 다양한 선택을 통해 독립성 있는 인터랙티브 스토리를 완성해 나갔다.

텍스트 어드벤처에서 그래픽이 등장한 것은 1980년 출시된 미스터리 하우스부터다. 시에라의 창립자 윌리엄스 부부가 어드벤처 게임에 시각 효과를 구현하고자 개발한 이 게임은 당대 게임 업계에 파문을 일으켰다. 미스터리 하우스를 기폭제로 하여 금융, 통신, 데이터베이스관련 업체였던 시에라는 게임회사 브랜드로 유명해졌으며 이후 킹스 퀘스트 시리즈를 출시한다. 유저가 캐릭터를 조작해 게임 속 물체를 클릭하면서 퍼즐을 푸는 포인트 앤 클릭 방식을 정착시켜 그래픽 기반 어드

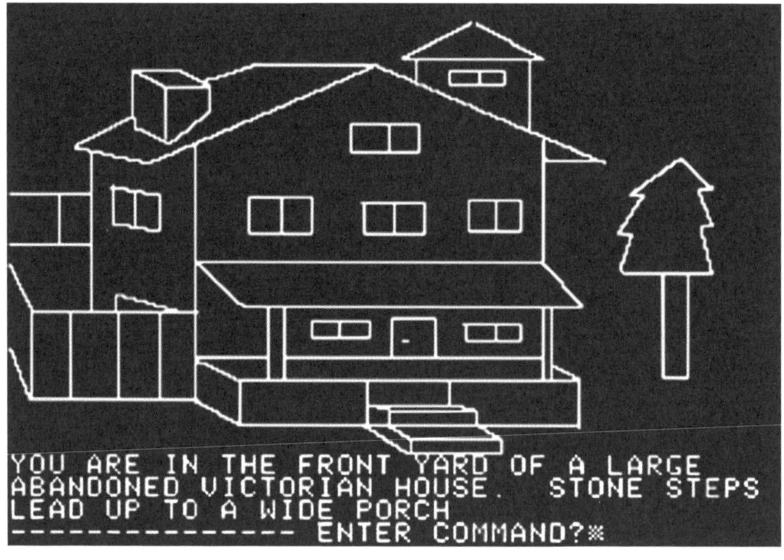

시에라의 미스터리 하우스

벤처의 뼈대를 확립한다.

순수 텍스트 어드벤처는 이후 윈도우즈 GUI 환경에서 도태되고, 텍스트 어드벤처의 게임방식을 적용한 다양한 어드벤처 게임이 그래픽 기술을 입혀 출시된다. 인터랙티브 스토리 관점에서 볼 때, 텍스트 어드벤처는 가장 높은 자유도와 다양성을 제공하는 형식이다. 구전설화를 하이퍼텍스트 픽션으로 감상하듯 텍스트 어드벤처 게임 플레이어는 상상력을 발휘하며 주인공으로서 다양한 선택의 순간을 맞이하게 된다. 스토리에 치중해 상호작용성을 희생시킨다는 약점을 가진 어드벤처 장르에서 상호작용을 잘 반영하는 형태라 볼 수 있다. 제한 없이 이어지는 다양한 선택과 선택을 통해 달라지는 이야기, 선택의 주체가 되어 이야기를 만들어나가는 것이 어드벤처가 제공하는 재미이며 이를 극대화시킨 게임이 텍스트 어드벤처다.

03 심연과 안락의자
호러 어드벤처 게임

일반적인 장르게임 카테고리에 호러 어드벤처는 포함하지 않는다. 대신 호러 게임이라는 별도의 카테고리에 오컬트 및 흉악범죄를 다루는 스릴러 게임을 포함시키는 경우가 많다.

이 책에서는 각 게임이 다루는 소재보다는 게임 플레이를 통해 얻는 즐거움의 원천에 중점을 두고 있으므로, 호러 게임 중 어드벤처 형식을 취한 게임에 대해 풀어나가고자 한다. 호러 어드벤처는 생물체가 가진 원초적인 감정인 '공포'를 유발하는 게임이다.

두려움

공포(恐怖, Fear), 의사를 가진 동물들이 공유하는 감정이며 생물체가 가진 가장 강력한 행위동기이기도 하다. 유전자에 각인된 생존본능과 직결되어 있기에 공포심에 사로잡히면 일상적 사고와 판단력을 상실한 채 공포의 대상을 회피하고 거부하며 외면하려는 압박에 굴복하게 된다. 공포심이 역치를 상회할 경우 원상태로 복귀하지 못하는, 이상 증세를 보이는 경우도 있다.

첨단과학과 물질문명이 지배하는 현대 사회에서도 집단과 조직, 개인에 이르기까지 행위 동기의 근원을 짚어보면 많은 경우 공포심이 자리하고 있다. 대표적인 예로 신앙심을 들 수 있다. 신앙의 근원을 공포심에만 둘 수는 없지만, 다른 존재에 의지하고자 하는 욕망, 미지의 상황과 존재에게 느끼는 불안과 두려움은 신앙심을 강화시키는 강력한 촉매 역할을 하기에 한번 성립된 신앙심은 쉽게 해소되지 않는다.

문화예술계에서는 공포를 주제로 한 콘텐츠를 적지 않게 만들어 왔다. 창작물이 관심을 받기 위해서는 소비자에게 강렬한 감정적 변화를 유발해야 하기 때문에, 인간이 보편적으로 보유하고 있는 공포심을 자극하는 것은 효과적인 전략이다. 소설, 만화, 애니메이션, 영화, 연극에 이르기까지 모든 장르에서 공포를 자극하기 위한 시도는 이어져 왔고, 창작자들은 소비자들의 기억에 평생 지워지지 않는 공포의 기억(트라우마)을 심어주곤 했다. 이야기의 주인공이자 관찰자의 시점으로 한 차원 높은 몰입감을 유발하는 어드벤처 게임은 공포영화나 공포소설에 면역력이 강한 소비자마저도 두려움을 느끼게 한다.

공포의 인과 메커니즘

공포심을 가지게 되는 원인은 무엇일까. 공포는 어떻게 발동하는가. 공포심을 유발하는 직접적 원인은 종에 따라 차이를 보이며, 동일 종이라도 개체가 살아온 경험의 차이에 의해 동기가 천차만별이다. 동물의 예를 들면 주인에게 학대당한 개는 인간을 두려운 존재로 인식하는 반면 사랑 받고 자란 개는 인간에게 꼬리를 흔든다. 익사할 뻔한 경험을 한 사람에게 수영은 공포의 대상이지만, 즐거운 물놀이를 경험해 왔다면 수영은 유희로서 긍정적 감정을 유발한다.

공포는 기억의존적이다. 경험을 통해 축적된 두려움은 유사한 자극에 과장·위축·회피·거부 심리를 형성한다. 정신분석학, 진화심리학, 신경심리학, 인지주의적 관점에서는 공포가 기억의존적이라는 전제 하에 공포를 고찰한다. 성장 과정에서 형성된 트라우마가 공포를 유발해 위기에서 회피하도록 움직여 생존률에 기여한다는 입장이다.

에드가 앨런 포(1809~1849)의 공포소설 〈어셔 가의 몰락〉, 〈검은 고양이〉에서 다루는 공포 역시 등장인물의 특정 기억에 의존한다. 두 소설 모두에서 주인공이 비극적 결말을 맞이하게 되는 이유는 잘못된 선택(범죄와 은폐) 때문이며 독자들은 주인공의 범죄와 공포 형성 과정을 읽고 기억을 공유하게 된다. 주인공 행적의 간접 체험을 통해 독자들은 동일한 인과에 의한 공포를 자극 받는다. 이는 공포의 인과 메커니즘이

KBS 드라마 〈전설의 고향〉

라고 정의된다. 행동 주체의 잘못된 선택으로 인한 파국이 작품 내 복선을 통해 주인공과 주인공에 감정적 몰입하는 소비자들에게 구현되면서 공포심을 자극한다. 부모가 아이들의 행동 교정을 위해 채택하는 공포 메커니즘을 연상하면 된다. '만약 네가 계속 ~를 한나면, ~한 일을 당하게 될 것이다'라는 If-then 형식의 공포 메커니즘이다. 어떤 행위 선택이 잘못임을 주지시키고, 행동 주체가 이미 숙지하고 있는 공포의 대상을 결부시킴으로써 행동교정을 이끄는 것이다.

한국에서는 기억의존적 공포 메커니즘이 유달리 잘 통한다. 공포물의 스테디셀러인 드라마 〈전설의 고향〉을 보면 대부분의 에피소드에 등장하는 원귀는 원래 인간이었다. 억울한 죽음을 맞이한 희생자가 원혼으로 화하여 가해자에게 원한(怨恨)을 해소하는 이야기다. 죄를 지었기에 초자연적 존재로 화한 희생자에게 보복 당하는 것이며, 시청자들은 가해자의 비극을 보고 공포심을 형성하는 동시에 권선징악적인 결말의 카타르시스를 경험한다.

미지에 대한 공포 메커니즘

현대 심리학에서는 공포가 기억의존적인 것만은 아닐 수 있음을 지적한다. 다른 형태로 공포의 근원이 형성될 수 있다는 입장이다. 현대 심리학 일각에서는 공포의 근원이 '미지'에 대한 불안감, 두려움이라 주장한다. 진화생물학적 관점에서는 미지의 것을 회피하는 행동 기제가 생존에 유리하다. 따라서 공포의 대상은 '알지 못하는 것, 경험해 보지 못한 것'이다. '죽음에 대한 공포' 역시 이런 맥락에서 해석되는데, 삶에 익숙한 인간에게 경험해 볼 수 없는 죽음은 완전한 미지로 다가오기 때문에 두려운 것이라는 입장이다.

현대 호러물의 대부격인 작가 하워드 러브크래프트(1890~1937)는 크툴루 신화 세계관을 통해 창조한 코즈믹 호러(cosmic horror)라는 전혀 새로운 공포 메커니즘을 선보였다. 기존의 기억의존적 공포 메커니즘을 적용한 공포물에서는 인간이 주연의 자리에 있었다. 공포의 중심에 인간의 행위 인과가 관여하고 있었던 것이다. 그러나 크툴루 신화가

하워드 러브크래프트

제공하는 공포 메커니즘은 달랐다. 우주적 공포물의 중심은 인간이 도저히 범접할 엄두조차 내지 않는 전지전능하고 압도적인 초자연적 존재(고대신과 신적 존재)들이다. 서술자가 인간이라 해도 서술자의 선택이나 인과는 이야기의 중심인 초자연적 존재에게 어떠한 영향력도 행사할 수 없고, 그들의 관심에서 멀어져 관찰할 수밖에 없다. 코즈믹 호러의 핵심은 '몇몇 단서를 통해 실체를 막연하게 추측하는 성도기 한계이며, 교류도 이해도 저항도 불가능하고 심지어는 인간에게 악의가 있는지조차 확신할 수 없는—하지만 너무도 강대하고 공허한 이질적 존재 앞에서 인간의 이성이나 의지, 문명, 질서, 용기 등의 업적이 얼마나 하찮은지'를 강조하는 것이다. 실체를 파악할 수조차 없는 미지의 강대한 존재 앞에서 느끼는 무력감, 이것이 러브크래프트가 추구하는 심리적 공포였다. 필자는 이를 '미지가 자아내는 무력감'이라고 정의하고자 하며, 기억의존적 공포 메커니즘에 대응하는 또 하나의 공포 메커니즘으로 분류한다.

공포와 상호작용

이제 호러 어드벤처 게임 이야기로 돌아가 보자. 호러 어드벤처 게임은 인과와 미지 메커니즘 중 한 쪽을 따르거나, 두 가지를 조합하는 형식으로 플레이어의 공포심을 자극한다. 이야기 흐름을 통해 소비자들의 공포심을 자극하기만 하면 되는 타 매체와는 달리 호러 어드벤처의 경우 게임의 본질과 공포 메커니즘이 상충되는 면이 있어 딜레마를 겪기도 한다. 공포의 두 가지 메커니즘―인과/미지가 자아내는 공포는 게임만이 가지는 특성인 '상호작용성'에 의해 약화될 수밖에 없기 때문이다.

바이오 해저드 1이 대표적 사례다. 시리즈가 거듭될수록 액션 게임 지향성이 강해졌으나, 첫 작품인 바이오 해저드 1은 호러 '어드벤처' 게임으로 보는 게 맞다. 주인공 크리스와 질의 시점에서 미지의 저택을 탐험하며 퍼즐을 풀고 사건의 진상으로 다가가 생존하는 이야기인데, 진행 방식은 전형적인 어드벤처 게임이었다. 바이오 해저드 1은 공포의 두 메커니즘을 적절히 조합했기에 엄청난 반향을 불러일으켰다. 대원들은 미지의 공간에서 알 수 없는 위협에 맞서 돌파구를 찾아 생존해야 한다. 예측할 수 없는 위협이 저택 내를 배회하는 좀비들임을 파악한 순간, 심리적 공포는 실체적 공포로 전환되며 동료들이 좀비에게 살해당한 후 좀비로 변해 자신을 위협하는 존재가 된다는 사실을 '알게' 된다. 이 때 트라우마가 형성되고 기억의존적 공포 메커니즘을 통해 좀비에 대한 심리적 공포가 강화된다.

바이오 해저드 시리즈는 뛰어난 스토리텔링으로 대작 호러 게임의 전성시대를 여는 신호탄 역할을 해낸 동시에, 호러 게임이 가진 딜레마를 보여준 게임이다. 첫 번째 문제는 게임으로서 플레이어의 조작을 통해 적절한 보상을 주어야 한다는 게임의 기본 공식에서 벗어날 수 없었다는 점이다. 좀비는 총을 쏘고 칼로 찔러도 움직이는데다 물리면 좀비가 되기 때문에 미지의 대상으로 공포심을 자극하지만, 곧 대처법이 발견되었다. 좀비에게 물려도 게임 내 아이템인 허브만 복용하면 회복되기에 플레이에 익숙해진 유저들에게는 공포의 대상이 되지 못했다. 좀비와의 전투를 즐기는 유저 비율이 늘어날 뿐이었다. 플레이 실력 향상에 따라야 하는 정당한 보상이지만, 진부함을 유발하는 원인이 되었다. 시리즈를 거듭할수록 좀비에 익숙해진 유저들은 바이오 해저드를 좀비와의 전투 액션게임으로 인식할지언정 호러 어드벤처 게임으로 두려워하지 않았다.

사일런트 힐

호러 어드벤처 게임으로 장기간 정체성을 유지한 사일런트 힐 시리즈를 보자. 초창기에는 바이오 해저드의 아류작으로 폄하되었지만 게임이 주는 재미의 본질이 확실히 차별되는 면을 인정받아 독보적인 호러 어드벤처 게임으로 인정받는다.

　사일런트 힐이 제공하는 공포는 게임 전반을 지배하는 '안개'에서 비롯된다. 한 치 앞도 보이지 않는 안개 속에서 플레이어는 처음부터 끝까지 제한된 시야를 통해 환경을 파악하고 이야기를 진행해야 한다. 인간은 감각의 약 80퍼센트를 시각에 의존하는데 시각을 제한해 버린다면? 인지능력이 제한되고 경험을 통해 알던 사물과 사건도 '미지'의 영역으로 전환된다. 알던 것들을 알지 못하게 되었다는 사실이 극도의 공포가 되어 플레이어를 압박한다. 사일런트 힐이 제공하는 또 다른 공포는 스토리텔링을 통해 구현된다. 플레이어는 안개로 가득한 미지의 공간에 투입되어 조금씩 단서를 찾으면서 사건의 진상과 인과를 파악하고 다가오는 결말에 대한 공포를 자극 받는다. 사일런트 힐은 두 가지 공포 메커니즘을 제공하는 명작이며, 안개라는 장치를 통해 바이오 해

코나미의 사일런트 힐에서 등장하는 안개

저드보다 오랫동안 공포의 정체성을 유지할 수 있었다.

무력감에서 비롯된 공포

호러 어드벤처를 논할 때 빼놓을 수 없는 국산 명작게임 화이트데이가 있다. 손노리가 만든 한국 최후의 패키지 명작으로도 유명한 화이트데이는 스토리텔링도 훌륭했지만 공포의 대상에게 저항할 수 없다는 점이 극한의 감정을 몰고왔다. 초자연적 존재지만 현대 무기로 대처가 가능한 좀비에 비해, 화이트데이의 공포 대상은 살인마로 돌변한 수위아저씨다. 이 아저씨에게는 반격할 수 없다. 변변한 무기도 제공되지 않으며, 공격을 해도 이길 수 없기에 플레이어는 불쑥불쑥 나타나는 수위아저씨를 피해 끝없이 도망가야 한다. 이유도 모르고 저항할 수도 없는 미지의 존재에 대한 공포. 수위아저씨가 담당하는 '미지가 자아내는 무력감'이 대단해서 화이트데이를 플레이 해본 유저들조차도 방의 불을 밝히지 않으면 하기가 꺼려진다고 고백한다.

암네시아 시리즈는 현대 공포게임의 정석이자 기준점으로 인정받고 있다. 1인칭 탐사 기반 어드벤처 게임으로, 플레이어에게 무기를 제공하지 않는다. 플레이어는 브레넨부르크 성을 돌아다니는 소름 끼치는 괴물들에게 아무런 저항도 할 수 없다. 단지 괴물들이 자신을 찾는 것에 관심을 끊을 때까지 도망치고 숨는 기지를 발휘하여야 한다. 어두운 장소나 구석진 곳, 좁은 방이면 문을 닫아버리고 숨어 괴물들이 자신을 발견하지 못하고 지나가기를 기도해야 살아남을 수 있다.

암네시아의 특징은 조작하는 캐릭터의 정신력(sanity) 수치다. 어둠 속에 오래있거나, 심란한 이벤트를 목격하거나, 혹은 괴물들을 오래 응시하는 행위는 정신력을 감소시킨다. 정신력 수치가 내려가면 시각적 청각적 환상이 일어나기 시작하고, 괴물들에게 더 쉽게 발각된다. 초나 다른 빛의 원천들에 불을 붙이면 정신력 감소를 막을 수 있다. 부싯깃 통은 작은 범위만 밝혀주는 촛불, 횃불을 켜는 것이고 손 등은 언제든 킬 수 있지만 기름이 떨어지면 사용할 수 없다. 이는 플레이어로 하여금 빛과 그림자 사이에서 균형을 찾도록 강제한다. 암네시아 시리즈는 공포심을 연구하고 공포에 반응하는 행동을 모사함으로써 감정몰입을 유도했다.

가상의 공포를 바라보며 느끼는 안도감-호러 어드벤처 게임의 본질

사람들은 왜 시간과 돈을 소비해 가며 공포물을 즐기려 할까. 공포는 생존에 대한 위기감을 자극 받는 부정적 감정임에도 불구하고 돈과 시간을 투자하며 자극 받고자 하는 이유는 무엇일까.

공개적으로 '무서움', '공포'를 즐긴다고 밝히는 사람들이 있다. 이들이 정말 생명의 위협 상황을 즐기는 것일까? 대부분 그렇지 않다. 일부러 생명을 위협 당하고자 하는 사람은 거의 없다. 틈만 나면 공포 소설, 공포 영화, 공포 게임을 즐기는 소비자라 할지라도 작품 내 상황이 자신에게 실제로 구현된다면 즐길 수 있을까?

호러 어드벤처 게이머는 자신이 경험하지 않을 세계에 캐릭터를 내

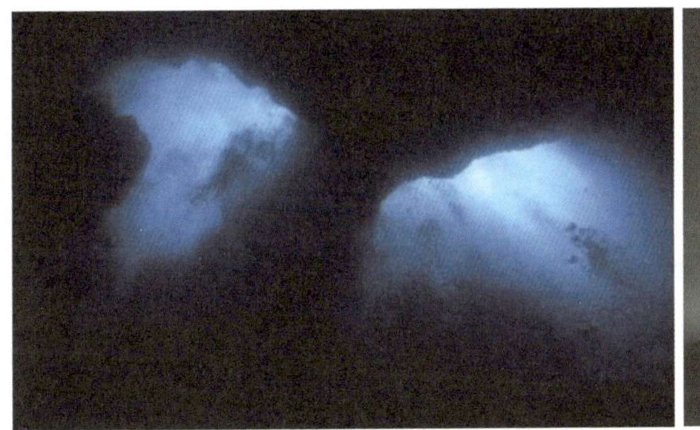

심연과 안락의자

세워 간접적으로 경험하면서 캐릭터의 무력감을 지켜본다. 대표적인 미지의 공간, 심연(沈淵)을 들여다 볼 뿐 심연을 헤쳐나가는 역할은 플레이어가 조작하는 캐릭터다. 플레이어는 안락의자에 앉아 심연으로 다가가는 캐릭터의 고통과 불안, 공포를 간접경험하며 현실의 자신이 안락의자에 앉아있음을 인식한다. 타인의 불행, 공포를 느끼고 지켜보며 역설적으로 자신이 속한 현실의 안전함에 안도한다. 극도의 부정적 감정을 거울로 반사시켜 현실의 긍정적 상태를 인식하는 것이다. 호러 어드벤처 게임이 주는 본질적 재미, 그것은 안락의자에 앉아 심연을 들여다보는 행위와 유사하다.

로맨틱 스타일리시
추리·액션 어드벤처 게임

모험가와 어드벤처 게임

데이비드 리빙스턴, 로알 아문센, 페르디난드 마젤란. 실존했던 탐험가들이다. 돈이나 명예, 혹은 미지를 체험한다는 스릴에 평생을 건 직업인들이다.

텀험가, 고고학자, 역사학자, 기자, 그리고 탐정. 이러한 직업들이 가지고 있는 공통점이 있다. 실제로는 거의 찾아볼 수 없지만 종종 선망의 직업이 되기도 하며 비일상적 이야기의 주인공으로 흔히 묘사되는 직군이다. 이야기 속에서는 만능의 지적·육체적 매력을 뽐내는 초인들이지만 실제로 때때로 하는 일이 그다지 긍정적이지 않다는 점 역시 공통점이다.

어드벤처 게임이 다루는 이야기가 정교하고 방대해질수록, 이야기를 이끌어 나가는 주인공의 설정에도 개연성이 중요해진다. 주인공의 직업은 주로 탐험가, 역사학·고고학·인류학 교수, 기자, 탐정 등 비일상에 익숙하고 경이에 도전해야 할 이유를 가진 직군으로 한정된다.

셜록 홈즈, 인디아나 존스, 라라 크로프트, 필립 말로, 존 맥클레인, 네이선 드레이크. 목표와 성향은 제각각이지만 삶과 죽음을 넘나들며 강인한 의지와 도전정신으로 독자·관객들을 이야기에 몰입시키는 가상 이야기의 주인공들이다. 이야기 소비자들은 주인공의 시선을 통해 비일상의 모험 이야기를 즐기고, 심지어 이야기보다도 모험가의 삶에 매료되고 그들의 삶을 동경하며 응원한다. 아무리 흥미로운 설정과 소재를 가지고 이야기를 풀어나간다 할지라도 이야기를 이끌어 나가는 주인공이 매력적이지 않으면 어드벤처 게임은 실패한다.

어드벤처 게임은 '반드시' 매력적인 원탑 주인공에 의해 이야기를 풀어나가지 않으면 성공하기 어렵다. 이야기조차도 주인공의 매력을 보여주고 부가 설정을 덧입히기 위한 장치에 불과하다. 소설이건 영화건 게임이건, 성공한 어드벤처 게임은 반드시 시리즈로 제작되며 주인공은 거의 교체되지 않는다. 특히 추리 어드벤처와 액션 어드벤처 장르에서는 주인공이 교체될 경우 후속작의 인기가 떨어질 가능성이 높다.

공포를 몰입대상으로 삼는 호러 어드벤처, 관계를 몰입대상으로 삼는 연애 어드벤처에 비해 추리와 액션 어드벤처는 주인공 캐릭터의 매력에 크게 의존하는 장르이기 때문이다. 코난 도일도 셜록 홈즈를 퇴장시키고자 했으나, 전세계 홈즈 팬들에게 맹비난을 당하고 협박까지 받은 끝에 차기작에서 홈즈를 부활시켜야 했다. 코난 도일의 소설은 문장력과 소재, 추리 설정의 교묘함보다도 셜록 홈즈 캐릭터의 매력에서 몰입도를 만들어냈다.

매력적인 주인공

이야기 소비자들은 어떤 주인공에 매료되는가? 수없이 다양한 주인공들이 고유한 개성을 발산하는데 과연 이들을 묶을 수 있는 공통 특성이 존재할까? 물론 이들을 묶는 공통의 역량이나 성격적 특성을 정의할 순 없다. 외모가 빼어나고 능력을 갖추었으며 착한 성격을 가졌다고 해도 매력적이지 않은 캐릭터들은 넘쳐난다. 반면 추한 외모에 불우한

셜록 홈즈

성장환경을 거치고 비열한 성격을 가진 캐릭터라 해도 애착이 가는 경우도 적지 않다. 그럼에도 불구하고 매력적인 어드벤처 주인공들은 두 가지 특성을 공유한다.

그들은 낭만적이며(romantic), 멋진(stylish) 인물들이다.

낭만

다시 돌아오지 못 할 것, 혹은 경험조차 해보지 못한 것. 그럼에도 불구하고 잘 알고 있는 듯한 느낌이 드는 것. 필자는 이를 통틀어 낭만이라고 부른다. 낭만의 근원은 개인이 가진 경험과 추억이다. 간접경험 혹은 이야기가 불러일으킨 감정이 추억을 재생하는 낭만의 방아쇠가 되기도 하고, 심지어 미래를 향한 희망과 꿈을 통해 낭만을 새롭게 구성하기도 한다. 낭만이란 감정으로 채색된, 현재와 다른 삶에 대한 동경이다.

추리·액션 어드벤처 게임의 주인공들의 행위 동기와 의사결정은 합리적이지 않을 때가 많다. 위험을 앞둔 자라면 두려움을 우선시하고 생존 가능성에 고민하기 마련이다. 그러나 주인공들은 그렇지 않다. 자기 안위보다 임무 성공, 목표 성취를 우선시하고 이해타산보다는 이타적인 감정 동기에 따라 움직인다. 비합리적 선택이지만 이야기 소비자들의 낭만적 감정을 유발한다. 가보고 싶었지만 가지 못했던 길. 해보고 싶은 멋진 선택. 추리·액션 어드벤처 주인공의 삶은 비합리적이지만 낭만적이다.

멋짐

헌팅 캡과 케이프, 파이프 담배 등 특정 소품을 통해 이야기 소비자들은 어렵지 않게 셜록 홈즈를 연상해 낼 수 있다. 중절모와 트렌치 코트, 카멜 담배와 김릿, 시니컬한 대사는 필립 말로의 전매특허. 정장에 빗어 넘긴 머리와 최첨단 무기, 보드카 마티니는 제임스 본드, 밧줄과 서부시대 모자와 주머니 많은 복장은 인디아나 존스를 떠올리게 한다. 어드벤처 주인공들은 독특한 취향과 기호를 반복 표현함으로써 삶을 고유한 멋으로 채색한다. 위험에 부딪혀도 취향과 기호를 유지한다는 것은 여유와 평정심을 상징하며, 멋진 인물로 보이게 한다. 동성에게는 동경을, 이성에게는 매력을 느끼게 한다. 어떤 경우도 고유한 색깔을 잃지 않는 삶. 어드벤처 게임 주인공들이 보여주는 '멋짐(stylish)'이다.

비일상에 대한 동경 – 추리·액션 어드벤처 게임의 본질

낭만과 멋짐은 하나의 교집합을 형성한다고도 볼 수 있다.

우아한 삶에 대한 낭만은 비일상에 대한 동경에서 비롯되는 현상이다. 어드벤처 주인공들은 필연적으로 비일상에 직면하며, 현실의 일반인과는 다른 대처를 통해 우아함을 표출한다. 일상을 살아가는 이야기 소비자들의 동경을 자극해 낭만을 형성한다. 더 로맨틱할수록, 더욱 스타일리시 할수록 이야기 소비자들은 주인공에 열광하고 이야기에 빠져든다.

추리 어드벤처와 액션 어드벤처의 구분은 간단하다. 주인공이 처한

아크시스템웍스의 탐정 진구지 사부로: 꿈의 끝에서

시련과 난관을 어떤 방식으로 해결하느냐에 따라 추리·액션 어드벤처가 갈린다. 두뇌를 활용한 추론능력으로 해결하면 추리 어드벤처고, 신체능력을 활용한 액션으로 극복하면 액션 어드벤처다. 어드벤처 게임 제작 성향은 추리와 액션의 결합 방향으로 가고 있기 때문에 두뇌만을 활용하거나 몸만 잘 쓰는 주인공보다 추리력을 가지고 신체능력도 뛰어난 주인공이 각광받고 있다. 대표적인 경우가 언차티드 시리즈이다.

보물 사냥꾼은 인디아나 존스처럼 함정을 돌파하고 어려운 길을 극복할 수 있는 신체능력, 보물을 노리는 조직과 홀로 승리할 수 있는 전투경험까지 받쳐줘야 매력적이다. 생명이 위험한 와중에도 여유를 잃지 않고 던지는 위트 넘치는 대사 역시 매력적인 주인공의 필수 요소다. 언차티드 시리즈의 네이선 드레이크는 추리·액션 어드벤처 게임 주인공이 추구하는 매력을 한 몸에 모은 캐릭터다.

　　추리·액션 어드벤처 게임의 이야기는 상호작용 스토리텔링을 제공하기에 다른 게임만을 경쟁 대상으로 하지 않는다. 추리·액션 어드벤처 게임은 소설, 블록버스터 영화의 경쟁자이며, 같은 소재와 플롯을 다루더라도 영화가 보여주는 이야기의 재미를 넘어설 수 있다. 1인 주인공을 내세운 블록버스터 모험영화는 가까운 미래에 대형 추리·어드벤처 게임에게 밀려날 수도 있다.

05 탈권위주의의 기치
법정 어드벤처 게임

권력의 원천

권력은 어디에 있는가. 인기 미국 드라마 〈왕좌의 게임〉의 주요 테마다. 권력은 어디에서 비롯되는가? 권력은 어떻게 창출되고 권력자는 누구인가?

대다수의 캐릭터가 선악으로 판별하기 어려운 왕좌의 세임에서 독자·시청자들이 악역으로 간주하기 좋은 캐릭터가 리틀핑거이다. 웨스테로스 대륙의 패권을 차지하기 위해 투쟁을 벌이는 강자들 사이에서 리틀핑거는 세치 혀로 줄타기를 통해 권력을 쟁취한다. 타고난 배경도, 특출난 무력도, 갈고 닦은 카리스마와 인망도 없는 리틀핑거가 권력에 다가갈 수 있는 경쟁력은 무엇일까? 그가 권력의 속성을 깨우친 인물이기 때문이다. 다음의 대사에서 리틀핑거가 권력의 본질을 이해하고 있음이 드러난다.

권력은 사람들이 있다고 믿는 곳에 있다.

사례를 통해 권력의 속성을 설명해 보자. 지방선거와 대선에서 급속도로 성장한 대선후보는 성공한 기업가로 자신의 이름을 내건 IT연구소의 대주주였다. 정계에 입문하고 돌풍을 일으키자 그가 지분을 소유한 연구소의 주가는 연일 상한가를 쳤다. 연구소가 획기적 신기술을 개발한 것도 아니요, 대박 수출계약을 체결한 것도 아니요, 향후 업계 전망이 긍정적이지도 않았다. 오직 연구소와 관련 있는 정치인이 대통령이 될 가능성이 높아졌다는 이유만으로 주가가 상승한 것이다.

권력이 있는 곳에 돈도 있다. 역도 성립한다. 대중들은 기업의 실적이나 장래 성장 가능성에 대한 지표나 수치보다도 같은 대중들의 인식과 믿음을 믿는다. 믿음이 중첩되어 권력이 발생하고, 권력에 위치한 사람에게는 권위가 생겨난다.

권력과 권위의 속성은 정치계에 국한되는 이야기가 아니다. 명성은 권력이다. 명예욕은 권력욕과 직결되고 권력을 추구하는 인간은 더 강한 권위를 갈구한다. 사회 조직, 집단은 철저한 권력 상하관계로 구성되어 있고, 상층부는 하부 층위에 대해 발언과 행동의 권위를 가지게 된다. 이 구조는 인류가 정착 생활을 하기 시작한 이래 지속된 특성이며 현대 사회에서는 오히려 더 거대하고 일원화된 구조로 개인을 옭아맨다. 인간이 사회를 이루고 사는 한, 타인의 권위를 인정하지 않고 살아갈 수 없다. 인간의 근원적인 욕구 중에서도 상위에 위치하는 것이 권력욕이기 때문이다.

권위와 권위주의

일반적으로 권위와 권위주의는 구분된다. 권위는 가치중립적이고 권위주의는 부정적인 의미로 사용된다. 권위는 인간의 본능이며 합리성과 이성에서 비롯되는 권위도 존재하기 때문이다. 권위주의는 다르다. 권위주의는 다른 가치보다 권위를 우선시하는 사조, 현상이다. 논리, 이성, 합리, 정의, 평등, 자유 등 인류가 추구하는 보편 가치들이 특정 인물의 권위에 밀려나는 것이다.

권위를 가진 특정 인물의 입장이 보편 가치보다 옳은 판단이라서 관철되는가? 권위주의의 원천은 서두에서 밝혔듯 다수 대중들의 믿음이다. 주체적인 사고를 회피하고 타인의 인식에 편승해 판단을 의존할 때 권위주의가 서식하기 쉽다.

권위주의와 개인의 대립 구도로 진행되는 이야기는 몰입하기 쉽다. 권위주의는 어떤 이야기에서도 적대자로서의 개연성을 확보할 수 있다. 권위주의와 대결하는 주인공은 타인의 견제뿐만 아니라 스스로 가지고 있는 나약함과 의존성을 발견하고 극복해야 한다. 권위주의와의 대립은 나를 포함한 세상 전체를 적대시한다고 해도 과언이 아니다. 때문에 현실 세계에서는 권위주의가 패배하는 경우가 거의 없다. 일시적으로 권위주의를 패퇴시킨 것처럼 보인다 해도, 한번 타협하는 순간 권위주의의 일원이 되어 예전으로 다시 돌아가기 불가능한 것이 현실의 권위주의다. 대다수의 내부고발자와 폭로자들은 배신자라는 낙인이 찍혀 보복을 당하게 된다. 내부고발이나 폭로를 통해 잘못된 권위의 정점에 오른 사람을 끌어내린다 해도, 조직 전체에서 권위주의 구조를 통해 익숙한 안정감을 느끼는 하부 조직원들의 경원을 극복할 수 없다. 하부 조직원들조차도 권위주의에 대한 도전을 위협으로 인식하는 이상 개인은 권위주의를 극복하기 힘들다.

의사와 법조인

그렇다면 어떤 선택을 해야 하는가? 권위를 가진 입장이 되어야 불이익을 감수하지 않는다. 시스템을 뒤집을 수 없다면 시스템의 수혜를 입을 수 있는 자리에 위치하는 것이 당연한 전략이다. 서점에 판치는 자기계발서, 성공지침서는 대중들의 공포심을 자극해 흥행한다. 책을 읽고 따라하면 시스템에 적응할 수 있지만 책을 사지 않으면 시스템에게 불이익을 당하게 될 거라는 암묵적 협박이다. 자기계발서 돌풍은 사회시스템이 고착화되고 안정될수록 위력적일 수밖에 없다.

권위주의가 강할수록 의사와 법조인의 인기는 높아진다. 두 직업의 공통점은 전문지식이다. 의사와 법조인이 되기 위해 힘들게 지식을 습득하고 경험을 쌓아야 하는 것은 사실이지만, 여타 전문직 역시 전문지식 수준이 높은 것은 마찬가지다. 전문지식의 보유 여부만이 의사·법조인의 권위를 보장해 주진 않는다.

의사와 법조인이 가지는 공통 특성은 다루는 힘의 범위가 타인의 생사여탈권에 이른다는 것이다. 때문에 절대적인 권위가 있다고 '믿어진다'. 전시에는 군인의 권위가 의사·법조인을 압도한다. 전시에는 군인이 전투임무를 수행하며 생사여탈권에 준하는 힘을 행사할 수 있다고 '믿어지기' 때문이다. 실제로 힘을 함부로 사용했다간 자리보전하기 어렵지만, 중요한 점은 실제로 권리를 행사하고 있는 것보다 힘을 가지고 있다고 인식된다는 사실이다. 대중들의 인식을 기반으로 의사와 법조인의 절대적 권위가 발생한다. 의사는 병원 혹은 자본의 눈치를 봐야 하지만, 법조인은 국가로부터 부여된 권리에 의해 의사보다 차원이 높은 권위를 보유한다.

엔자이(冤罪)

법원은 권위의 정점을 구현할 수 있는 공간이다. 최종 의사결정권자인 판사는 물론이고 피고의 죄를 추궁해 처벌을 요구하는 검사, 법률 조항을 통해 검사에 대항할 권리를 가진 변호사까지도 일반인이 범접하기 어려운 권위를 부여 받는다. 법정은 진실과 거짓이 대립해서 증거와 증언을 바탕으로 진실을 가려내고 거짓을 배척하기 위한 공간이지만, 현실 법정에서 진실만이 승리하진 않는다는 사실을 법조인들도 인정하고 있다.

진실이 거짓에게 승리하는 건 옳은 일이다. 그러나 그것은 당연해서 재미가 없다. 거짓이 진실을 이기는 경우도 있다는 사실에 주목해 보자. 어떤 경우에 거짓이 진실을 이기는가? 유죄인 피고가 무죄가 되고, 무죄인 피고가 억울하게 유죄판결을 받는 이유는 무엇 때문일까?

비합리가 합리를 이기고, 비이성이 이성을 이기고, 비논리가 논리를 이기는 경우, 대부분 권위주의가 개입하고 있다는 사실을 깨닫게 된다. 〈일급살인〉, 〈어 퓨 굿맨〉, 〈그래도 내가 하지 않았어〉 등 법정극을 다룬 다수의 영화·드라마에서 진실이 묻히는 이유는 권력자가 진실, 논리, 증거, 이성을 은폐하고자 권위주의를 활용했기 때문이다.

영화와 드라마만의 이야기가 아니다. 일본에는 엔자이(冤罪, 원죄)라는 관용구가 있다. 일본 사법제도는 검찰이 기소권을 독점하고 있다. 기소하기 전 경찰의 철저한 수사를 통해 용의자가 범인이 될 수 있을지를 따져서 형이 확실하다 싶은 경우만 형사법정에 세운다. 국가 특유의 '엘리트 관료주의'와 혼합되어 50년 동안 유죄판결이 뒤집힌 경우는 불과 7차례로 기록되었다. 결국 일본 경찰, 검찰과 사법부가 오판했을 가능성을 인정하지 않는 사법 관료주의로 이어졌다.

엔자이 사건의 경우 피고인의 범행을 입증할 증거는 없고 오히려 피고인이 무죄임을 입증하는 물적, 정황적 증거들이 차고 넘침에도 검찰과 사법부가 인정하지 않는 경우가 많다. 오판했다는 사실을 인정하자니 자신들의 권위가 실추된다. 그렇다고 무죄임이 확실한 사람을 진짜로 사형집행 하면 여론의 반발을 감당할 수가 없기 때문에 집행은 하지 않고 무죄가 입증될 때까지 구치소에 두는 것이다. 일본에서는 사형판결을 받고도 수십 년 이상 미집행 상태인 피고인들이 여럿 있다. 오쿠니시 마사루의 경우는 2015년 53년째 사형수로 복역하던 중 끝내 무죄임을 인정받지 못한 채 폐렴으로 사망했는데, 53년 동안 7번이나 재심을 청구했음에도 모두 기각 당했다. 오쿠니시의 무혐의를 입증할 증거들이 충분함에도 재판부가 재심청구를 기각했기 때문이다. 사법부의 권위를 지키기 위해 무고한 개인이 진실을 증명할 기회조차 받지 못하고 수십 년간 감옥에 갇힐 수도 있다. 현실에서 권위주의의 무서움을 단적으로 보여주는 사례다.

탈권위를 향한 무모한 도전 – 법정 어드벤처 게임의 본질

권위주의에 굴복하고 내부고발과 폭로를 가로막는 사람들이 권위주의에 부역하는 걸까? 그렇지 않다. 권위주의에 저항할 때의 결과에 대해 잘 알고 있기에 모험을 걸 수 없을 뿐이다. 전 정권에서 비리를 덮어도 다음 정권에서 의지만 가진다면 재판에 쓸 증거가 넘쳐난다. 권위주의에 굴종하는 것처럼 보였던 사람들이 때를 기다리며 정보와 자료를 보존하고 있었기 때문이다. 공포와 권위로는 조직을 영원히 통제할 수 없다.

당장은 권위주의에 저항할 힘이 없으나 무엇이 옳은 것인지 잊지 않은 사람들은 가상의 이야기를 통해서라도 권위주의에게 승리하는 기쁨

캡콤의 역전재판 시리즈 주인공 나루호도

을 즐기고자 한다. 영화 〈어 퓨 굿맨〉, 〈변호인〉, 〈소수의견〉 등 법정을 소재로 한 권위주의 타파 플롯에 사람들은 열광하였다.

법정 어드벤처 게임이 제공하는 재미의 본질로 넘어갈 차례다. 권위주의에 맞서 진실이 승리하는 과정. 불가능해 보였던 권위에 논리와 합리, 진실을 무기로 도전해 무너뜨리는 쾌감이 법정 어드벤처 게임의 핵심 재미다. 캡콤의 법정 어드벤처 게임 '역전재판 시리즈'는 이를 포착해 크게 흥행할 수 있었다. 시리즈 후속작과 스핀오프작인 역전검사에서 추리 어드벤처적 특성이 강화되긴 했지만, 역전재판 시리즈는 치밀하게 구성된 이야기 속에서 권위주의로 진실을 억누르는 강자에 맞서는 변호사들의 처절한 법정투쟁을 표현해 유저들을 몰입시킨다. 증인과 검사의 허점, 모순을 찾고 거짓을 드러내게 함으로써 권위주의를 논파해 나가는 주인공의 열정을 보고 변호사를 목표로 공부하기 시작한 학생들도 있을 만큼 역전재판이 제공하는 고유의 쾌감은 다른 게임 장르가 따라 하기 어렵다.

무죄추정의 원칙이 있지만 현실에서는 유죄추정의 원칙이 판을 치고, 증거와 논거보다는 감정과 권위주의가 우선시되는 경우를 자주 목도하고 있다. 알고 있지만 쉽게 해결할 수 없는, 모든 인간 조직에는 악 권위주의가 잠재되어 있다. 가상의 이야기 속에서라도 권위주의가 무너지는 통쾌함을 느끼고자 하는 사람들의 욕망을 반영하는 법정 어드벤처 게임은 재미있을 뿐만 아니라 현대인의 정신건강에 필요한 게임 장르가 아닐까.

06 바쁘게 뛰는 게이머가 엔딩을 본다
연애 어드벤처 게임

adieu, elf

2016년 3월, 청춘의 한 페이지가 종말을 고했다. 1989년 처녀작 '드래곤 나이트'로부터 2016년 '마로의 환자는 가텐계3'에 이르기까지 27년간 30개가 넘는 작품을 발매한 일본 에로 게임계의 상징적 제작사가 폐업한다. 유저들의 꾸준한 사랑을 받아왔고, 불후의 명작 'X급생 시리즈'를 통해 일본 에로 게임 업계를 창출해 온 제작사의 퇴장이 아쉽다.

일본식 어드벤처 게임

일본 이외의 국가에서는 연애 어드벤처 유형의 게임이 드물기 때문에, 연애 어드벤처 게임은 '연애를 소재로 한 일본식 어드벤처 게임'이라 할 수 있다. 일본식 어드벤처란 게임사 에닉스가 패미콤에서 1983년 발매한 일본 최초의 어드벤처 '포토피아 연속살인 사건' 이후 확립된 장르다.

포토피아 연속살인 사건은 조사와 대화라는 두 기본 조작을 활용해 살인사건의 비밀을 파헤치는 게임이다. 1980년대 초반은 어드벤처 게임의 시대였고, 에닉스의 기획자 호리이 유지는 어드벤처 게임을 플레이 해본 적이 없음에도 불구하고 제작에 들어갔다고 한다. 주류 어드벤처 게임과는 달리 텍스트 선택지 위주의 게임이 탄생했고, 시나리오의 몰입감과 참신한 진행 방식이 세일즈 포인트가 되어 대성공을 거둔다. 패미콤 세대의 게임이 대부분 그렇듯 포토피아 역시 프로그램, 그래픽, 시나리오 등의 작업을 호리이 유지 혼자서 해낸 결과물이다. 이는 일본식 어드벤처의 특징이기도 한데, 소규모 인력과 낮은 제작비용으로 장

에닉스의 포토피아 연속살인사건

시간 플레이가 가능한 어드벤처 게임을 제작해 업계의 진입장벽을 낮추는 요인이 되고 있다.

동급생

연애 어드벤처 게임의 뼈대를 확립한 작품이라면 엘프의 동급생 시리즈다.

1992년 발매된 동급생 1은 PC판 성인게임 역사상 최초로 10만 장이 팔린 흥행작이다. 동급생 시리즈는 원화가 타케이 마사키의 미려한 캐릭터를 기반으로 도트를 통해 혁신적 그래픽을 표현해 유저들의 눈을 사로잡았다. 성인 게임이지만 가벼운 학원청춘물 분위기를 게임 전반에 불어넣었기 때문에 기존 성인물의 어둡고 퇴폐적인 분위기에 익숙하지 않은 유저들의 흥미를 끌어 시장 확장에 기여하기도 했다. 기존 성인 어

엘프의 동급생 1

드벤처 게임들이 텍스트 선택지 기반으로 정사 장면을 반복 표현해 쉽게 질리는 단점이 있었던 데 비해, 동급생 시리즈는 마우스와 아이콘을 사용하는 인터페이스를 채택했다. 이 선택은 유저의 능동성을 배가시키고 다양한 잔재미를 부여했다. 성인게임으로서 동급생이 보여준 혁신성은 정사(情事)장면에서의 인터페이스였는데, 아이콘과 마우스 활용을 극대화하여 유저들의 능동적 조작으로 몰입감을 제공했다.

히로인 숫자와 시나리오 품질의 반비례 관계

연애 어드벤처 게임은 프로그래밍 난이도가 낮고 개발 엔진만 제작해 두면 동일 엔진을 활용해 그림과 배경음악, 대사 스크립트만 교체하면 새 게임을 만들 수 있다. 게임 제작비 측면에서 이점을 가지고 있으며 버그 패치나, 밸런싱에 투자해야 하는 비용도 없다시피 하다. 제작 인력 자원 대부분이 연출 및 구성, 스토리텔링에 집중할 수 있기 때문에 유명 시나리오 라이터들이 참여할 수 있는 여지가 많다. 연애 어드벤처 역시 텍스트 어드벤처의 확장선상에 놓인 게임이기에 플롯과 시나리오가 바탕이 되어야 성공할 수 있었다.

연애 어드벤처 게임은 플레이어 캐릭터와 접촉 가능한 히로인 캐릭터를 다수 준비하여 히로인의 수만큼 시나리오 분기와 엔딩을 마련한다. 최대한 많은 히로인 캐릭터를 등장시켜 더 많은 유저들을 끌어들이고자 하나, 이는 곧 준비해야 하는 시나리오의 수가 늘어나는 것을 의미하므로 선택의 딜레마에 봉착한다.

엘프의 동급생 2 속 히로인 캐릭터들

　보통 연애 어드벤처 게임에서는 히로인 캐릭터의 수와 시나리오의 질이 반비례하는 법칙이 성립한다. 다수의 히로인을 배정해서 시나리오의 수로 승부하느냐, 혹은 히로인의 숫자를 줄여 개별 시나리오의 질로 승부하느냐의 기로다. 이는 어드벤처 게임이 가진 게임성과 이야기 비중의 딜레마와 직결된다. 동급생 2가 명작인 이유는 게임성과 이야기 두 마리 토끼를 잡는 데 성공한 소수의 작품이기 때문이다. 장소마다 히로인이 등장하는 시간대가 따로 마련되어 있고, 히로인과의 관계 진전도에 따라 대화 메시지가 다르며 해당 히로인 공략에 연관된 다른 캐릭터의 개별 메시지도 준비되어 있다. 텍스트량이 방대하면서도 상황 설명에 머무르지 않고, 문체가 청춘소설처럼 구어체로 표현한다는 점도 몰입감을 배가시킨다.

연애 어드벤처 게임 업계는 시나리오 라이터와 원화가의 인기가 높아지면 각자 독립해서 회사를 설립하는 분위기 때문에 작품이 성공한다 해도 꾸준히 후속작이 나오는 경우가 드물었다.

하루타 마사토는 게임사 엘프의 메인 시나리오 라이터이자 초대 사장으로 드래곤 나이트 시리즈, 동급생 시리즈, 카와라자키가의 일족, 노노무라 병원 사람들, 애자매, 사쿠 시리즈 등 업계의 전설적인 명작들을 단독 기획했다. 하루타는 시나리오뿐만 아니라 게임 디자인에도 탁월한 재능을 보인 천재였다. 작품에 외설적 요소를 포함시키긴 했지만 탐정, 추리, 일상, 서스펜스, 호러 등 다양한 장르와 적절히 조합시켜 유저들을 이야기에 몰입시키는 능력이 탁월했다. 하루타 마사토가 보여주는 스토리텔링 역량은 허술한 플롯이 없고 다양한 분기를 배치하면서도 스릴감과 감동, 테마와 메시지를 섞어 유저에게 깊은 감동을 선사했다.

하루타의 스토리텔링 역량을 대표하는 작품은 1994년 엘프 자회사 신키즈에서 발매한 어드벤처 '노노무라 병원 사람들'이다. 노노무라 병원 사람들은 유저가 정답에 도달할 때까지 반복플레이 시스템을 마련해 게임오버될 때마다 사건의 진상에 대해 단서를 제공한다. 추리와 에로틱 요소를 절묘하게 결합시켜 일본 내에서만 40만 장의 판매고를 올렸다. 드라마와 영화로도 만들어진 노노무라 병원 사람들은 순도 높은 추리 서스펜스와 플롯을 성인지향 눈요기와 결합시켰을 때의 시너지

실키즈의 노노무라 병원 사람들

효과가 대단하다는 사실을 보여주었고, 연애 어드벤처 게임에서 스토리와 스토리텔링을 더욱 중시하는 계기를 제공했다.

칸노 히로유키

故 칸노 히로유키는 연애 어드벤처 게임에서 미스터리 요소를 필수로 만든 기획자이자 저급 성인물로 취급받던 연애 어드벤처 게임의 뛰어난 작품성을 인정받게 만든 인물이다. 칸노는 원래 프로그래머로 입사했으나 일본 성인게임 업계가 적은 인력으로 다중 직무를 시키는 경우가 다반사라 시나리오 라이터를 겸하게 되는데, 뜻밖에 실력을 발휘하며 제작자로 성장한다. 칸노는 처녀작 Desire에 이어 현재까지 자주 회자되는 명작 이브 버스트 에러를 제작한다.

시즈웨어의 이브 버스트 에러

20년간 꾸준히 리메이크되었고, 리메이크 작품마다 스토리를 인정받을 정도로 훌륭한 시나리오와 게임성을 가진 이브 버스트 에러의 특징은 멀티 주인공 시스템을 채택했다는 점이다. 사건을 추리하고 시나리오를 진행시키는 과정에서 두 주인공의 시점을 교대로 활용해 돌파구를 찾는 사이트 체인지 시스템으로 유저들의 몰입도를 유지시킨다. 시장이 협소했던 당시 업계에서 크게 성공하며 '연애 어드벤처 = 이브'로 통할 정도의 브랜드 파워를 확보한다.

이후 엘프로 이적한 칸노는 역대 PC 어드벤처 게임 랭킹 1위에 오르내리는 '이 세상의 끝에서 사랑을 노래하는 소녀 YuNo'를 제작한다. 작품은 현대편과 이세계편으로 구성되어 특정 시점에서 어떤 오브젝트를 클릭하느냐, 혹은 어떤 아이템을 사용하느냐에 따라 시나리오 분기가

갈라진다. 유저 편의성을 위해 분기를 도식화한 병렬세계 지도를 보여
주고, 현재 위치와 거쳐온 분기를 한 눈에 확인할 수 있도록 설계했다.
병렬세계를 다룬 선구자적 게임이며 메타픽션적 요소를 게임 시스템으
로 자연스럽게 녹여낸 드문 사례다.

수고를 재미로 승화 – 연애 어드벤처 게임의 본질

과거의 연애 어드벤처 게임은 텍스트와 원화를 기반으로 추리적 요
소, 에로를 가미한 연애스토리물이지만 엔딩을 보기 위해 들어가는 노
고가 적지 않았다. 추리 한 번 잘못하면 배드엔딩 분기로 진행되고, 베
스트 엔딩으로 가기 위해서는 몇 주일 몇 달이 걸리는 경우도 허다했
다. 게임의 진히로인 엔딩을 공략집 없이 진행하는 것이 실제 연인을
사귀는 것보다 어렵다는 우스갯소리가 유행하기도 했다. 쉽지 않은 난
이도를 경험하고 배드엔딩에 좌절하며 반복 플레이를 한 끝에 원하는
엔딩 시나리오를 발견해서 즐기는 재미가 연애 어드벤처 게이머의 보
람과 성취감을 자극하지 않았을까.

아쉽게도 마사토나 히로유키 같은 걸출한 시나리오 라이터들이 은
퇴/몰락한 이후, 원래 영세하고 열악했던 연애 어드벤처 업계의 현실은
더욱 낙후되면서 시나리오와 게임성을 동시에 잡는 작품은 드물어졌
고, 연애 어드벤처 업계는 게임성을 버리다시피 하며 새로운 돌파구를
찾기 시작한다. 사운드 노벨의 등장이다.

07 게임과 소설의 경계
사운드 노벨

출판업계의 장기 불황

한 잡지 에디터의 한탄 섞인 SNS가 화제가 된다. 파주 출판벤처센터 앞에서 출고조차 못한 악성 재고도서들이 폐기를 기다리는 사진이 실린 SNS 게시물이다. 요지는 도서정가제 시행 이후 입법취지와는 달리 중소 출판업체들이 더욱 위기를 겪게 되고 대규모 출판업계들만 버티고 있다는 내용이다.

도서정가제는 입법취지와 결과가 정반대로 나타나 실패한 정책임은 확실하다. 하지만 출판업계가 장기불황의 늪에서 헤어나지 못하는 이유가 도서정가제 때문만이라고 할 수는 없다. 도서정가제가 중소출판사들의 수명을 단축시킨 것은 사실이나, 도서정가제가 아니었더라도 출판업계의 장래는 암울하다. 대형 출판사라 해서 사정이 좋은 것도 아니다.

출판업계의 암울한 현실은 책이 안 팔리기 때문이다. 안 팔리니까 기상천외한 할인혜택을 묶어서라도 재고를 처리하려 했다. 도서정가제는 단기 마취제였을 뿐이다. 도서 상품의 경쟁력을 고민하는 대신 최초판매가를 낮추는 개입을 해버린 것이다. 실질적으로 판매가는 낮아지지 않았고, 판매량만 줄어들었다.

도서정가제를 비판하는 입장에서도 불황 극복을 위한 획기적 대책은 없다. 출판업계가 회생불가능 할 거라는 확신이 들게 만드는 이유는 업계의 획일화 현상이다. 국내 도서판매량의 대부분을 참고서와 실용서가 지배하고 있다. 오프라인 서점을 가보면 규모가 작지 않은 서점에서도 대부분의 판매대를 학습참고서와 실용서로만 진열하고 있다. 문학, 교양, 인문사회 및 과학기술 이론 서적은 최신작도 구하기 어렵다. 문학 도서판매량은 부진이 너무 오래된 지라 초판부터 줄어든 상태다. 출판서적 업계에서 이야기 수요는 끝난 것과 다름없다.

문학 유통 구조의 변화

급격한 산업화 시대를 겪다 보니 한국인이 이야기를 즐기지 않는 풍토가 굳어졌다며, 한국인이 문학을 선호하지 않는다는 진단을 내린 일부 전문가들이 있었다. 그러나 한국인들은 이야기를 기피하기는커녕 선호하는 성향을 가졌다고 주장할 근거도 충분하다. 자국영화 경쟁력을 지키는데 성공했고 드라마와 예능으로 아시아 전역에서 인기를 끌고 있으며 웹툰과 웹소설 업계는 지속적으로 성장하고 있다. 이야기 소비 시장에서 출판서적이 후퇴했을 뿐이다. 한국인의 이야기 소비행태는 비서적 매체로 이동했다.

출판서적 고유의 장점도 있다. 온라인 매체보다 사용편의성 측면에서는 출판서적이 앞서는 측면이 있다. 모바일 디바이스나 PC가 필요하지도 않고, 텍스트 리더 소프트웨어를 깔 필요도 없으며, 프로그램 조작법을 익힐 필요도 없다. 전기연결코드나 배터리 없이도 소비 가능하다. 온라인 텍스트는 구매편의성과 보관성, 휴대성 측면에서 강점이 있을 뿐이다.

물론 소비자들은 온라인 구매편의성을 우선시하는 경향이 있다. 온라인 텍스트 형식의 장점은 '소단위 분할판매' 전략이다. 약 10여 페이지 단위로 연재분을 분할해 백 원 남짓의 부담 없는 가격으로 소비자들을 끌어들인다. 단위분량 당 텍스트 가격은 출판서적보다도 오히려 비싸게 책정되나 분할 판매 전략을 통해 체감가격을 낮춘 것이다. 구매 후 바로 볼 수 있다는 장점과 더불어 체감가격을 획기적으로 낮추는 전략 덕분에 온라인 텍스트 시장은 성장을 거듭하였다.

문학 유통구조의 변화는 되돌리기 어렵다. 미디어 믹스(media mix)를 통해 출판서적이 부가적으로 판매되는 형태를 제외하면, 오프라인 시장에서 출판업계가 반등할 시기는 지났다. 게임, 만화, 영화 제작을 위한 시놉시스 형태로 창작되거나, 원작이 게임, 만화, 영화일 때 소설화(novelize)되는 형태로는 가능성이 남아있다. 향후 이야기 텍스트는 유통 구조뿐만 아니라 내용전달 방식에서도 변화를 맞이할 것이다. 예상되는 변화의 가능성 중 유력한 방식이 어드벤처 게임의 하위 장르, 사운드 노벨이다.

라이트노벨과 그래픽 노블

이야기 텍스트의 전달 방식 변화는 수십 년 전부터 시도된 바 있다. 주로 텍스트와 묘사된 상황을 삽화로 가미하는 형식으로써 삽화와 텍스트 비중 정도에 따라 여러 가지로 지칭한다. 콘텐츠 유통 구조의 대세인 미디어 믹스의 중심이 라이트노벨(light novel)이다. 직역하자면 경소설(輕小說), 가벼운 소설이라 할 수 있는데, 영미권에서는 잘 쓰이지 않는 일본식 조어(造語)다. 독자가 가볍고 쉽게 읽을 수 있는 소설이라는 의미로 이해하면 된다. 문체와 캐릭터가 복잡하지 않으며 일반 문학에 비해 작은 판형과 저렴한 가격에 적은 분량을 담고 있는 콘텐츠 형태다. 라이트노벨의 특징은 텍스트 중간에 삽화가 삽입되어야 한다는 점이다. 주요 캐릭터 삽화는 필수다. 천연색 원화 일러스트를 권두에 배치해 주요 캐릭터를 소개하고 주요 장면을 넣어 영화 예고편 같은 역할을 부여한다. 독자들은 주요 캐릭터 이미지와 특정 장면에 대한 이미지를 가진 채 이야기를 즐기는 것이다. 상상력을 희생해 몰입 속도를 높이는 전략이다.

일본 미디어 믹스의 중심이 라이트노벨이라면, 미국 미디어 믹스의 중심은 그래픽 노블이다. 그래픽 노블은 소설이라기보단 만화(comic)에 가깝게 분류되는 경우가 많다. 작품에 삽입되는 텍스트는 캐릭터 대사에 치중되어 있으며 행동, 배경, 감정까지도 삽화에 의해 표현되기 때문이다. 히어로 무비 세계관의 기반으로 자리잡기 시작하면서 그래픽 노블의 텍스트는 고유의 문체를 확립해 가고 있다.

텍스트에 부가된 상호작용

이야기 텍스트는 유저의 조작을 토대로 상호작용을 가미할 수도 있다. 텍스트에 게임성을 부여하려는 전략이다. 이 시도의 결과물은 주로 어드벤처 게임으로 분류되는데, 유저가 개입할 수 있는 여지는 주요 분기에서의 행동 선택지를 통해 이야기의 방향을 바꾸거나, 심지어 한 번의 선택지조차 없이 다음 이야기 출력 시기를 정하는 조작뿐일 수도 있다. 전자를 사운드·비주얼 노벨, 후자를 키네틱 노벨이라고 분류한다.

사운드 노벨은 텍스트 어드벤처에서 파생된 장르로서 제작사 '춘 소프트'의 등록상표이므로 협소하게는 춘 소프트 게임만을 지칭하지만, 대중적 인지도가 늘어나면서 '캐릭터들 사이의 연애·정시를 중심으로 다루지 않는 텍스트 어드벤처 게임'을 묶어 부르는 의미가 되었다. 화면에 배경영상과 텍스트가 표시되고 유저가 다 읽었다는 의미로 조작을 가하면 다음 텍스트가 출력된다. 소설을 모티브로 하고 있기에 화면 전체에 텍스트가 표시되는 것이 특징이다. 배경음악, 효과음, 영상효과를 부가해 플레이어의 몰입을 지원한다. 선택지를 통해 이야기의 방향을 바꿀 수 있기 때문에 멀티드라마에 가깝다고도 볼 수 있다. 클리어 회수나 스토리 진행 상태에 의해 선택사항이 늘어나거나 바뀌는 등 기존 어드벤처 게임에서는 없는 특징을 보여주기도 한다. 게임북을 전자게임화한 것이라 할 수 있으나, 연출을 통해 몰입감을 높이며, 순서대로 읽어야 한다는 점에서 차이가 있다. 사운드 노벨 내에서도 이미지와 텍스트의 비중은 작품마다 큰 차이를 보인다.

이야기와 게임성의 결합 비중

90년대 후반 SCE에서 발매한 '야루도라(하는 드라마, やるドラ)' 시리즈는 이미지의 비중을 극대화시킨 어드벤처 게임으로서 '계절을 안고서', '더블 캐스트', '삼파기타', '설앵화'의 4작품이 출시되었다. 시리즈의 특징은 이야기 진행이 애니메이션 동영상으로 이루어진다는 점이다. 관심을 끄는 데는 성공했지만 일반적인 사운드 노벨에 비해 훨씬 높은 제작비와 후속작으로 갈수록 부실한 시나리오 때문에 사장되었다. 라이트노벨과 그래픽 노블이 미디어 믹스의 중심이 될 수밖에 없는 이유(고비용 감수)를 보여주는 사례이며, 한국 애니메이션 영화가 왜 실패를 거듭하는지 알 수 있는 사례이기도 하다.

이미지는 고사하고 텍스트조차 보여주지 않는 방식도 있다. 사운드 노벨이라는 장르 명칭에 가장 충실했던 게임. 게임 프로듀서 故 이이노 켄지의 실험작 '리얼 사운드: 바람의 리글렛'은 게임 CD를 기기에 넣고 스타트하면 게임이 끝날 때까지 화면이 암전된 상태다. 대사는 물론이고 모든 상황이 성우의 음성을 통해 전달되는 것이다. 이불 속에 들어가서 할 수 있는 게임, 시각 장애인용 게임으로 화제가 되었던 리얼 사운드는 빼어난 시나리오에도 불구하고 유저층 확대에 실패하고 짧은 화제로 그치고 만다.

현재 사운드 노벨을 주도하는 흐름은 비주얼 노벨이다. 초기 비주얼 노벨은 이벤트 장면의 CG, 화면 이펙트 등 차별화된 요소를 가지고 있었지만, 최근엔 사운드 노벨도 비주얼 노벨처럼 컷인이나 이펙트 특수 시각 효과를 사용하는 추세이며 비주얼 노벨도 음성, 효과음을 적극 사용하고 있기에 구분이 힘들어졌다.

단일 시나리오를 전달하는 키네틱 노벨(Kinetic Novel)도 있다. 키네틱 노벨에서 유저는 다음 텍스트 출력 시기를 선택하는 것 이외에는 상호작용을 할 수 없다. 선택지도 없으며 캐릭터를 조작할 수도 없다. 원화와 BGM, 성우의 대사 음성이 결합된 텍스트를 진행시키는 것만이 허용된다. 뛰어난 원화와 성우 연기라 해도 시나리오로 몰입시키지 못하면 실패하는 장르다. 게임으로 분류해야 하는지조차 모호한 형식의 콘텐츠다.

미래 문학의 가능성 – 사운드 노벨

스토리의 비중이 큰 어드벤처 게임 중에서도 사운드 노벨은 극단적 이야기 중심 콘텐츠다. 게임으로 인정받기도 애매한 콘텐츠의 가능성

세가새턴의 리얼 사운드: 바람의 리글렛

에 주목해야 하는 이유는 사운드 노벨이 향후 온라인 텍스트 문학의 대체제가 될 수 있기 때문이다. 사운드 노벨이 제공하는 재미의 본질은 소설책이 제공하는 재미의 본질과 일치한다. 사운드 노벨의 경쟁 상대는 출판서적, 온라인 플랫폼의 텍스트이며, 같은 유형의 재미를 주면서도 이미지와 사운드까지 결합해 진화된 즐거움을 줄 수 있다. 추리·액션 어드벤처가 블록버스터 모험영화를 대체하는 것처럼, 사운드 노벨류의 게임은 결국 소설, 문학을 대체하는 이야기 매체가 될 가능성이 높다.

창대한 시작과 미약한 끝
게임 제작업계의 두 가지 흐름

기술 발전과 즐거움의 상관성

게임은 최후의 종합예술로 대접받기도 한다. 방송, 공연, 음악, 미술, 만화, 영화, 문학 등의 콘텐츠 유형이 제공하는 재미를 복합적이고 심도 있게 결합할 수 있기 때문이다. 게임을 통해 소비자는 배경음악을 듣고 그래픽 효과를 감상하며 이야기를 즐긴다.

신작 게임을 홍보할 때 고화질 그래픽 영상부터 자랑하는 시대는 지났다. 그래픽 기술 수준이 높지 않았던 과거에는 하드웨어와 소프트웨어 기술의 발전 속도가 눈부셨다. 당시 새로운 게임을 선전, 홍보하기 위해서는 구현되는 기술 수준이 훌륭함을 보이는 전략이 먹혔다.

영화 〈디 워〉

영화 홍보 전략에서도 유사한 흐름이 나타난 시기가 있었다. CG만 현란하게 만들어서 보여주면 관객들의 감탄을 자아낼 수 있었고, 이야기에 대한 고민보다는 시각효과에 돈과 시간, 인력을 투자하는 쪽이 효과적이었다. 기술발전 효과에 집중하다 보니 제작비 기준치가 변하게 된다. 넓은 세계시장을 노리기 위해 볼거리 위주의 CG가 요구되었고 필연적으로 대자본이 전제된다. 영화계는 '블록버스터'가 지배하기 시작하였다. 순수 제작비가 늘어날수록 홍보·유통 비용도 커진다. 영화를 널리 알려야 투자비를 건질 가능성이 높아지기 때문이다. 세계 영화시장이 헐리우드 중심으로 재편된 데에는 블록버스터 선호 추세 탓이 컸다. 발전된 기술과 인력을 투입해 거대 기획을 구현할 수 있는 환경이 헐리우드밖에 없었다. 배경 설정이나 내레이션으로 넘겼던 부분을 파노라마처럼 보여준다는 차이는 컸다. 국가, 민족에 따라 언어나 공감대가 다른 관객들에서 이야기에 집중하기보다는 압도적인 스케일을 가진 볼거리를 배치해 시선을 끄는 편이 현명한 전략이었다.

아이러니하게도 헐리우드의 독점적 지배력이 약화된 이유는 지속적 정보기술 발전이다. 범접할 수 없을 정도의 영상기술 격차가 점차 완화됨에 따라, 영상구현기술이 일정 수준만 넘는다면 작은 격차는 중요하지 않게 된 것이다. 기술투자 효용성이 저하되었다고 볼 수 있다.

관객들은 과거처럼 영상수준의 격차를 심각하게 받아들이지 않는다. 빼어난 기술력을 활용한 고화질의 그래픽 기술과 이야기의 즐거움은 비례하지 않는다는 사실을 깨달았기 때문이다. 영상편집 기술과 배경음악은 이야기의 조미료로서는 충분하지만 아무리 뛰어난 편집, 연출력과 배경음악도 재미없는 이야기를 재미있게 만들지는 못한다.

게임 역시 영화와 비슷한 과정을 거치고 있다. 압도적인 그래픽 효과만으로 이야기의 본질을 덮을 순 없다. 압도적인 영상이나 감동적 배경음악, 적절한 시스템이라 해도 핵심 이야기가 잘 짜였을 때의 몰입을 용이하게 해 줄 뿐, 이야기의 수준이 떨어진다면 낭비에 불과하다.

게임 개발업계의 대자본화는 90년대 중반까지 게임계의 헤게모니를 장악해 왔던 어드벤처 게임의 몰락을 이끌었다. 상호작용성보다 스토리에 치중한 어드벤처 장르는 상호작용성을 중시하는 액션 장르에게 밀려난다. 유저들은 압도적인 그래픽 효과와 복합음원, 발전된 인터페이스에 마음을 뺏겨 시대에 뒤떨어져 보이는 어드벤처 게임의 이야기를 외면하기 시작했다. 현란한 그래픽과 방대한 분량, 발전된 조작성과 반응 속도, 진동 효과까지 동반한 상호작용 액션의 즐거움에 빠진 게이머들은 심지어 엔딩조차 관심이 없는 지경에 이르렀다. 시각을 매혹하는 격렬하고 역동적인 액션과 타격감에 중독되었고, 기대치가 높아진 유저들의 욕구를 충족시키려면 더 높은 수준의 그래픽 기술력이 요구되었다. 어드벤처 게임의 쇠퇴는 액션 게임의 전성기를 의미했고, 게임산업의 블록버스터로서 AAA게임이 자리잡기 시작하였다.

AAA게임이란 대량의 자본을 투자하여 콘솔, PC, 모바일 등 다중 플랫폼으로 발매하는 게임을 의미한다. 전세계 시장을 대상으로 수백만 카피 이상의 판매량을 기대하는 게임이기도 하다. 역시 블록버스터 영화처럼 홍보 및 유통 비용이 막대하다.

게임 소프트 판매가격은 20년 전과 크게 차이 나지 않는다. 때문에 수백만 카피를 팔아도 손익분기를 맞추기도 어려울 정도의 제작비가 소요되는 AAA게임 프랜차이즈의 경우 리스크가 매우 크다. 헤일로 시리즈나 언차티드 시리즈 등 콘솔 시장지배력을 위해 단일 플랫폼으로

343인더스트리스의 헤일로 5 가디언즈

발매하는 경우도 있지만, 콘솔 보유 유저의 필수구매 목록에 포함되었기에 시리즈를 거듭할수록 제작비 규모는 늘어난다. 이는 언차티드 시리즈나 헤일로 시리즈 정도의 판매량이 보장되지 않을 경우 AAA게임의 제작비용을 투자받기 어렵다는 의미도 된다.

최근 헐리우드 블록버스터 제작 경향이 인기 원작 코믹스를 바탕으로 한 히어로물 프랜차이즈(MCU 등) 중심으로 흘러가듯, AAA게임들도 이미 성공한 다른 원작 이야기를 토대로 게임화하는 추세다. 엄청난 제작비용에도 불구하고 기대치에 못 미치는 AAA급 게임들이 유저들을 실망시킨 사례도 많으나, 최근 자리잡은 AAA게임들은 상내힌 스케일과 뛰어난 시각효과, 음원 효과와 더불어 설득력 있는 캐릭터, 개연성 있는 이야기를 내세워 유저들에게 새로운 경험을 제공하고 있다. 인류의 생존을 건 스페이스 오페라 이야기를 보여주는 헤일로, 모험가 주인공의 일대기를 바탕으로 고대 유적의 비밀을 파헤치는 언차티드의 경

우 진행 방식은 FPS에 속하지만, 게임이 주는 핵심 재미가 드라마에 있
다는 점에서 어드벤처 게임으로 분류하는 편이 옳다. 액션에 밀려 하락
세였던 어드벤처 게임이 AAA게임으로 재조명 받고 있는 것이다. 영화
와 게임에서 포장의 아름다움(기술 수준 및 시각 효과)에 집중하던 시기
를 지나 내용물(이야기 및 드라마성)에 관심을 가지는 추세를 반영하는
변화다.

게임계의 독립영화, 인디 게임

변화를 보여주는 또 다른 현상이 인디 게임의 활성화다. 영화산업의
다양성이 소자본을 활용한 인디 영화 제작을 통해 확보되고 인디 영화
제작자들이 메이저로 진출할 기회가 주어지는 것처럼, 게임계도 재능
과 창의성을 갖춘 인재들이 인디 게임을 제작해 생태계 다양성을 지켜
나간다.

마인크래프트는 성공한 인디 게임의 전형이다. 도합 3천만 카피
가 넘게 팔린 게임으로서 판매량만은 AAA게임을 넘어섰다. 마인크래
프트 제작자 페르손은 2009년 여유시간에 마인크래프트를 개발했고,
2011년 말에는 사회 현상을 불러일으킨 작품으로 성장하게 됐다고 밝
혔다. 8살 때부터 프로그래밍을 시작한 페르손은 틈만 나면 게임을 만
들었고, 다니던 직장을 그만둔 이유도 취미인 게임 개발을 직업으로 삼
고 싶었기 때문이었다. 퇴사 후 12개월 가량 프로젝트에 착수해 만든
게임이 바로 마인크래프트다.

인디 게임의 신화 마인크래프트

마인크래프트의 성공 과정을 통해 알 수 있듯, 모바일 플랫폼과 쉬운 개발 툴의 보급으로 일정 수준의 프로그래밍 실력과 기획력이 있다면 누구나 자신이 만든 게임을 유통시킬 수 있는 시대다. PC 게임에서 압도적 시장 지배력을 가지고 있는 게임 유통 플랫폼 '스팀'에서도 독자 카테고리를 마련해 인디 게임 제작자와 소비자들을 연결시킨다. 디펜스, 슈팅, 시뮬레이션까지 다양한 인디 게임들이 유통되고 있는 와중에 인디 어드벤처 게임이 업계에서 주목 받는 경우가 잦다.

게임방송에서 인기 소재로 유명한 '투 더 문(to the moon)'이 대표적이다. 20년 전 일본 RPG를 연상시키는 그래픽 툴을 활용해 꿈과 시간을 소재로 추억에 대한 공감대를 형성하며 유저들의 눈물을 자아낸 인디 어드벤처 게임이다. 게임이 주는 재미와 감동은 그래픽에 있지 않다

댓게임컴퍼니의 감성 인디 게임 저니

는 것을 확실하게 보여준 작품으로 '감성게임'이라는 장르 신조어를 창조하기도 했다. 호러 일변도이던 인디 어드벤처 제작 경향을 혁신적으로 변화시켜 빼어난 시나리오를 바탕으로 다수의 감성게임들을 있게 한 기념비적 작품이다.

PC뿐만 아니라 콘솔 하드웨어를 통해서도 인디 게임들이 출시되고 있는데, thatgamecompany의 '저니(journey)'는 5개 게임 리뷰 사이트에서 E3 2011 최고 다운로드상을 수상하기도 하는 등 극찬을 받았다. 2016년 현재까지 최다 수상작으로 남아 있다. 몽환적인 그래픽과 배경음, 단순한 조작과 짧은 분량은 한 편의 감성소설을 읽는 것처럼 게이머들을 매료시켰다. 투 더 문이 PC 감성게임의 대표라면 저니는 콘솔 감성게임의 대표라고 할 수 있다.

AAA게임들의 드라마 중시 경향, 감성게임 전성기로 알 수 있는 인디 어드벤처 게임의 중흥이라는 최근의 흐름은 어드벤처 게임이 나아가야 할 방향성을 시사한다. 게임이 상호작용하는 이야기 매체인 이상 상호작용성에 관심을 기울여야 하는 것은 당연하나, 게임의 상호작용성 또한 이야기를 보다 몰입감 있게 전달하기 위한 도구라는 점을 인지해야 한다. 게임의 기반이 좋은 이야기여야 게임이 재미있다.

조사와 대화만으로 구성되는 정통 어드벤처 장르는 앞으로도 인디 게임 위주로 유통되겠지만, 어드벤처 게임은 인디 게임뿐만 아니라 AAA게임에서도 중심에 위치할 것으로 전망된다. FPS로 대표되는 순간 상호작용이 행위라면, 어드벤처는 유저들에게 상호작용 액션의 목적을 상기시킨다.

Chap Ⅳ

액션 게임

01 아타리 쇼크를 종식시킨 슈퍼마리오

게임 업계 역사를 되짚어 보면 어떤 분야보다도 다사다난했음을 알수 있다. 게임 산업 흐름 및 전략을 대상으로 경제·경영학 분야에서 다양한 연구가 이루어졌다.

게임 업계 사상 최대, 최악의 이벤트 '이타리 쇼크'는 독과점의 폐해, 공유지 효과, 최고경영층의 비전 부재 등의 문제가 한꺼번에 드러나 30억 달러가 넘던 시장 규모가 일 년 만에 1억 달러 규모로 줄어든 사례로서 과정과 결과에 대해 분석하고 연구할 자료가 충분하다.

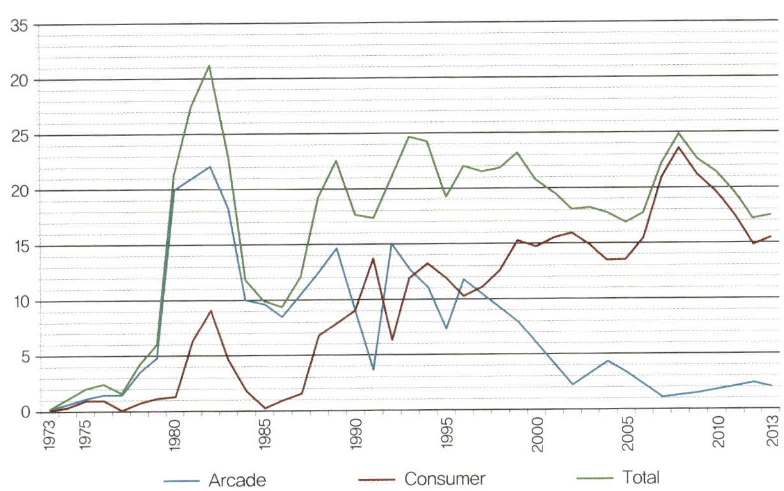

1970년대부터 2012년까지 미국 비디오게임시장 수익(단위: 10억 달러)

비디오 게임 선구자, 아타리

1980년대 초반 미국 비디오 게임시장은 세계 비디오 게임시장을 대표하고 있다고 해도 과언이 아니었다. 닌텐도, 세가는 일본 내에서 슬롯머신과 전자오락을 병행하던 유흥업 관련 회사였고, 기획자와 프로그래머는 미국의 전유물이었다. 소비 시장 역시 미국 유저 비중이 압도적이었다. 미국 전역에 배치된 전자오락실 게임을 가정에서 즐길 수 있다는 이점 때문에 비디오 콘솔을 앞다퉈 구매하는 분위기가 형성뇌어 있었기 때문이다. 비디오 콘솔 게임기 활황의 중심에 서 있던 회사가 아타리(Atari)였다.

아타리는 1980년대 초까지 세계 게임 산업을 독점했던 미국의 게임 개발사다. 사명의 유래는 일본 바둑용어인 아다리/아타리(あたり, 단

수). 1972년 설립 후 최초의 상업적 성공을 거둔 비디오 게임 퐁(Pong)을 개발한 이후 게임기 및 소프트웨어 제작에 본격적으로 손을 댄다. 창업 자본금은 500달러에 불과했지만, 퐁의 성공 이후 자본금의 수천 배에 달하는 수익을 벌어들였다. 1973년에 키 게임스(Kee Games)라는 회사가 아타리의 라이벌을 자처하며 경쟁에 뛰어들었으나, 다음해인 1974년 키 게임스가 아타리 자회사임이 발각되어 화제를 모은다. 라이벌 구도를 가장하여 공짜 광고효과를 노렸을 정도로 시장에 경쟁자가 없는 상태였던 것이다.

워너 사로의 매각

문제는 창업자 놀런 부슈널이 워너 브라더스 사에 기업을 매각하면서부터 시작된다. 놀런은 매각 이후에도 아타리에 남아 사업에 전반적으로 관여할 생각이었다. 하지만 워너 경영진과 비전의 차이가 너무 커 회사를 떠나고, 아타리는 워너 사에서 넘어온 경영자들이 의사결정을 독점하는 구조로 전환한다.

비극의 서막이었다. 가장 심각한 문제는 의사결정 구조를 장악한 경영자들이 '겜알못(게임을 알지도 못하는 사람)'이었다. 회사 매각 이후 아타리의 최신 게임은 수백만 카피씩 팔렸지만(아타리가 공급하는 콘솔 아타리 2600은 전자오락실 게임 독점 컨버전을 통해 하드웨어 기기 시장을 장악했다. 콘솔생산 업체들이 제조원가 이하의 가격으로 판매가를 설정하면서도 시장점유율부터 높이려는 이유기도 하다.) 개발자에게 돌아가는 보상은 너무 적었다. 워너 경영진들은 게임 문외한이었던지라 개발자들의 기여를 경시했고 푸대접한다. 워너 인수 후 원래의 기업 문화가 사라지고 기강 단속은 물론 제작자들의 복장과 근무 시간까지 통제하기 시작했으며 참신한 기획들이 사라지고 급조된 졸작들이 라인업을 채우기 시작한다. 부사장 앨런 밀러까지 워너 경영진의 푸대접에 불만을 품고 새로운 회사를 차릴 정도였다. 뛰어난 개발자들은 대부분 아타리를 떠나고 경영진들의 의사결정에 순종하는 초보 개발자들만이 남는다.

악화가 양화를 구축하다

아타리를 떠난 실력자들이 스스로 회사를 설립하자, 독점적 지위가 약화되려는 조짐을 알아챈 아타리는 지위를 유지하기 위해 발악한다. 아타리 2600의 압도적 보급률을 기반으로 땅 짚고 헤엄치던 환경에서 위기감을 느꼈지만 기존 개발진들이 회사를 떠난 상태에서 혁신성과 게임성으로 경쟁자들을 이기기는 불가능했다. 워너 경영진들은 단기수익성을 위해 개발진들을 닦달해 저질 게임들을 쏟아내기 시작한다. 아타리와 워너는 뭐든지 게임으로만 만들어 내면 몇 백만 장씩 팔린다는 법칙을 내세웠다. 초기에는 전략이 그럭저럭 먹혀 치열한 하드웨이 경쟁 속에서도 80년대 초까지 매출 20억 달러, 게임기 시장의 75퍼센트를 차지했다.

문제는 제대로 된 경쟁시장의 면모를 갖추지 못한 게임 산업에서 시장의 75퍼센트를 차지하는 독점기업이 작정하고 쓰레기 게임들을 쏟아내자, 소비자들이 시장 전체를 외면하는 결과로 이어졌다는 것이다. 아타리가 쏟아내는 쓰레기 게임들이 게임 소프트의 이미지를 대표하고 선점해버린 것이다. 아타리의 전략은 무서운 결과를 낳았다. 소비자와 잠재적 구매층에게 기업이 생산하는 가치가 저질이며 값어치를 하지 못하는 상품이라는 선입견을 형성해 버린 것이다. 아타리의 위기였을 뿐만 아니라 비디오 게임 산업 전체의 위기를 초래한 전략이었다.

전설의 게임 E.T.

시장에 출시되는 게임의 대부분이 쓰레기 라인업으로 도배되던 시기를 상징하는 작품이 1982년 아타리가 독점개발, 판매한 전설의 게임 E.T.였다. 명작 SF 영화 〈E.T.〉 열풍에 편승해 소비자들의 주머니를 털겠다는 전략으로 워너 경영진은 영화감독 스티븐 스필버그에게 2천만 달러 이상의 돈을 안겨주며 E.T.의 독점 라이선스 계약을 체결한다. 당시 아타리에겐 돈만이 충분한 자원이었다.

애석하게도 아타리에게 없는 건 시간과 인력이었다. 아타리가 스필버그와 계약한 것이 10월이다. 경영진은 크리스마스에 맞춰 게임을 내면 투자수익금을 회수할 수 있다고 믿었다. 개발진들에게 두 달 안에 게임을 완성시키라는 명령이 떨어졌고, 개발진들을 쥐어짜 완성된 결과물은 게임 산업 역사상 최악의 결과물이었다.

게임의 목적 자체를 알 수 없었다. E.T.가 등장하기는 하는 건지조차 불명확했으며 유저가 조작을 통해 무엇을 하려는지, 뭘 할 수 있는

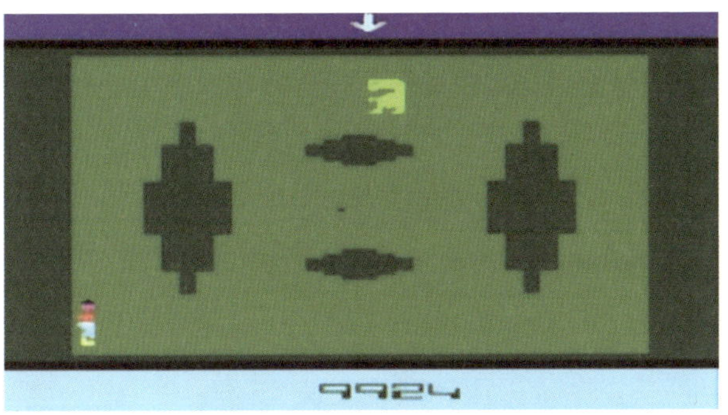

아타리가 만든 전설의 '망작' E.T.

지 파악할 수 없는 괴작이었다. E.T.는 '아타리 쇼크'의 방아쇠가 되어 미국 비디오 게임시장을 순식간에 붕괴시켰다. 시장 규모는 30분의 1로 줄어들었고 아타리만의 문제를 넘어섰다. 아타리가 주도한 게임의 저질화 추세에 다른 업체들도 울며 겨자 먹기로 발맞출 수밖에 없었고, 유저들은 더이상 비디오 게임에 돈을 투자할 필요성을 느끼지 못한다. 30년 전 아타리 쇼크로 인해 게임 산업은 절멸할 수도 있었다.

액션 게임의 신기원, 미야모토 시게루와 마리오 시리즈

망해가던 비디오 게임 산업을 구원한 영웅은 미국이 아닌 일본에서 나타났다. 가장 위대한 게임으로 손꼽히는 닌텐도의 슈퍼마리오 시리즈가 등장한 것이다. 마리오의 아버지 미야모토 시게루는 뛰어난 게임 개발자일 뿐만 아니라 게임 산업의 구원자로 칭송받는다. 슈퍼 마리오는 아타리 쇼크로 인해 쇠락해 가던 비디오 게임 산업을 회생시켰을 뿐만 아니라 이후 20년간 비디오 게임 산업에서 일본 제작사들의 전성기

닌텐도의 미야모토 시게루

를 연 작품이었다.

　게임왕국 닌텐도의 상징이자 최고의 비디오 게임으로 꼽히는 캐릭터 마리오. 슈퍼마리오 시리즈는 30년간 수십 개의 작품이 지속적으로 발매되고 있으나 졸작이 없고 시리즈를 거듭할수록 게임성과 재미를 더하고 있어 품질관리 관점에서도 가장 인정받는 액션 게임 프랜차이즈다. 1980년대 출시된 슈퍼마리오 1은 이후 발매되는 모든 액션게임에 영감을 선사한 혁신을 이뤄낸다. 슈퍼마리오 시리즈가 액션 게임의 법칙을 새로 쓰게 된 원인은 어디에 있었을까.

슈퍼마리오 액션과 가상현실

　최근 VR(Virtual reality) 개념이 유행이다. 게임계에서도 VR의 도입으로 게임의 일대 혁신이 벌어질 것으로 확신하고 있는데, 사실 액션 게임의 VR 개념은 마리오 시대부터 도입되고 있었다. 슈퍼마리오 1 출시 이후부터 뛰어난 액션 게임은 유저들에게 이미 VR이 제공하는 즐거움의 요체를 전달하는 데 성공해 왔다.

각종 감각 보조장치를 써서 증강현실을 투영해야 VR이 구현되는 것이 아니다. VR은 실제 움직임을 '모사'해서 재현하기만 하면 구현된 것이다. 마음만 먹으면 당장 가상현실을 체험할 수 있다. 한 눈을 가리고 주변을 바라보라. '거리감'이 사라진 현실을 경험하게 된다. 물구나무서기로 주변을 바라보라. 상하좌우가 반대인 데다 숨쉬기도 불편한 현실에서 사는 경험을 할 수 있다.

현실 세계의 움직임(Action)은 어떻게 이루어지는가. 행위시전자의 의지가 선행한 후 현실 세계의 물리법칙에 따라 의지가 물리적 행위로 구현된다. 시전자의 의지, 그리고 물리법칙이 움직임의 요소인 것이다. 도구를 사용하는 무술이나 스포츠를 떠올려 보자. 검도를 배울 때 사범들이 강조하는 가르침이 있다. 검을 몸과 분리된 도구로 생각하지 말고 팔의 연장으로 간주하라. 훈련과정에서 검을 손에 묶어놓고 생활하게 하기도 한다. 도구는 신체의 연장이며 변화된 물리법칙이다. 도구를 손에 쥐는 순간 또 다른 세계를 체감하는 것이다.

유저가 조작하는 마리오의 움직임을 보자. 유저가 쥐고 있는 컨트롤러(게임패드)가 유저의 세계를 전환시키는 매개다. 유저는 게임 화면(게임 내 세계) 어딘가에 마리오를 움직여 이동하고 싶고, 마리오 게임 내의 물리법칙에 의해 유저의 조작이 마리오의 행위로 구현된다. 유저는 마리오의 행위를 통해 의사세계의 물리법칙을 체감하고, 마리오 월드라는 가상현실을 인식한다.

마리오가 기존 액션 게임의 구도를 타파하고 새로운 법칙을 제공한 것은 본질에 대한 이해가 있었기 때문이었다. 미야모토 시게루의 게임 철학은 캐릭터가 이동할 때 발생하는 마찰, 관성, 중력을 일관성 있게 재현해 가상세계의 새로운 조작감을 연출하며 플레이어로 하여금 게임 속에 빠져들어간 듯한 느낌을 주게 하는 것이다. 30년 전에 이 사실을 이해하고 게임을 만들었기에 미야모토는 아타리 쇼크로부터 게임 산업을 구원할 수 있었다.

02 호모 프로블레마티쿠스(문제적 인간)
미로 액션 게임

페이스북에서 가끔 수천 명이 갑론을박을 벌이는 퀴즈들을 볼 수 있다. SNS에 지능지수 검사 형식의 수식 문제가 제시되면 남녀노소를 막론하고 빠져들어 답을 내고 다른 답과 비교해 정답이 무엇인지에 대해 알고지 한다. 평소 수학이나 시험과 담을 쌓고 살아온 사람이라도 문제가 무엇인가 살펴보다가 빠져드는 경우도 적지 않다.

온라인 퀴즈 게임의 태동

수식문제뿐만 아니라 상식, 난센스 퀴즈가 올라와도 관심이 집중된다. 90년대 후반은 PC 통신의 전성기였고, PC 통신 서비스의 꽃은 대

SNS에서 유행한 지능지수 평가 퀴즈

화방이었다. 이름도 얼굴도 모르는 누군가를 만나 밤새 대화를 나누는 경험을 설레는 추억으로 여기던 시절, 열 명 남짓한 사람들이 각자 닉네임을 갖고 모여 영화 관련된 퀴즈를 내고 맞힌다. 누구나 알 수 있는 개봉작들은 물론 알쏭달쏭한 예술영화들까지 퀴즈의 향연은 끝이 없었다. 영화 좀 본다는 사람들은 자주 영화퀴즈방을 기웃거리며 뜨거운 불면의 밤을 보냈다. 서로 문제를 내고 답을 맞히며 친밀감을 형성하게 된다. 영화퀴즈를 매개로 온라인 동호 집단의 초기 형태가 활성화된 것이다.

세계 최초의 온라인 부분 유료화 게임인 퀴즈퀴즈는 온라인 퀴즈방을 게임화해서 성공한 사례다. 무려 15년간 서비스를 지속해 왔던 퀴즈퀴즈는 다양한 연령층의 유저들이 아바타 캐릭터를 영화, 예술, 역사, 상식 등 다양한 주제의 방에 입장시켜 랜덤으로 제출되는 퀴즈에 답을

넥슨의 퀴즈퀴즈

입력함으로써 포인트를 얻는 형식의 단순한 게임이었다. 문제들을 외우기만 하면 누구나 고득점을 기록할 수 있는 게임이었기에 반응속도나 게임성보다는 아바타 채팅 프로그램에 가까웠으나, 2015년 서비스가 종료 직후 모바일 게임화까지 진행될 정도로 인기를 누렸다.

지니어스 게임

타인의 문제풀이를 시청하는 것도 재미있다. 온오프라인를 막론하고 엄청난 화제가 되었던 예능 프로그램 〈더 지니어스 게임〉은 매주 새로운 게임을 제시하고 13인의 참가자들이 게임의 법칙을 어떻게 이용해서 상황을 풀어나가느냐를 보여줘 시청자들의 몰입감을 만들어낸다. 시즌이 거듭되면서 문제풀이보다는 참가자들 사이의 관계성과 캐릭터에 초점이 옮겨지면서 시즌 1에서 추구했던 두뇌 플레이가 퇴색되었지만, 지니어스 게임에 등장한 각종 게임들은 보드 게임으로 상품화될 정도로 프로그램은 큰 인기를 끌었다.

문제풀이의 쾌감 – 미로 액션 게임의 본질

문제풀이를 즐기고 답을 제시하기 위해 집중력을 가지는 것은 인간의 본능에 가깝다. 인간은 인센티브에 반응하는 것처럼 어려운 문제에 반응해 답을 내려고 한다. 인간은 호모 프로블레마티쿠스(homo problematicus, 문제적 인간)이며, 문제를 출제하고 유저에게 답을 찾아내도록 하는 미로 액션 게임(Maze action game)은 전자 게임의 초창기부터 인기 장르다.

미로 액션 게임은 제약 조건 하에서 주어진 목표를 달성하면 다음 스테이지로 진행되는 형식을 취하고 있다. 게이머에게 제시하는 문제에는 법칙이 존재한다. 한정된 이동공간과 법칙, 속도와 장애물이 그 구성요소이다. 유저는 주어진 조건 하에서 캐릭터를 조작해 문제에 대한 답을 내며, 답이 틀릴 경우 기회를 소진한다. 모든 기회를 소진하게 되면 게임오버. 답을 말하는 행위를 캐릭터 조작으로 대체하는 게임 형식이다.

일반적인 미로 액션 게임은 미로처럼 설계된 고정화면 스테이지 형식을 채택한다. 플레이어는 장애물이나 몬스터를 피해 아이템을 모두 습득하거나 목표 지점으로 이동할 경우 스테이지를 클리어 하게 된다. 공격 행위를 통해 적을 없애고 끝까지 생존하면 클리어 할 수 있는 슈팅 액션 게임과 차이가 있다. 생존하는 것만으로는 게임을 클리어 할 수 없고 주어진 목표를 달성해야 진행할 수 있다.

팩맨

어린이용 목마 제작업체였던 남코를 세계 굴지의 게임 소프트웨어 기업으로 발돋움시켜 준 팩맨이 미로 액션 게임의 대표 게임이다. 1980년 '파쿠파쿠(ぱくぱく, 뻐끔뻐끔)'라는 일본어로 캐릭터와 게임 타이틀명을 정한 이 작품에서 유저는 팩맨을 조작하여 네 마리 유령들을 피해 화면의 점들을 없애면 스테이지가 끝난다. 파워 먹이(커다란 점)를 습득하면 일정 시간 동안 파워업하여 유령을 잡아먹을 수도 있다. 지분 매수를 통해 경영권을 취하려는 상대 기업을 역으로 매수하는 방어 전략을 '팩맨 방어'라고 이름 붙인 유래다.

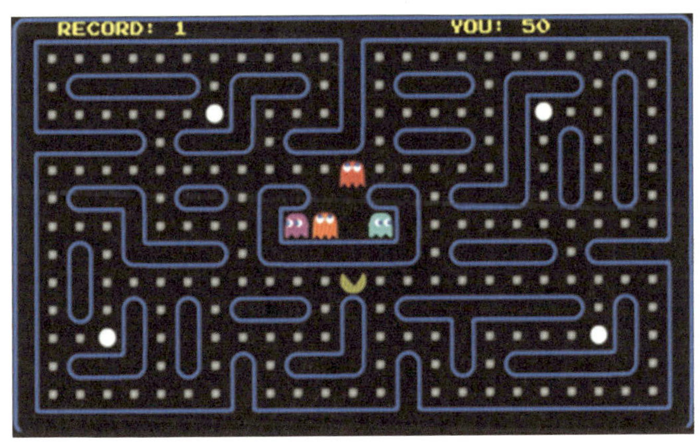

남코의 팩맨

사실 팩맨은 여성들을 위한 비디오 게임을 제작하려던 노력의 일환이다. 개발 컨셉이 아이와 여성들을 위한 부담 없고 단순하며 아기자기한 게임이었기에 팩맨은 당대를 풍미하던 스페이스 인베이더 류의 슈팅 액션 게임과 차별화되었다. 적들을 공격하지 않고 피해야 하는 규칙, 적 캐릭터인 유령들도 깜찍하게 디자인했으며, 성별과 연령에 관계없이 즐길 수 있도록 '먹는다'라는 컨셉을 도입해 플레이 하도록 한 것이다. 게임 과몰입을 피하고 긴장감 완화 효과를 목적으로 게임 도중 휴식시간을 도입하기도 했는데, 이는 최초의 게임 인터미션 데모다.

봄버맨

일본 제작사 허드슨에서 내놓은 봄버맨 시리즈도 미로 액션게임의 한 획을 그은 작품이다. 봄버맨은 상하좌우의 네 방향으로 이동하며 폭탄을 설치할 수 있다. 설치한 폭탄은 일정 시간이 흐르면 폭발하며 폭발 범위는 상하좌우 1, 2단위까지다. 폭발범위에 장애물이나 몬스터가 존재할 경우 제거되기 때문에 새로운 루트를 개척하고 위협 수준을 낮출 수 있다. 문제는 폭탄의 폭발 범위에 동료 캐릭터, 심지어 자기 캐릭터까지 휘말릴 경우 한 번의 기회가 날아간다는 점. 폭탄을 설치하면 해당 지점을 넘어갈 수 없기 때문에, 실수해서 폭탄지대에 갇히기라도 하면 탈출할 방도가 없다. 고정화면과 고정된 장애물로 시작되는 미로 액션 게임이지만, 플레이어의 조작에 따라 주어진 미로가 변화될 수 있다는 점이 진화된 게임성으로 인정받는다.

리틀 빅 플래닛

미디어 몰레큘이 플레이스테이션용으로 개발한 리틀 플래닛 시리즈는 자유도를 추구한 미로 액션 게임이다. 고정된 미로 안에서 조작 캐릭터의 움직임 규칙이 부여되지만, 이 게임의 독특한 재미는 유저가 직접 스테이지 제반 조건과 클리어 규칙을 설정해서 플레이 할 수 있다는 사실이다. 문제풀이 과정의 전반을 게임화시킨 작품이다. 아기자기한 배경과 캐릭터 때문에 아동용, 여성용 게임으로 간주하기 쉬운 리틀 빅 플래닛은 미로를 유저가 설계할 수 있다는 점에서 미로 액션 게임의 진화된 게임성을 상징하는 작품이다.

직관과 일관 – 미로 액션 게임의 경쟁력

미로 액션 게임은 문제적 인간(호모 프로블레마티쿠스)의 특성을 반영해 제작되기에 부담 없이 즐기는 캐주얼 게임으로 꾸준한 수요를 창출하고 있다. 그러나 미로 액션 게임이 유저의 관심을 끌고 즐거움을 제공하려면 아기자기한 캐릭터와 부담 없는 조작성에 앞서 명확하고 단순한 기초 룰이 확실해야 한다. 사전 경험과 지식도 요구하지 않고 직관적으로 과제를 이해할 수 있도록 상황을 제시할 수 있어야 하고, 플레이어가 스테이지의 목적을 한 번에 알 수 있고 단시간에 캐릭터의 조작 미숙 때문에 답을 내지 못하는 상황이 되지 않도록 캐릭터의 조작 원칙이 일관성 있게 설계되어야 한다. 답을 도출하는 과정은 흥미로울 수 있으나 답을 내는 방법이 애매하면 유저들은 흥미를 잃기 마련이다.

03 협응력(Hand-eye coordination) 교실
퍼즐 액션 게임

'야잘잘'의 근원

모든 프로스포츠를 통틀어 가장 수행하기 힘든 작업은 무엇일까? 투수의 공을 쳐서 그라운드 안으로 보내는 작업이다. 투수판에서 홈플레이트까지의 거리는 18.44미터이며 MLB 투수들의 포심 패스트볼 구속은 시속 150킬로미터이므로 공을 던지면 약 0.4초 후 홈플레이트에게 도달한다. 타석에 선 사람은 0.4초 안에 구종과 위치를 파악한 후 배트를 휘둘러 공을 맞혀야 한다. 불가능해 보이는 미션을 수행할 능력이 되어야 프로야구선수로 뽑힐 수 있다.

누구나 연습을 거듭하면 가능한 작업일까? 한국 야구계의 격언 중

야구선수 추신수의 스윙 (텍사스레인저스 공식 SNS)

'야잘잘―야구는 잘하는 사람이 잘해'라는 말이 있다. 누구나 연습한다고 해서 시속 150킬로미터의 공을 뿌릴 수 있게 되진 않으며, 평생 연습해도 시속 150킬로미터의 공을 칠 수 없는 사람이 대다수다.

배트를 휘둘러 고속으로 움직이는 공을 맞추는 '컨택(contact)' 능력의 핵심은 어디에 있을까. 타고난 시력의 차이는 존재하지만, 부족한 시력을 교정하는 방법이 있기에 시각 감지 능력의 차이는 상관이 없다. 시력훈련을 통해 이동하는 물체에 대한 상세정보를 파악하는 훈련이 존재하고 훈련 성과도 확실하지만, 타석에서 공을 잘 본다고 해서 맞추는 능력이 생겨나진 않는다. 공을 잘 보는 능력은 투수의 구종과 위치(location) 판단에 영향을 줄 수 있으나 타자의 컨택에 미치는 영향은 크지 않다. 신체 반응 속도와 근력은 어떨까. 반응 속도가 빠르다면 날아오는 공을 0.01초라도 더 볼 수 있다. 근력도 마찬가지. 근력은 타자의 스윙 스피드에 영향을 미친다. 스윙 스피드를 더 빠르게 가져갈 수 있다면 공을 볼 시간이 늘어난다. 그러나 스윙 스피드와 타율, 헛스윙률의 상관관계를 통계자료로 검증해 본 결과 유의미한 관련성은 나타나지 않았다.

운동과학으로 탐구해 본 결과 컨택 작업에 영향을 미치는 역량은 눈과 손의 협응력(hand-eye coordination)인 것으로 판명되었다. 협응력이란 시각 정보를 토대로 신체움직임을 머릿속에 이미지한 상태와 실제 움직임이 얼마나 일치하는가에 관련된 능력이다. 협응력이 높을수록 상상한 대로 움직일 수 있다. 컨택의 경우 눈으로 파악한 공의 이동 경로에 배트의 중심 부분을 일치시킬 수 있는 신체제어능력이다.

눈으로 본 정보에 맞춰 순간적으로 신체를 움직이는 작업에 소요되는 시간은 단 0.4초. 야구는 약 3시간동안 진행되는 경기지만 실제로 공과 배트가 움직이는 시간은 30분도 안 된다. 정적인 운동이면서도 순간 대처에 필요한 협응력을 요구하는 스포츠다. 야구 경기와 유사한 흐름을 가지고 동일한 능력을 요구하는 게임이 퍼즐 액션 게임이다.

액션 퍼즐, 혹은 퍼즐 아케이드라고도 지칭되는 게임은 실시간으로 변화하는 상황이나 과제를 정해진 시간(보통 매우 짧은 시간) 내에 조작을 통해 목표를 달성해 스테이지를 클리어 하는 게임이다. 미로(maze)

액션 게임과의 차이점은 주어진 문제가 매우 단순하며 시간제한이 있으므로 사고능력보다는 협응력이 상황 극복에 더 크게 작용하는 게임이라는 점이다. 문제가 주어지면 플레이어는 직관적으로 목표를 파악하고 변화에 맞춰 즉각적 반응을 입력해야 한다.

퍼즐 액션 게임으로 분류할 수 있는 최초의 게임은 핀볼(pinball) 게임이다. 스프링을 당겨 볼을 기기에 투입한 후 두 개의 버튼으로 양쪽에 위치한 큐를 회전시켜 볼을 밀어올리는 조작을 통해 게임을 이어간다. 진행에 관여하는 요소는 버튼 타이밍뿐이다.

최초의 비디오 게임인 아타리의 퐁(pong) 역시 퍼즐 액션 게임이다. 탁구(ping-pong)에서 모티브를 가져온 퐁은 공전의 히트를 기록했다. 탁구에서 모티브를 가져왔으나 실제 게임의 흐름은 탁구보다는 아이

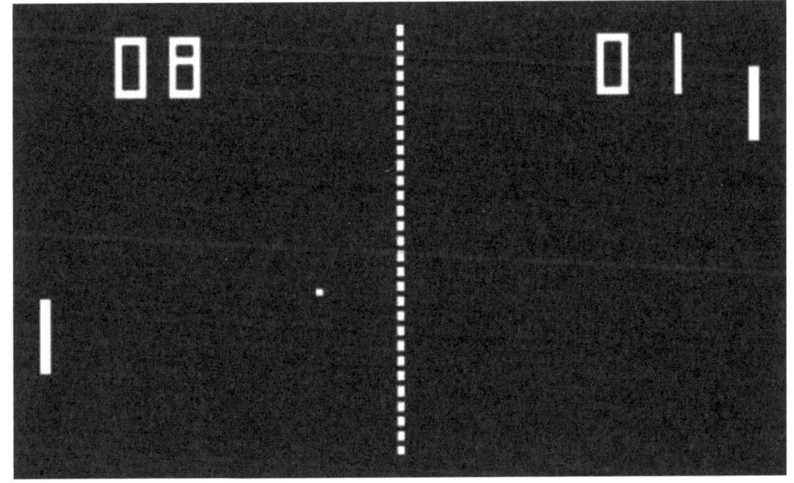

아타리의 퐁(pong)

스하키와 유사했다. 화면의 네 벽면에 공이 닿으면 아웃이 아니라 공이 튕겨져 그라운드로 돌아가는 형식이었으며 양측에 위치한 골대에 공이 들어가야 득점을 한다는 점에서 플레이어가 조작하는 세로 바(Bar)는 하키의 스틱, 돌아다니는 점(point)은 하키의 퍽과 같은 역할을 했다. 국내에서 퐁을 비치한 오락실은 없지만, 퐁과 유사한 게임 법칙을 가진 에어히키가 설치된 게임장은 많다.

퐁 다음 세대의 퍼즐 액션 게임이 벽돌깨기(알카노이드)다. 1986년 제작사 타이토는 아타리가 퐁의 후속작으로 발표한 '브레이크 아웃'을 기반으로 아이템과 다양한 맵 화면을 추가해 알카노이드를 출시한다. 스틱이나 버튼이 아닌 원형의 다이얼로 조작하는 것이 특징. 다이얼을 우측으로 돌리면 받침대가 오른쪽으로, 좌측으로 돌리면 왼쪽으로 이동하는데 돌리는 속도와 이동 속도가 비례해 협응력만 발휘하면 다이나믹한 조작으로 스테이지를 클리어 할 수 있었다. 알카노이드는 33개의 맵을 통해 퍼즐 액션 게임의 '스테이지' 개념을 도입한 첫 작품이기도 하다. 고정화면 상태에서 시작하던 퐁이나 핀볼과는 달리, 유저는 33가지의 초기 상황에 대처해야 하므로 체감 난이도가 상승하는 느낌을 받는다.

테트리스

퍼즐 액션 게임으로 가장 성공한 게임은 테트리스다. 1984년 구소련 프로그래머 알렉세이 파지노프가 제작한 이 게임은 32주년을 맞는

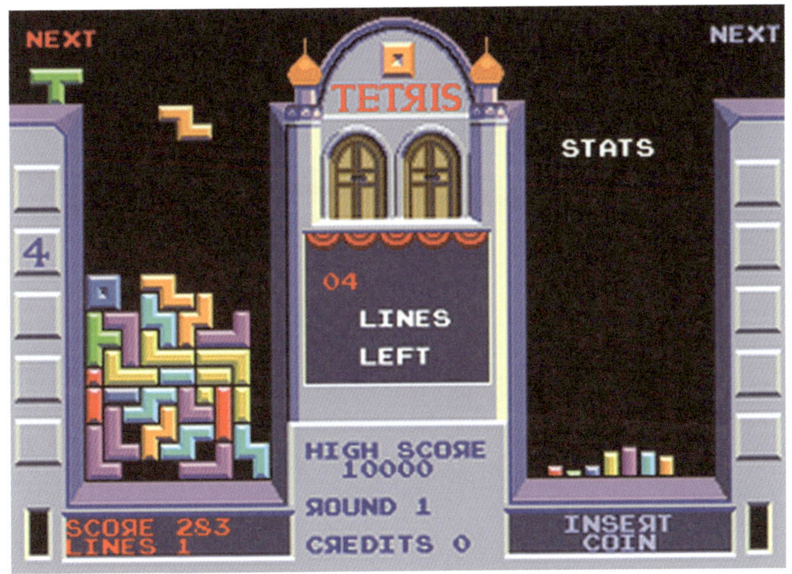

알렉세이 파지노프가 만든 테트리스

2016년까지도 PC, 아케이드, 온라인에서 다양한 버전으로 사랑 받고 있다. 전통 퍼즐 게임인 펜토미노를 개량해서 만들어진 테트리스의 게임 규칙은 다음과 같다. 다양한 모양의 벽돌을 쌓아 한 라인이 벽돌로 채워지면 해당 라인이 사라진다. 쌓인 벽돌의 높이가 새로 제시되는 벽돌까지 도달하지 않도록 라인을 없애는 것을 목적으로 한다. 플레이어에게 가능한 조작은 벽돌을 90도씩 회전시키는 것과 벽돌 위치를 좌우로 움직이는 것. 테트리스는 스테이지 개념을 도입해 스테이지가 뒤로 갈수록 벽돌이 자동으로 내려오는 시간이 급박해지고 장애물까지 관여하는 등 레벨 디자인을 잘 활용한 게임이다. 테트리스 고수는 거의 중력가속도로 낙하하는 벽돌들을 손이 안 보이는 정도로 조작해 채워넣는 신기를 보여준다.

레밍즈

북유럽 나그네 쥐들의 집단 자살을 모티브로 제작된 레밍즈는 퍼즐 액션 게임의 새로운 개념을 제시하였다. 1991년 스코틀랜드 제작사 DMA디자이노(현 락스타 노스)가 PC 게임으로 내놓은 레밍즈는 현재까지도 PC 유저들의 시간을 뺏고 있는 작품이다. 모티브인 나그네 쥐 무리처럼, 무작정 앞으로 전진하기만 하는 레밍즈들을 최대한 살려서 목적지까지 도달시켜야 하는 게임이다. 문제는 레밍을 조작할 수 있는 방법이 없다. 레밍들은 컨트롤 대상이 아니다. 무조건 앞으로 전진하기만 할 뿐. 그렇다면 이 멍청한 쥐들을 살리려면 어떻게 해야 할까?

레밍이 아니라 레밍들이 이동하는 공간을 조작하는 것이 게임의 규칙이다. 플레이어는 8가지의 도구를 사용하여 제한시간 내에 지형을 변화시켜 레밍들을 죽음에서 구해야 한다. 스테이지마다 살려야 하는 레밍들의 수와 레밍 생존률 목표가 제시되며 목표를 달성하지 않으면 클리어할 수 없다. 8가지의 도구마다 사용 횟수가 정해져 있으므로 시행착오를 수없이 겪으면서 적절한 행동 순서를 실수없이 조작해내야 하는 작품이다. 레밍즈는 디펜스 게임의 탄생에도 지대한 영향을 미친 작품이다. 지형변화를 통해 레밍을 살리는 게임이 레밍즈라면, 디펜스 게임은 목표 장소 주변에 각종 무기를 설치해 진군하는 괴물 무리들을 몰살시켜야 클리어할 수 있다는 점에서 목적은 정반대지만, 움직이지 않는 대상을 조작해 움직이는 장애물을 극복한다는 컨셉은 동일하다.

휴대용 퍼즐 게임

퍼즐 액션 게임은 휴대용 게임기의 등장과 더불어 수요를 확대해 나간다. 메이드 인 와리오 시리즈는 엄청난 수의 미니게임 모음집으로 구성된 작품이다. 휴대용 게임기 GBA와 후기기종인 닌텐도 DS로 발매된 메이드 인 와리오의 컨셉은 '최단', '최속', '최다'다. 모든 미니게임은 시작하기 직전 한 가지 지령을 보여준다. 만져라! 돌려라! 뛰어라! 숙여라! 등 플레이어가 취해야 할 조작행위를 제시해주고 게임을 진행시키는 형식이다. 게임당 5초 남짓이면 클리어 혹은 실패가 결정나고 바로 다음으로 넘어가기 때문에 기민하게 반응하지 않으면 당황할 수 있다. 깊게 생각하면 밀려오는 미니게임의 홍수에 당황하다가 어느새 게임오버가 되어 버리기 때문에, 직관적으로 시각 정보를 판단하고 캐릭터를 조작해 상황을 극복해야 한다. 누구나 쉽게 접하고 클리어 할 수 있는 것이 특징이며, 미니게임이 임의선택 방식인데도 진행이 상당히 빠르므로 미묘한 스릴감이 있는 것도 묘미라 할 수 있다.

남코의 미스터 드릴러 시리즈도 퍼즐액션 시스템으로 사랑 받았다. 종(縱) 스크롤이지만 진행방향이 위쪽이 아닌 아래쪽인 퍼즐 액션 게임이다. 땅을 파면서 장애물을 극복하는 참신한 컨셉으로 지하로 내려가는 설정이다. 내려갈수록 산소는 줄어들고, 줄어가는 산소를 보충하기

남코의 미스터 드릴러

위해 중간중간 산소캡슐을 먹고 떨어지는 블럭을 피해 정해진 목표까지 파내려가는 것이 게임의 목적. 저연령층과 여성층이 혹할만한 아기자기한 컨셉 디자인의 게임처럼 보이지만 복잡한 블록 패턴과 점점 소진 속도가 빨라지는 산소의 압박, 파괴할 수 없는 X블럭의 존재 때문에 어렵기로 유명한 게임이기도 하다.

모바일 디바이스의 도래와 함께 퍼즐 액션은 제2의 전성기를 구가하게 된다. 제작 난이도가 낮으며 자극적인 요소가 없어 전 연령층에 어필할 수 있는 데다 연속성이 적어 캐주얼 게임으로 최적화된 퍼즐 액션 게임은 온라인 SNS를 통해 경쟁을 유도함으로써 중독자들을 양산하고 있다.

퍼즐 액션이 추구하는 재미의 본질은 무엇일까. 다시 타격 메커니즘 이야기로 돌아가 보자. 고된 일에 시달리면서도 주말마다 어렵게 운동장을 빌려 돈을 써가며 장비를 구입하고 팀을 만들어 시합을 벌이는 수많은 사회인 야구팀 선수들은 스트레스를 받으면서도 왜 경기를 뛰고자 할까. 투수가 던지는 공을 배트에 정타로 맞췄을 때의 짜릿한 손맛에 도취되기 때문이다. 배트에 공을 맞춰 안타나 홈런을 만들 때의 희열에 맞먹을 쾌감은 많지 않다.

머릿속에 그린 대로 신체가 움직여서 원하는 순간 목표를 달성했을 때의 쾌감. 중독성 강한 재미이자 퍼즐 액션 게임이 추구하는 즐거움의 정수다. 평소 인간의 신체는 생각하는 대로 움직여 주지 않으며 비슷한 동작을 취해 타협점을 찾는다. 바늘구멍에 실을 끼우는 것은 쉽지 않은 것이므로 실이 바늘에 쏙 들어갈 때 기분이 좋아진다. 협응력 미션에 성공할 때 희열이 발생한다. 퍼즐 액션 게임은 신체 움직임을 컨트롤러의 조작으로 단순화시킨 협응력 미션이다.

퍼즐 액션은 꾸준히 관심 받을 수밖에 없는 유형의 게임이다. 자극과 반응이라는 기본 공식에만 따른다면 누구나 가볍게 즐길 수 있고, 협응력이 받쳐준다면 고난도 플레이까지 가능한 게임이기도 하다. 게임을 클리어 하는 것뿐만 아니라 '얼마나 잘 클리어 하는가'가 중요 요소인 게임이기에 반복 플레이 할 가치도 충분한 게임 유형이다.

04 Simple is cute
캐주얼 액션 게임

반려동물과 캐릭터 상품

반려동물 산업은 성장을 거듭하고 있다. 1인 가구의 증가와 역대 최저 출산율 시대를 반영하는 측면도 있지만, 반려동물에 대한 관심이 확산되고 있다는 사실은 분명하다. 반려동물 산업 못지 않은 성장세를 보이는 캐릭터상품 산업은 문화콘텐츠의 인기에 편승해 수익성 높은 산업으로 각광받고 있다.

반려동물, 캐릭터 산업을 관통하는 키워드는 '귀여움'이다. 인터넷과 방송가를 잠식하다시피 했던 귀요미송이라던가, 일본에서 한국으로 전파된 게임 캐릭터의 대사 '니코니코니' 등 뚜렷한 맥락 없이 귀여움을 연출하는 제스처나 후크송이 유행하는 추세다. 현대인들은 귀여움에 쉽게 반응한다.

진화심리학 연구에 따르면 개인 편차가 심한 아름다움의 기준―미(美)와 추(醜)―과는 달리 귀여움을 느끼는 기준은 성별, 국적, 연령, 문화적 배경을 막론하고 유사하다. 귀여움은 인류 보편적인 감정 메커니즘이라 할 수 있다.

귀여움은 종을 넘어

귀여움의 보편성은 인류에 국한되지 않는다.

고릴라 코코와 애완고양이 'All ball'의 사례를 보자. 1984년, 아기고양이 All ball을 만난 코코는 고양이를 애지중지하며 돌보고 키웠다. 고양이 장난감까지 직접 고르며 정성을 들였으나 코코의 애완 고양이는 교통사고로 사망하고 만다. 코코는 극심한 스트레스로 우울증에 빠지기도 하였다. 다른 고릴라의 경우 그림을 보여주며 갖고 싶은 것을 고르도록 유도했는데, 고릴라는 바나나와 사과를 포기하고 아기고양이를 선택했나. 아기고양이를 주자 고릴라는 자식처럼 아끼고 사랑했다. 고릴라뿐만 아니라 새끼원숭이를 데려다 기른 표범이 다른 표범의 공격으로 원숭이가 죽자 화를 내며 덤벼든 사례도 보고된 바 있다. 정글북이나 타잔이 비현실적인 설정이라고만은 할 수 없다.

종(種)에 따라 미추의 기준은 다르지만, 귀여움을 느끼는 메커니즘은 종마저도 초월할 만큼 보편적이다. 이 정도로 보편적인 감정은 공포밖

고릴라 코코와 애완고양이 (사진: Ron Cohn)

에 없다. 귀여움은 생존과 연결된 공포에 버금갈 만큼 강력한 셈이다.

귀여움 메커니즘의 보편성과 강력함을 알게 되면 연원에 대해서도 관심이 갈 수밖에 없다. 왜 귀여움을 느끼는가? 왜 귀여움은 보편적인 감정인가.

아기 도식

오스트리아 동물행동학자 콘라트 로렌츠(1903~1989)는 '귀여움 이

아기 도식 이론 (영국 링컨 대학)

론'을 주창했다. 그는 귀여움 이론을 '아기 도식(babu schema)'로 정리했다. 로렌츠는 비교 실험을 통해 사람들이 귀엽다고 생각할 만한 요소가 무엇인지를 탐구하여 아기의 특징이 귀여움 유발하는 데 보편적 특성을 가졌다는 결론을 도출했다. 아기는 작은 몸, 큰 머리, 둥근 얼굴, 큰 눈, 작은 코, 통통한 팔다리를 가지고 있다. 이런 특징을 가진 아기를 보면 보호하고 싶은 마음을 느끼게 된다. 귀여움을 느끼는 본능은 영장류·포유류·조류 등에게서 공통으로 발견된다.

아기 도식 이론을 발달 연구 관점에서 실증 연구한 사례도 흥미롭다. 영국 링컨 대학 진화 및 발달 연구 그룹 소속인 마르타 보르기 교수와 커스틴 메인츠 교수는 아기 도식을 경험한 성인들은 더 귀여운 특성의 아기를 찾는다는 사실을 기반으로 시각적 선호가 아주 어렸을 때부터 발생한다는 가설을 증명하려 했다. 실험에 참여한 어린이들은 종에 상관없이 아기 특성이 강한 사진에 큰 관심을 나타냈다. 아기 도식에 근접한 외모를 가질수록 관찰자로부터 보호 및 부양 행동을 촉진시키는 반면 공격성은 저하시킨다. 일정시간 성체의 보호 없이 생존하기 어렵고 개체수가 많지 않은 포유류나 조류는 아기 도식을 자극해 양육 행동을 불러일으키는 쪽으로 진화함으로써 개체군의 다른 성체, 심지어 다른 개체군으로부터 보호를 받을 가능성을 높인다. 귀여움이란 동물의 집단적 개체 생존 메커니즘이며 유전자에 본능으로 각인되어 있다는 것이다.

귀여움 메커니즘의 발달

인간은 귀여움에 유독 민감하게 반응한다고 한다. 전중환 경희대 진화심리학 교수는 "인류는 공동생활을 영위하면서 자식뿐 아니라 손자·조카·동생 등까지 돌봐야 했기 때문에 아기의 기본 특성만 가져도 귀여움을 느끼도록 진화했다"며 "이런 성향은 개·고양이·판다·펭귄 같은 동물의 새끼에게까지 귀여움을 느끼는 반응으로 이어진다"고 정리했다. 귀여움 반응은 생명체에게만 나타나는 것이 아니다. 전 교수는 "풍선에 눈·코·입만 그려 넣어도 사람들은 무의식적으로 아기 모습을 떠올리고 귀여움을 느낀다"고 주장했다. 다른 사람의 아기나 동물 새끼는 물론, 귀여운 모양의 무생물까지 사랑할 만큼 인간의 귀여움 본능은 강렬하게 진화했다.

사람이 반려동물에 빠져드는 이유도 유사한 맥락이다. 반려동물들은 성체가 되어도 새끼 때의 외모적 특징을 간직하고 있다. 귀여움이 주는 즐거움은 맛있는 음식을 먹거나 쾌감을 느꼈을 때와 쾌감과 동일한 수준의 즐거움을 유발한다. 대상을 귀엽다고 인식하고 나면 적대감을 가지기 어렵다는 것이다.

캐릭터 메이킹

'움직임'을 다루는 액션 중에서 단순화·간략화된 움직임과 캐릭터를 주 소재로 하는 것이 캐주얼 액션 게임의 특징이다. 단순화·간략화된 캐릭터와 움직임은 귀여움 도식을 통해 플레이어의 흥미를 유발한다.

아기 도식에서 언급했던 아기 외형의 특성을 정리해 보자. 큰 머리, 작은 신체, 정면을 향하는 큰 눈, 둥글고 통통한 몸매 등이다. 초창기 미키 마우스와 현재의 미키 마우스 캐릭터가 어떻게 변했나를 비교해 보면 월트 디즈니 사가 아기 도식의 철칙을 따르기 위해 노력해 왔음을 알 수 있다. 초창기 실물 쥐의 외형을 '인간화'한 미키 마우스 외형의 경우, 가느다란 팔과 다리, 앞으로 튀어나온 주둥이, 작은 눈 등 최근 둥글둥글해지고 눈이 커진 미키 마우스와는 차이가 크다.

미키 마우스 외형의 변화는 귀여움을 연출하기 위한 캐릭터 메이킹의 변천사이기도 하다. 캐릭터 비율과 이목구비 비율을 변경함으로써 귀여운 캐릭터를 탄생시키려는 시도를 SD화, 혹은 치비(ちび: 꼬마)라고

한다. SD(Super Deformed)란 캐릭터의 머리를 크게 만들어 머리와 상반신, 하반신 비율을 유사하게 조정하는 기법이다. 미술 표현방식에서 활용되는 데포르메(deformation: 변형, 기형)에 일본식 조어인 'super'를 붙여 만든 용어로서 게임 분야에서는 건담을 데포르메한 SD건담이 시초다.

일본 캐릭터 산업에서 인기상품인 넨도로이드의 예를 보면 캐릭터의 치비화는 강화되는 추세다. 3등신이 아니라 2~2.5등신 피규어까지도 인기를 얻고 있다. 아기 도식에 충실한 상품기획으로써, SD화 혹은 치비화는 귀여움에 관계되는 요소를 강조하고 나머지 부분에 대해서는 간소화를 추구한다. 마블 스튜디오의 아이언맨조차 귀여움을 연출하는 캐릭터 상품으로 만들어지고 있다는 것은 과거 유소년들을 타겟으로 한 동화적, 목가적 콘텐츠에서 활용했던 SD 캐릭터 메이킹이 범위를 넓혀 캐릭터 메이킹 전반에 영향을 미치고 있는 시대가 왔음을 시사한다.

움직임의 간략화

캐릭터의 단순화·간략화란 아기 도식에 따라 캐릭터를 해체, 재조립하는 작업을 의미한다. 캐릭터가 보여주는 움직임 역시 게임에서 느낄 수 있는 귀여움에 기여한다. 단순화·간략화된 움직임이란 무슨 의미이며 단순화된 움직임은 왜 귀여움과 연결될까?

1988년 쿠마가야 연구소에서 제작한 뉴질랜드 스토리는 2D 액션 게임으로서 소위 '도트 노가다'로 불리는 그래픽 수작업을 통해 귀여움을 추구했다. 진행 방식은 미로 게임의 전형이라 할 수 있지만, 뉴질랜드의 국조(國鳥)인 키위새를 모토로 만든 티키(Tiki)의 외형이 매우 귀여워서 어려운 난이도에도 불구하고 여성 유저의 관심을 모으는 데 성공했다. 뉴질랜드 스토리는 2D 캐주얼 액션 게임의 모범적인 캐릭터 메이킹으로 귀여운 외형뿐 아니라 동작의 귀여움에도 심혈을 기울였다.

2D 액션 게임의 혁명이자 플랫폼 액션 게임의 토대를 다진 슈퍼 마리오 시리즈에서 마리오의 움직임은 단순화·간략화의 바람직한 표본이다. 점프 액션을 보여주는 플랫폼 액션 게임(3D 포함)에서는 마리오 시리즈의 액션 조작감을 참고한다. 게임 슈퍼마리오를 상징하는 액션은 '점프'다. 마리오 시리즈에서 플레이어는 버튼을 눌러 점프 조작을 할 수 있다. 마리오의 점프는 상하 이동의 역할뿐 아니라 장애물 극복, 적 캐릭터 공격, 스코어링까지 담당하는 만능 액션이었다.

쿠마가야연구소의 뉴질랜드 스토리

액션 게임 역사에서 마리오의 점프 액션이 가지는 움직임의 아기 도식과 같다. 의지를 가지고 움직이는 생명체는 여러 동작을 취할 수 있다. 인간은 걷고 뛰고 앉고 서고 눕는 것 이외에 먹기도, 비스듬히 눕기도, 물구나무서기도, 매달리기도, 엎드리기도 한다. 세부적인 움직임까지 염두에 둔다면 실제 사람이 취할 수 있는 움직임의 종류는 무한히 많다. 하지만 게임 캐릭터는 실제 인간의 모든 동작을 재현할 수 없다. 같은 팔 구부리기도 방향과 각도에 따라 미세한 차이가 있고 각각 다른 동작이다. 플레이어의 조작을 통해 캐릭터가 구현할 수 있는 동작은 일부이며, 대표성을 띤 움직임만을 선택 설정해 놓은 것이다. 플레이어가 마리오를 통해 구현할 수 있는 동작은 좌우 이동과 점프, 앉기뿐, 마리오는 눕거나 엎드리거나 만세를 부를 수 없다. 마리오는 인간의 동작 중 단 네 가지만을 단순화·간략화시켜 움직임을 구현한 것이다.

그러나 마리오의 움직임이 사람의 동작을 축소 모방한 것이기만 한가? 그렇지 않다. 단순화·간략화를 통한 SD화란 축소 모방과는 다르다. 머리 비율을 강조하고 나머지 부분을 축소하는 것처럼, 마리오의 액션 역시 실제 움직임보다 강조되기도 한다. 점프 액션이 그렇다. 마리오의 점프는 인간의 점프와는 다른 움직임으로 보아야 한다. 중력가속도의 영향력 때문에 올라갈 때의 위치에 비례해 가속력을 받아 낙하하는 인간의 신체와는 달리, 마리오 월드에서의 중력법칙은 다르다. 마리오는 키보다도 높이 점프할 수 있으며, 점프 중에 방향 선회가 가능하고 점프 후 낙하속도가 '일정'하다. 실제 높은 곳에서 낙하하는 물체는 가속도의 영향으로 점점 빨라지는데 비해, 마리오는 초기 속도부터 느린데다 등속으로 낙하한다.

캐릭터 메이킹에서 머리와 이목구비를 '강조'한 것과 같이, 마리오의 점프는 강조된 것이다. 플레이어가 게임성을 느낄 수 있는 유일한 조작이기에 점프의 조작성을 극대화하기 위해 마리오의 점프는 실제 점프와 다른 차원으로 강조되었다.

세가에서 제작한 소닉 더 헤지혹 시리즈의 경우 후발주자인 소닉 더 헤지혹은 액션 게임으로서의 요소가 더욱 확실했다. 소닉 디렉터 나카 유지는 마리오와의 차별화를 위해 새로운 움직임 컨셉을 잡는다. '속도감 있는 원버튼 플레이'였다. 기본 이동 속도가 빠른데다 레버 입력시간에 따라 가속도가 붙는 소닉은 속도가 일정 수준을 넘어서면 갈기털이 온몸을 감싸고 고슴도치처럼 웅크려 푸른 공 모양이 되어 돌진하게 된다. 소닉의 '돌진'은 마리오의 '점프'에 대응하는 핵심 요소였으며, 차별화를 통해 마리오의 아류작이 아니라 독자적 게임성을 지닌 캐주얼 액션 게임으로서의 위치를 공고히 했다.

아케이드 강세

아기 도식에 충실한 캐릭터 메이킹과 간략화된 움직임을 모토로 하는 캐주얼 액션 게임의 조류는 특히 아케이드 게임(오락실 게임) 쪽에서 강세를 보였다.

1986년 타이토가 제작한 버블보블은 플레이어가 조작하는 버블 드래곤 두 마리가 비누방울을 쏴서 괴물들을 비누방울 안에 가둔 뒤 터뜨리면서 진행한다. 직관적 게임성을 가지고 있으며 2인 동시 플레이가 가능하고 무엇보다 플레이어블 캐릭터뿐만 아니라 적 캐릭터들까지도 SD화된 귀여움을 자랑해 남녀노소 가리지 않고 인기를 끌었다. 일본 게임사에서도 최초로 여성 유저들을 게임센터로 유인한 게임으로 꼽힐 만큼 파장이 컸다.

액션 게임의 강자 캡콤 역시 1987년 록맨 시리즈를 히트시켰다. 기계인간 록맨을 주인공 캐릭터로 내세운 초창기의 록맨 시리즈는 퍼즐 액션 게임의 성격을 띠고 있었으나, 시리즈가 거듭될수록 퍼즐 액션의 면모는 사라지고 회피와 공격이 주를 이루는 플랫폼 액션처럼 변화되었다. 주인공 캐릭터 록맨의 핵심은 '능력 흡수'였다. 록맨 시리즈의 게

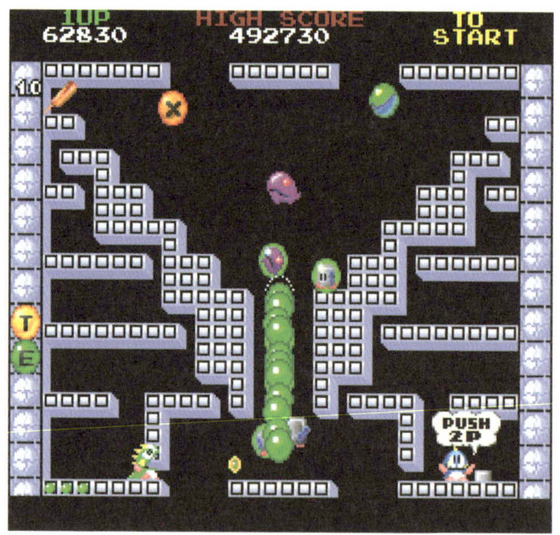

타이토의 버블보블

임성은 각 스테이지의 보스를 격파하면 보스의 능력을 흡수해서 갈수록 다양한 액션을 제공한다는 것이다.

캐주얼 액션의 향배

캐주얼 액션 게임은 3D 액션 게임 전환기에도 3D 포맷으로 위력을 발휘했으며, 각진 3D 폴리곤 캐릭터를 통해서도 귀여운 캐릭터와 간략화된 액션이 통용될 수 있음을 보여주었다. 3D 캐주얼 액션의 토대를 다진 동시에 게임 제작 역사상 가장 퀄리티가 높다고 평가받은 작품은 닌텐도의 '젤다의 전설: 시간의 오카리나'다. 액션 어드벤처 게임으로 출시되었지만 3D 캐릭터 액션의 기본을 제시한 작품이다. 마리오의 아버지 미야모토 시게루는 시간의 오카리나 캐릭터 시점의 Z축과 록온 시스템을 성공적으로 도입함으로써 또 하나의 성공신화를 이어나갔다.

모바일 시대에서도 캐주얼 액션 게임의 기세는 식을 줄 모른다. 카카오톡 기반 게임인 쿠키런 역시 캐릭터 디자인과 액션 간략화가 돋보이는 캐주얼 액션 게임으로 인기 게임 반열에 올랐다.

아케이드, 콘솔, PC와 모바일 기반에서 다양한 캐주얼 액션 게임들의 특징을 이야기하였다. 공통점은 캐릭터 디자인과 액션의 단순화·간략화를 통해 유저의 무의식에 각인된 아기 도식을 자극해 관심을 유발한다는 것이다. 게임 캐릭터의 외형과 움직임을 체험하면서 느끼는 귀여움이야말로 캐주얼 액션 게임이 가진 재미의 본질이다.

또 하나의 공통점을 꼽자면 캐주얼 액션 게임들이 만만찮은 난이도

데브시스터즈의 쿠키런

를 가지고 있다는 것이다. 단순화된 캐릭터와 간략화된 움직임으로 자아내는 귀여움의 지속력이 길지 않음을 염려한 조치인지, 아니면 게임의 볼륨이 크지 않다는 단점을 어려운 난이도로 보완하려는 의도인지는 확실하지 않으나, 캐주얼 액션 게임을 정의할 때 '보기보다 쉽지 않은 난이도'라는 특징을 넣어도 될 만큼 어려운 게임에 속한다.

05 페이크 다큐멘터리
리얼리티 액션 게임

17 대 1

소수가 격투전으로 다수를 제압하는 것은 역사적으로 꽤 오래된 비전이다. 한국에서는 구체적인 다수 측의 수까지 지정하고 있다. 17 대 1은 히세일 뿐일까? 혹시 가능하진 않을까. 일반인들이 알지 못하는 신체단련의 비술(秘術)을 통해 혼자 17명을 제압한 경우가 없었을까.

2010년 9월 네팔에서 기차를 타고 있던 승객 한 명이 총칼로 무장한 강도단을 완전히 제압한 사례가 실제로 있다. 강도단의 인원수는 17명도 아니고 무려 40명이었다.

2010년 9월 2일, 막 퇴역한 구르카 병사 비슈누 쉬레스타는 열차를 타고 집으로 돌아가고 있었다. 열차가 한밤중에 정글 지역을 지나갈 무렵 총과 칼, 몽둥이와 장검으로 무장한 40여 명의 떼강도가 들이닥쳐서 승객들을 털기 시작했다.

비슈누는 강도들이 지갑과 핸드폰 등 소지물을 털 때까지는 지갑을 뺏기면서도 조용히 참아 넘겼다. 하지만 강도단 두목이 18세 소녀를 부모가 보는 앞에서 강간하려 들자 참지 않았다. 쿠쿠리(구르카 용병들이 사용하는 유명한 단도. 휘어진 모양으로 유명하다)를 뽑은 비슈누는 강도 두목을 제압해 인간방패로 삼고, 장검을 든 강도를 쿠쿠리로 베어 넘겼다. 다른 강도 하나가 소녀를 인질로 삼아 칼로 찌르려 하자 단숨에 그 강도를 처치하고 두목의 목을 베어 죽였다. 이후 20여 분 간 칼을 들고 싸움을 벌여 세 명을 죽이고 열차 통로를 따라 도망가는 나머지 인원들을 추적하면서 여덟 명 이상에게 중경상을 입혔다. 살아남은 강도들은 겁을 먹고 약탈품을 버려둔 채 달아났다.

'디지털 시대의 가상현실'에 대해 논한 피에르 레비는 가상과 실재, 현실의 관계성이 가지는 의미를 구분하였는데, 레비의 이론을 토대로 쉬레스타 사례를 해석해 볼 수 있다. 레비에 의하면 실재는 물질적 구현, 만질 수 있는 존재를 가정하므로 사례에서 실재에 해당하는 요소는 일상적 움직임이다. 용감한 쉬레스타를 제외하면 일반인의 움직임으로는 다수를 제압할 수 없다. 쉬레스타의 사례가 제시하는 바는 인간의 움직임에는 다수를 제압할 수 있는 가능성이 내재되어 있다는 것이다. 레비의 정의에 의하면 가상은 환상, 잠재된 힘의 상태로 존재하는 것이기에 쉬레스타의 사례를 통해 인간은 움직임을 통해 다수를 제압할 수도 있다는 가상성이 있다고 볼 수 있으며, 쉬레스타는 가상을 현실로 증명하는 데 성공했다. 비슈누 쉬레스타는 인간의 움직임이 가질 수 있는 잠재적 역량을 현실화한 것이다.

사실성 극대화 – 리얼리티 액션의 본질

실제 인간 움직임에 내재된 가상의 현실화는 리얼리티 액션 게임이 제공하는 재미의 본질에 닿아 있다.

리얼리티의 핵심은 사실성이다. 리얼리티 액션 게임은 액션의 리얼리티를 추구하는 게임이자 사실적 움직임을 전면에 내세우는 액션 게임이다. 캐주얼 액션 게임에서 움직임을 간략화·단순화시켜 귀여움 도식을 내세우는 데 비해 리얼리티 액션 게임은 현실의 사건, 배경, 물리법칙을 그대로 적용하고자 한다. 현실을 모사해서 게임공간에 구현한다는 점에서 시뮬레이션 게임의 전제와도 일맥상통한다.

리얼리티 액션 게임유저는 까다롭게 게임을 평가하는 고객이다. 리얼리티 액션 게임유저는 사실성에 심취하는 성향이 있기에 세밀한 요소에 민감하다. 객관적인 비교 준거 '현실세계의 세부 정보'가 존재히기 때문이다. 리얼리티 액션 게임유저들에게 잘 만든 게임이란 '실재하는 세부 정보를 극도로 디테일 하게 구현한 게임'이다. 게임화면의 그래픽 수준을 중시하는 성향도 심한 편이다. 그래픽 수준이 뛰어날수록 게임에 등장하는 인물과 사건, 사물 표현이 보다 사실적으로 보일 수

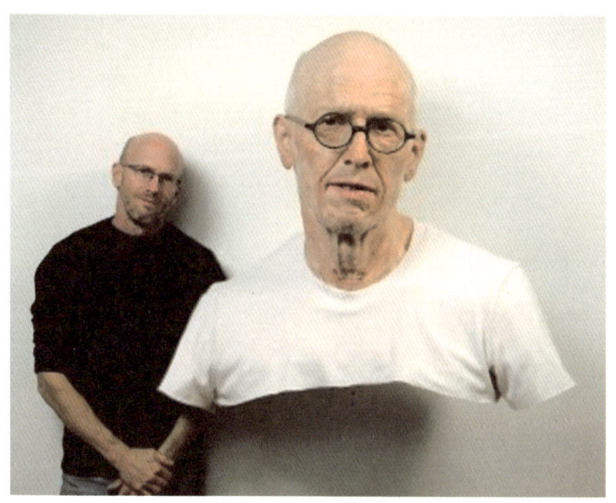

극사실주의 작가 이반 페니

있기 때문이다.

　리얼리티 액션 게임의 특징은 복잡한 조작성이다. 사실적 움직임을 모토로 한다면, 다양한 움직임을 조작할 수 있어야 하므로 조작법에 튜토리얼이 필요한 수준이 된다. 게임 화면은 사실적이되 조작방법은 직관적이지 않다. 반면 게임 난이도는 캐주얼 액션 게임에 비해 낮은 편이다. 실제 움직임에는 제약이 있기 마련이므로 액션 게임 특유의 역동적인 게임성을 살리려면 난이도를 높게 설정할 수 없기 때문이다. 때문에 리얼리티 액션 게임은 진입 장벽은 높은 대신 클리어 하기 쉬운 특징을 가지고 있으며, 진입 장벽은 낮은 대신 갈수록 어려워지는 캐주얼 액션 게임과 차이를 보인다.

로토스코핑과 모션 캡처

리얼리티 액션 게임의 지평을 열었다고 볼 수 있는 게임은 페르시아의 왕자이다. 1989년 브로드번드 사가 PC용으로 제작한 페르시아 왕자의 특징은 로토스코핑이다. 로토스코핑은 사람의 움직임을 카메라로 찍은 후 프레임별 애니메이션화로 옮겨 그리는 기법이다. 맥스 플라이서(Max Fleischer)가 처음으로 이 기법을 선보였으며, 1938년 제작된 월트 디즈니의 〈백설공주〉에서 활용되기도 했다. 제작자 조던 메크너는 전작 카라테카(로토스코핑을 적용한 카라테 게임)의 요소를 계승해 페르시아의 왕자에 등장하는 모든 움직임을 로토스코핑으로 설계했다.

3차원 움직임을 모사하는 기법이 모션 캡처라면, 3D가 도입되기 전 2D 게임에서는 실제 움직임을 모사하기 위해 로토스코핑을 활용했다. 사실적 움직임을 2D 애니메이션으로 구현할 때 로토스코핑은 가장 확실한 방법이다. 로토스코핑을 적용한 작품은 현 시대 기준으로 봐도 '움직임'이라는 측면에서는 손색이 없을 정도로 부드러운 움직임을 구현해낸다. 조던 메크너는 친동생에게 캐릭터와 비슷한 복장을 입히고 갖가지 동작을 취하게 한 후, 8밀리미터 카메라에 찍어 프레임별로 동작을 입력시켰다. 덕분에 1989년 동시대 발매된 액션 게임들 중에서는 독보적으로 현실과 유사한 부드러운 움직임을 구현했다. 달리기, 점프, 매달리기, 기어오르기, 앉아서 이동, 체력회복을 위한 항아리 마시기에서 칼을 꺼내고 집어넣는 동작까지. 플레이어는 다양한 동작들이 자연스럽게 구현되는 왕자를 조작하여 캐릭터가 죽는 장면에서조차 리얼리

브로드번드의 페르시아의 왕자

티를 느낄 수 있었다.

페르시아의 왕자는 3D 시대에 후속작이 이어졌으나, 2D 액션 특유의 느린 속도감이 3D 액션에서는 사실성을 저해하는 액션 요소로 인식되어 실패하고 말았다. 한편 페르시아 왕자 스핀오프 기획인 어쌔신 크리드 시리즈가 성공을 거둔다. 시리즈 후반으로 갈수록 캐릭터 움직임에는 리얼리티가 결여된다는 비판을 받기도 했지만, 어쌔신 크리드는 획기적인 시도를 통해 가상 세계의 사실성을 추구했다. 플레이어가 조종할 수 없는 캐릭터인 NPC(Non-Playable Character)들을 역동적으로 구현함으로써 군중 속에서 임무를 수행하는 암살자의 입장을 재현하려 했던 것이다. 주인공 캐릭터가 아닌 비조작 캐릭터들의 존재와 움직임에 디테일을 구현함으로써 리얼리티를 연출한 어쌔신 크리드는 잠입 액션 게임에 신선한 반향을 가져왔다.

잠입 액션 게임의 대표인 메탈기어 시리즈도 액션의 사실성을 추구했다. 영화 같은 게임 연출로 유명한 프로듀서 코지마 히데오의 출세작 메탈기어 시리즈는 1987년 람보 2의 일본 인기를 배경으로 인기 하드웨어 MSX에서 개발될 예정이었다. 하지만 MSX의 낮은 성능으로는 실제 전쟁처럼 화면 안에 다수 개체들의 움직임을 역동적으로 구현할 수 없었다. 차선책으로 채택되었던 기획이 총탄과 적병이 많이 등장하지 않아도 되는 잠입 액션을 컨셉으로 개발하는 것이었다. 메탈기어는 잠입 액션이라는 신선한 기획 컨셉과 더불어 실제 전쟁 및 첩보 활동에 활용되던 무기와 소품, 움직임을 구현함으로써 기술력을 넘어선 사실성을 추구하였다.

세계를 제패한 FPS

영화 〈아저씨〉의 클라이맥스 액션 씬에는 나이프 파이팅을 벌이는 주인공 시점으로 카메라가 흔들리도록 연출되는 장면이 있다. 나이프 파이팅 당사자의 시점으로 생생한 사실적 액션을 연출하기 위한 시도였다. 길지 않은 액션 시퀀스지만 눈앞에서 자신을 상대로 칼을 휘두르는 화면을 보며 관객들은 현실감을 느끼게 된다.

누구나 1인칭 시점으로 세상을 체험하기에 게임을 통해 가상을 실재와 가장 유사한 현실로 구현하려면 1인칭 시점의 사실성을 제공해야 한다. FPS(First Person Shooter)의 매력이다.

현 업계는 FPS의 전성기라 할 수 있다. FPS란 3차원 공간을 게임 내

캐릭터의 시점으로 구현하며 주로 원거리 무기로 살상을 노리는 게임
이다. 캐릭터의 1인칭 시점이기 때문에 플레이어는 자기 캐릭터의 손,
간혹 발밖에 시야에 들어오지 않는다. 손발의 현란한 움직임을 통한 근
접 액션을 구현하려면, 신체의 격렬한 움직임 때문에 마구 흔들리는 시
야를 구현해야 사실적이다. 시야가 흔들리면 사실적인 액션이라 해도
플레이가 인식하기 어려울 뿐더러 어지러움증, 소위 3D 멀미를 유발
시킬 수 있다. 때문에 1인칭 액션 게임에서는 시야를 안정적으로 확보
할 수 있는 원거리 무기 기반 FPS가 발달할 수밖에 없다.

FPS 발전사

본격적인 FPS 장르의 확립은 1992년 울펜슈타인 3D를 통해 시작되
었다. 80년대 애플용 2D 액션게임이었던 캐슬 울펜슈타인과 비욘드 캐
슬 울펜슈타인을 이드 소프트웨어에서 FPS로 재구성한 작품이 울펜슈
타인 3D. 원래 퍼즐 어드벤처 요소를 가진 원작의 요소들을 반영할 예
정이었으나, PC 사양의 한계로 총기액션 게임으로 정체성을 확립했다.
FPS 원형격 작품으로서 총기의 사실적 타격감과 당시로서는 격이 다른
그래픽 표현으로 흥행에 성공한다. 울펜슈타인 3D의 게임 공간은 평면
구조로 되어 있어 위나 아래의 개념이 없다. 스테이지 구성이 사각형
구조로 되어 있어 통로나 벽도 네모난 것밖에 존재하지 않는다. 제목은
3D지만 실제 게임방식은 2D에서 벗어나지 못한 것이다. 하드웨어의
한계와 더불어 소프트웨어 기술 역시 본격 3D 액션을 구현하기에 부족

했던 현실 탓으로 보인다. 하지만 울펜슈타인 3D는 기존 액션게임보다 빠르고 사실감을 부여한 움직임을 통해 유저들을 몰입시키는 데 성공함으로써 '둠'으로 이어지는 FPS 열풍의 견인차가 된다.

1993년 둠 시리즈의 첫 작품이 선보인다. 둠 시리즈는 2D 게임이나 원시적 3D 게임들이 주류였던 시절 혁신적 3D 그래픽을 선보이며 충격을 주었으며, 네트워크 대전을 지원하여 멀티플레이의 대중화를 이끌었다. 둠 시리즈 기획자 존 카멕은 울펜슈타인 3D에 비해 빠른 렌더링 속도와 높낮이 표현, 텍스처 매칭 적용 등을 목표로 '둠 엔진'을 개발한다. 그는 둠 시리즈를 통해 FPS의 기본 시스템을 완성시킨다. 다양하고 개성있는 무기, 시점 높이 수정, 배경 높낮이 조정을 통한 시야 제한, 전방위적 텍스처 매칭이 구현되어 FPS의 아버지로 평가받는다.

둠은 발매 직후 대학교나 회사를 중심으로 폭발적인 인기를 얻었으며, 네트워크 트래픽이 폭주하여 사내 회선을 마비시키거나 업무에 지장을 초래할 정도였다. 업무시간 내 둠 게임 금지 규칙이 생기고 둠 파일을 찾아 삭제하는 프로그램이 만들어지기도 했다. 특히 마이크로소프트 사내에서 둠의 인기는 폭발적으로, 종교 의식에 가까웠다고 한다. 둠의 광팬 중 하나가 윈도우 프로그래머였던 게이브 뉴웰이다. 그는 둠에 심취한 나머지 윈도우 95용 둠 포트인 '둠 95'의 제작을 주도하였을 뿐만 아니라, MS 퇴사 후 밸브 소프트웨어를 설립하고 FPS 불후의 명작 하프라이프를 발매하여 시장 판도를 뒤집었다.

현대 FPS 게임 기준을 제시한 하프라이프는 '달려라. 생각하라. 쏴라.

밸브 사가 제작한 FPS 게임 하프라이프

살아남아라(Run. Think. Shoot. Live)'를 모토로 출시된 해에 50여 개의 상을 싹쓸이했다. 스피디한 이동과 총알 한두 방을 맞아도 버티는 높은 체력수치, 후반으로 갈수록 난이도가 높아지는 적 등 고전 FPS 요소들을 배격하고 상대적으로 느린 이동속도와 낮은 체력수치, 총기의 무서움을 구현한 위력적 총기 등 보다 현실적인 총기 액션을 추구했다. 하프라이프는 현실에 가까이 다가감으로써 높은 몰입을 제공하고자 했다. 또한 액션의 사실성에 더해 게임의 스토리텔링 방식을 변화시켰다. 기존 게임에서 텍스트 스크롤이나 별도의 동영상 컷신 중심으로 스토리를 전달했다면, 하프라이프는 게임 도중 벌어지는 상황 연출을 스토리텔링 기법으로 활용하였다. 덕분에 현실감을 더욱 높여 스토리 몰입감을 배가시켰고, 플레이어는 총을 쏘며 달리는 와중에 자연스럽게 스토리 흐름에 녹아들어 갔다.

주로 PC에서 흥행하던 FPS를 콘솔기기인 엑스박스(Xbox)에서도 성공시킨 작품이 헤일로 시리즈다. 2001년 엑스박스 독점게임으로 발매된 번지 스튜디오의 헤일로는 북미에서 반향을 일으키며 콘솔 FPS의 표준으로 자리잡는다. 이후 FPS는 콘솔 시장 위주로 재편되었으며, 2007년, 콜 오브 듀티: 모던 워페어가 성공하면서 일본을 제외한 세계 게임 산업의 대세로 위상을 굳혔다. 게임 화면에서의 사실성은 PC환경과 콘솔이 큰 차이가 없었으나, 콘솔 게임 패드는 총기 액션에서 촉감을 자극하는 진동 기능을 제공함으로써 차원 높은 현장감을 부여할 수 있다. 조작 컨트롤러 관점에서 키보드와 패드의 체감 사실성 차이가 존재하기에 현재 FPS 발전은 콘솔을 위주로 진행되고 있다.

움직임의 예술

FPS는 움직임의 사실성을 추구하는 게임이지만 정작 플레이어 조작 캐릭터의 액션은 상대적으로 빈곤할 수밖에 없다. 달리고, 점프하고, 총기를 선택하여 발사하는 정도다. 더구나 1인칭 시점이라서 해당 액션을 인식하기도 어렵다. 정작 최신 FPS를 플레이해보면 직사화기 엄폐를 위해 숨고, 총탄이 잦아들면 튀어나가 조준해서 쏘는 게 게임의 전부다. 움직임을 중심에 둔 액션 게임이 맞는가 하는 의구심까지 자아낸다. 총격전 사실감을 높이기 위해 난이도는 높아지고, FPS에서 액션 요소는 총탄의 위력과 움직임만 남게 된다.

2008년 출시된 미러스 엣지는 총격전 FPS 제작 경향에 대한 대안을 제시했다. 실제 액션 기술 '파쿠르'를 기반으로 제작된 미러스 엣지에서는 캐릭터의 시점을 통해 고층빌딩들이 들어찬 메트로폴리스에서 활보하는 극한의 신체 액션을 인식할 수 있다. 파쿠르란 한 지점에서 목표지점까지 주변 환경을 빠르고 효율적으로 극복하는 훈련이자 이동 기술로 '움직임의 예술(Art du Deplacement)'로 불리며, '파쿠르(Parkour)' 혹은 '프리러닝(FreeRunning)'으로 지칭된다. 프랑스 해군장교 조르쥬 에베르가 아프리카 원주민의 움직임을 연구해 개발한 자연 훈련법에서 발원하였다. 실제로 살아가는 공간에서의 이동을 모토로 하는 스턴트 액션을 연상시킨다. 미러스 엣지는 이동 액션에 파쿠르를 도입했을 뿐만 아니라, 전투 액션에서도 총기 액션만이 아닌 실전무술 크라브 마가를 구현한다. 리히텐펠트가 창시한 크라브 마가는 실생활에서 일어나는 상황에 대처하는 효율적 생존법을 모토로 다양한 격투기의 동작을 차용한 현대 실전무술이다.

FPS의 미래

현재 최고의 인기를 구가하는 게임, 오버워치 역시 FPS다. 오버워치는 극도의 사실성을 추구하는 현대 FPS와는 달리 가까운 미래를 배경으로 사실주의보다 캐릭터 다양성을 통한 게임성을 중시해 긍정적인 반응을 이끌어내고 있다. 시점이 캐릭터 내부에 있다는 한계 때문에 다양한 캐릭터성보다는 사실적 총기묘사와 효과에 치중했던 현대 FPS의 기조를 거부한 것이다. 오버워치는 캐릭터 설정과 배경 설정에서 사실주의적 색채를 버리고 독특한 캐릭터들을 20명 이상 선택할 수 있게 함으로써 FPS가 가지는 식상함을 탈피할 수 있었다. 향후 FPS의 극사실주의 경향이 완화될 수 있는 가능성이 엿보인다.

페르시아의 왕자 이후 발전을 거듭한 리얼리티 액션 게임은 FPS 위주로 성장해 왔으나, 과도한 사실성 추구로 인해 1인칭 시점의 한계와 단조로운 총기 액션 게임으로 변질되어 가는 경향이 나타나기도 했다. 극사실주의와 현실적 캐릭터, 세계관 설정을 무시하고도 매력적인 FPS를 정착시킨 오버워치의 성공 사례로 볼 때, 극사실주의를 추구하는 리얼리티 액션 게임이 대세를 유지하기는 쉽지 않아 보인다.

한때 블레어 윗치를 필두로 한 페이크 다큐멘터리 영화가 쏟아져 나온 시기가 있었다. 실화를 바탕으로 각색한 것이 아니라 현재 일어나고 있는 '사실을 그대로' 필름에 담아 전달한다는 컨셉으로 관객들을 끌어들였다. 그러나 페이크 다큐멘터리 역시 실제 사건 전체에서 일부만을 포착하여 편집한 후 전달할 뿐이다. 다큐멘터리조차도 제한된 사실성에 불과하다. 현실과 실재는 다르다. 소비자들은 영화나 게임의 제한된 사실성에 몰입하지만, 실재와는 격차가 있음을 알게 된다. 실재하는 총기나 인물, 배경을 디테일하게 게임공간에 구현한다 해도 가상의 총기, 인물, 배경을 게임으로 '현실화'시켰을 뿐 실재가 아니다. 게임공간에서 구현되는 현실은 그 자체로서 한 가지의 완벽한 현실일 뿐, 실재와 비교해서 거리가 멀수록 폄하될 이유가 없다.

전술한 FPS의 복잡한 조작성은 적응하지 못한 유저들을 유리시킨

페이크 다큐멘터리의 대표영화 〈블레어 윗치〉

다. 즐기기 위해 시작한 게임의 조작이 어렵고 복잡하다면, 굳이 게임에 시간을 투자할 의미를 느끼지 못한다. 리얼리티 액션의 경우 복잡한 조작성이 큰 단점으로 작용할 수 있다. 이에 대한 반발로 다이나믹한 액션 시퀀스에 대한 갈망을 충족시켜 준 새로운 대안이 바로 스타일리시 액션 게임이다.

06 영웅은 마땅히 멋져야 한다(英雄當漂亮)

스타일리시 액션 게임

먼치킨

스타일리시 액션은 움직임의 표현 개념 차이에 의한 구분이다. 스타일리시(stylish)는 멋진, 우아한이라는 의미이므로 스타일리시 액션이란 멋진 움직임을 보여주는 액션 게임이다. 실제보다 과장된 동작, 현실에서 가능하지 않은 움직임, 현실 물리법칙을 벗어난 움직임을 통해 움직임의 미학을 추구하는 게임처럼 생각될 수 있다. 그러나 스타일리시 액션 게임이 제공하는 재미의 본질이 움직임의 미학은 아니다. 멋진 움직임은 도구일 뿐. 멋진 움직임은 '주인공 캐릭터의 멋짐'을 설명해 주는 수단이다. 스타일리시 액션 게임의 인기작 닌자용검전 플레이의 목적은 류 하야부사의 움직임을 보고 감탄하는 것이 아니라, 초현실적인 액션과 느낌있는 대사, 일기당천으로 적을 물리치는 강력한 닌자 캐릭터 류 하야부사의 멋짐에 빠져들기 위해서다.

'먼치킨'이란 세계관의 균형을 파괴할 정도로 강한 캐릭터를 지칭한다. TRPG(Tabletop Role Playing Game) 세계관에서 활용되던 개념이며, 전통 서사에서도 데우스 엑스 마키나(기계장치의 신) 역할을 하는 캐릭터는 전지전능한 먼치킨인 경우가 많다. 먼치킨은 절대적 강함의 척도가 아니라 작품 내 균형을 준거로 한 상대적 기준이다. 개미왕국 이야기에 개미핥기가 등장한다면 개미핥기는 해당 작품의 먼치킨 캐릭터가 되겠지만, 인간들의 세상을 배경으로 하는 이야기에서 개미핥기는 사냥감이나 애완동물 캐릭터로 전락한다.

먼치킨물이 양판소(양산형 판타지 소설)의 대표로 비판받는 이유는 먼치킨 캐릭터 때문에 이야기의 긴장감이 약화되기 때문이 아니다. 이야기 소비자들은 주인공 캐릭터가 강하고 매력적이기를 바란다. 이야기 도입 부분에서는 약하더라도 고난과 역경을 극복하며 강하고 성숙한 캐릭터로 성장하는 과정을 보며 공감하는 것이다. 문제는 처음부터 너무나 강하고 완성된 캐릭터일 경우 이야기의 갈등 구조가 사라져 버리는 현상이다. 봉착한 난관이나 문제가 처음부터 가지고 있는 강함과 완성도 때문에 허망하게 해결되어 버리는 것은 물론 조연이나 적대자 캐릭터(안타고니스트)가 지원하거나 방해할 수조차 없게 되면 존재 의의를 상실해 버린다. 이야기의 긴장감이 형성되지 않아 몰입이 오래 가기 힘들고 과정과 결말이 지루한 반복으로 전락하기 쉽다.

재미있는 먼치킨물의 조건

지루함을 피해 엄청나게 강한 주인공을 중심으로 이야기를 구성하고 싶다면, 우선 주인공이 강한만큼 세계관 내 초강자들을 많이 등장시켜야 한다.

헤라클레스 신화가 대표적인 사례이다. 헤라클레스는 신적인 존재 중 물리적으로 최강의 권능을 지니고 있으나, 출생부터 신들의 여왕 헤라의 미움을 사 거듭된 시련 끝에 신으로 인정받는다. 헤라클레스는 무적이자 불사의 존재인 먼치킨이지만 적대 세력의 힘이 헤라클레스를 능가하므로 헤라클레스가 겪는 시련에는 개연성이 부여된다. 헤라클레스가 시련을 극복할 수 있을지, 갈수록 어려워지는 난관을 어떻게 극복할지 몰입하게 된다.

둘째, 먼치킨 주인공의 내면의 정신세계에 특수한 측면이나 신념의 특이함을 부여하여 캐릭터성을 강화하는 방법이다. 마블 시네마틱 유니버스의 영웅물이 택한 전략이기도 하다. 마블 히어로 닥터 스트레인지의 경우 세계관 내 최강의 마법사에다 스스로 무슨 권능을 가졌는지도 떠올리기 힘들 정도로 전지전능한 영웅이지만, 괴짜에 해괴한 짓을 저지르고 수습이 안 되는 등 쉽게 파악할 수 없는 캐릭터성을 가지고 있다. 닥터 스트레인지가 인격이 안정된 캐릭터였다면 관심을 받을 수 없었을 것이다.

헤라클레스의 시련, 네메아의 사자 (영화 〈허큘리스〉)

셋째, 표현과 묘사에 치중하는 방법이 있다. 세계관의 균형을 망가뜨려 버릴 정도의 강함을 지니고 정신적으로도 완성된 캐릭터라 해도 강함으로 난관을 극복하는 과정을 '멋지게' 표현할 수만 있다면 카타르시스를 느낄 수 있다. 이야기의 완성도나 플롯의 구조에 신경쓰기보다, 캐릭터의 멋짐에 집중하는 구조로 가는 것이다. 이 경우 캐릭터의 움직임을 상세하게, 박진감 있게 묘사해야 한다.

멋진 캐릭터의 과장된 움직임 – 스타일리시 액션의 본질

스타일리시 액션물은 표현과 묘사에 집중하는 방법으로 먼치킨의 위험을 극복한다. 캐릭터의 멋짐을 강조하기 위해 움직임을 멋있게 묘사하면 스타일리시 액션이 된다. 삽화나 동영상 등 시각적 보조 장치가 있다면 연출을 쉽게 할 수 있겠지만, 텍스트 작품에서 스타일리시 액션을 구현하기 쉽지 않다.

한국 장르소설계에서는 수십 년 전부터 스타일리시 액션물이 독자적으로 발전해 왔다. 번역된 중국 무협소설을 토대로 한국 무협작가들에 의해 창작 무협소설로 시장을 장악한 것이다. 장풍 쏘고 경공으로 날아다니고 단신으로 수백 명을 도륙하는 먼치킨 주인공이 기본이었다. 무림이라는 가상 세계관에서 등장하는 캐릭터 사이의 교류는 대부분 대결을 통해 이루어졌고, 무공대결은 적과 아군이 어우러지는 스타일리시 액션의 대향연이었디. 미국 청소년들이 실제 사람들의 힘과 기술을 겨루는 리얼리티 액션 WWF(World Wrestling Federation)에 열광할 때, 한국 청소년들은 가상의 무협 세계에서 벌어지는 스타일리시 액션 무협소설에 빠져들었다.

콘텐츠에서 묘사되는 스타일리시 액션은 동아시아의 무술에 연원을 두고 있다. 산업화 이후 과학적 실증적 사고관이 지배적이었던 서양에서는 사람의 움직임과 도구를 묘사할 때 사실성을 중시한다. 슈퍼히어로 영화가 득세하기 이전 헐리웃과 유럽의 액션물, 액션 히어로들을 보면 대부분 사실적 액션 연기를 펼친다. 첨단과학이 결합된 고화력의 총기를 통해 화려한 액션씬을 연출하지만, 주인공이 장풍을 쏜다든가 벽을 탄다거나 물 위를 걷는다든가 허공에 떠오르는 장면은 없다. 서양의 액션 히어로들은 스타일리시한 체술을 쓰지 않는다.

이소룡이 서양 영화계에 던진 충격을 이해하려면 서양 액션 히어로들과의 차이를 비교해야 한다. 권총 한 자루 없이 기괴한 소리를 지르며 현란한 근접타격을 통해 다수의 적들을 쓰러뜨리는 이소룡은 서양인들에게 충격을 선사했다. 이소룡은 중국의 전통 무술보단 실전 체술과 본인의 연구를 통해 창시한 실전 무술 '절권도'를 통해 액션을 연출했다. 그러나 사실적 총기 액션에 익숙해 있던 서양 관객들에게 작은 체구로 거인들을 연달아 쓰러뜨리는 이소룡의 무술은 경이로운 동양의 신비이자 상상도 못했던 스타일리시 액션이었다.

이소룡 흥행 이후 액션 히어로(척 노리스, 스티븐 시걸 등등)들 역시 가라테와 절권도 등 현대 실전무술을 습득해 체계화된 격투 액션을 보여주기 시작했다. 이제 이소룡이 구사했던 실전무술은 동양만의 신비가

영화 〈사망유희〉

영화 〈와호장룡〉

아니게 되었다. 본질이 실전 무술에 근거한 리얼리티 액션이었으므로 금방 신비감이 벗겨진 것이다.

동양의 신비로운 스타일리시 액션은 새 국면을 맞이한다. 2000년 이안 감독의 영화 〈와호장룡〉이 새로운 존재감을 보여준 것이다. 중국의 무공고수는 대나무숲에서 나뭇가지를 밟고 둥실둥실 떠다닐 뿐만 아니라, 이소룡처럼 기괴한 소리를 지르지도 않고 절체절명의 순간에도 한 손으로는 뒷짐을 지고 여유있게 적들을 제압한다. 이안 감독 특유의 화려한 영상미와 동양 분위기에 걸맞는 음악이 더해져 와호장룡은 북미권에서 미국 개봉 역사상 비영어권 자막 영화로서 최대 흥행작이 된다. 이소룡이나 이연걸과는 달리 주윤발은 액션배우로서 무술을 수련한 적이 없었기에 최소한의 움직임만으로도 액션씬을 소화해야 했는데 느리고 절제된 움직임이 오히려 동양의 신비로운 무공 고수로서 정체성을 각인시키는 효과를 낳았다.

스타일리시 액션 게임의 전제

소설·만화·영화 분야에서 스타일리시 액션물이 인기를 끌었음에도 불구하고, 스타일리시 액션 게임의 역사는 길지 않다. 유독 게임 분야에서 스타일리시 액션의 출발이 늦었던 이유는 게임 난이도 균형과 기술 구현 수준의 두 가지 문제였다.

게임이 장기간 소비되기 위해서는 난이도 균형이 중요하다. 너무 어렵거나 너무 쉬우면 플레이어들은 조작의 의미를 느끼지 못하게 되고 상호작용이 퇴색해 버린다. 스타일리시 액션의 본질을 상기해 보면 캐릭터의 멋짐을 표현하는 것이 궁극적인 목적이다. 세계관의 균형이 잘 잡혀 있고, 갈등 구조가 혁신적이고 공감이 가는 방식으로 구성되어 있다고 해도 주인공 캐릭터가 멋지지 않다면 의미가 없다. 주인공의 멋짐을 표현하기 위해서는 유저들에게 현란한 액션을 보여줘야 하고, 액션의 효과가 얼마나 대단한지를 인식시켜 줘야 한다. 게임의 난이도가 어렵다면 플레이어는 주인공의 강함을 느낄 수 없고 멋있다고 생각하기도 어렵다. 스타일리시 액션 게임의 난이도는 쉬울 수밖에 없고, 쉬워야 유저들이 만족하는 경향이 있다. 그렇다고 해서 난이도가 너무 쉬우면 단순한 버튼 연타 게임이 되어버린다.

주인공 액션의 멋짐을 표현하기 위해서는 그래픽 효과가 중요할 수밖에 없다. 캐릭터가 강하다는 설정이 있어도 강함을 현란한 시각효과로 표현해 주지 못한다면 실패한다. SD 캐릭터가 느릿느릿 점프해서 도트로 표현된 적 캐릭터가 쓰러지는 걸 봐도 멋지다는 생각이 들지 않는다. 3D라 해도 얼굴이 각진 폴리곤 캐릭터가 벽을 타고 달려봤자 멋있기는커녕 우스꽝스러울 뿐이다. 화면에 한두 명 나오는 적 캐릭터를 상대로 순간이동하고 분신술 쓰고 수리검 던지며 장풍 쏴봐야 과하다는 생각만 들 뿐이다. 주인공 한 명이 동시에 달려드는 수십 명의 적을 현란한 움직임으로 압도할 때 비로소 멋지고 강한 움직임이 의미를 가지게 되는 것이다. 이를 구현할 수 있는 그래픽 효과 노하우가 없다면 스타일리시 액션 게임의 정체성은 흔들린다.

진삼국무쌍

진삼국무쌍 시리즈는 스타일리시 액션 게임의 정수를 집대성한 작품이다. 준수한 액션 연출을 기반으로 다 대 일(多對一) 전투를 표현한다. 플레이어가 조작하는 캐릭터는 수십, 수백 명의 적병을 추풍낙엽처럼 무찌를 수 있다. 진삼국무쌍을 플레이함으로써 유저는 단기필마로 전장을 휩쓰는 고대 전장의 낭만을 재현할 수 있다.

대부분의 스타일리시 액션처럼 진삼국무쌍 시리즈의 난이도도 쉽다. 미션의 목표만 잊지 않는다면 조작 실력과 상관없이 무난하게 엔딩을 볼 수 있는 난이도다. 진삼국무쌍 시리즈는 고심과 반복 도전을 통해 진행하도록 설계한 작품이 아니다. 얼마나 멋지고 화려하게 적병들을 참살하느냐를 '감상'하면서, 조작 캐릭터의 멋지고 강한 면모를 확인하고 흐뭇해하는 게임이다. 진삼국무쌍 시리즈는 '일기당천 액션 게임'이라는 장르의 선구자적 위치를 차지하고 있다. 일기당천 액션 게임이란 강력한 주인공 캐릭터를 조작해 다수의 약한 적병을 능욕하듯 물리치는 게임이다.

악마도 울고 가다

캡콤의 데빌 메이 크라이 시리즈는 캐릭터의 멋짐을 구현한다는 컨셉은 성공했으나, 조작성과 난이도 측면에서는 스타일리시 액션의 표준에서 벗어난 작품이다.

주인공 단테는 설정상 먼치킨 캐릭터임에도 불구하고 조작 난이도가 어려워 숙달된 유저조차 게임오버를 자주 당한다. 물론 반복 플레이

캡콤의 스타일리시 액션 게임 데빌 메이 크라이

를 통해 경험을 축적하고 나면 단테의 화려한 움직임을 제대로 감상할 수 있도록 제작한 작품이다.

데빌 메이 크라이의 프로듀서 카미야 히데키가 제작한 베요네타 역시 흥행에 성공한 스타일리시 액션 게임이다. 제작진은 베요네타를 '논스톱 클라이맥스 액션'으로 정의했으며, 게임을 해보면 논스톱 클라이맥스의 의미를 이해하게 된다. 쉴새없는 위기 상황의 연속에서 순간정지 연출을 통해 멋스러운 액션 시퀀스를 보여주는 게임이기 때문이다. 총과 체술, 마법이라는 요소를 조합해 8등신을 넘어선 9등신, 10등신 캐릭터들에게 구현하도록 함으로써 일부 유저들에게는 과도한 허세로까지 인식될 정도로 화려한 연출을 추구한다.

한국 유저와 스타일리시 액션

스타일리시 액션 게임은 전성기를 구가하는 장르이며 점차 스펙트럼이 넓어지고 있다. 게임성과 플롯까지 호평받는 스타일리시 액션 게임이 늘어나고 있긴 하지만, 본질은 결국 주인공 캐릭터에 있다. 영웅적인 주인공의 멋짐을 감상하고, 영웅의 궤적을 지켜보며 예정된 성공으로 가는 과정을 체험하는 것이 스타일리시 액션 게임이 제공하는 재미의 본질이다. 독특한 장르소설인 무협지가 횡행했던 한국에서 스타일리시 액션의 잠재적 성장 가능성은 더욱 높을 것으로 전망된다.

07 VR은 소스코드를 꿈꾸는가
체감 액션 게임

유저 곁으로 다가온 가상현실

2016년 10월 플레이스테이션 4 VR 출시로 인해 게임계에 가상현실 열풍 조짐이 보이고 있다.

실패한 적 없는 SCE(Sony Computer Entertainment) 하드웨어 중에서도 전성기를 맞이하고 있는 플레이스테이션 4 주변기기 형식으로 발매되는 데다 상대적으로 저렴한 가격이 책정되었기에 수요층을 확대할 수 있을 것으로 전망된다.

VR(Virtual Reality), 가상현실은 무엇이며 게이머들에게 어떤 변화를 가져다 줄 것인가. VR이란 정보통신기술을 활용해 실제와 유사한 상황

반다이남코의 에이스 컴뱃 7 VR

이나 환경을 구현해 인간의 감각에 전달하는 방식이다. 사용자는 VR을 통해 직접 가거나 겪어보지 못했던 사건, 환경을 가상으로 체험할 수 있다. 일상을 통해 경험할 수 없는 심해나 극지, 심지어 우주공간에 이르기까지 가상현실을 통해 현실화시킬 수 있을 뿐만 아니라 역사적으로 지나간 과거 시점에서 새로운 인물의 시점으로 상황을 체험해 볼 수도 있다. 가상현실을 통해 시공간을 넘어선 체험이 가능해지는 것이다.

가상현실의 조건

VR은 시각과 청각, 부분적으로 촉각까지 구현하는 수준에 이르렀다. 환경만 구비할 수 있다면 VR을 통해 오감을 모두 현실처럼 재현할 수 있겠지만, 후각과 미각의 경우 제약이 심하다. VR을 통해 유저들은 시각과 청각을 통해 현실과 유사한 경험을 할 수 있다.

청각 VR 구현에는 도구나 공학기술이 전제되지 않는다. 대표적인 예로 성대모사가 있다. 성대모사는 인간의 성대를 이용해 원본 소리를 모방하여 청각을 현혹시킨다. 녹음이나 소리의 조합을 통해서도 다양한 음향효과를 창조할 수 있다.

VR 구현의 관건은 결국 시각효과에 달려 있다. 인간은 환경인식의 대부분을 시각에 의존하기 때문에 시각의 중요성은 다른 어떤 감각보다 높다. 성대만 가지고도 VR 구현이 가능한 청각과는 달리 시각에 투사되는 이미지와 영상을 구현해 내려면 첨단기술이 요구된다.

시각 VR 기술

VR의 시각 효과를 구현한다는 개념은 1852년에 이미 등장했다.

스테레오스코피는 착시를 통해 입체시 방식으로 3D 효과를 구현한다. 두 눈으로 다른 각도의 이미지를 볼 때, 두 눈의 망막에 각각 맺히는 사물의 각도차가 뇌의 시각 처리 과정에서 입체감을 만들어 낸다. 스테레오스코피는 2차원 영상이지만 평면 위에서 착시를 일으켜 3차원 객체로 인식하게 한다. 양 눈에 빨강 파랑의 셀로판 데이프를 붙인 안경이라던가 입체영화극장에서 나눠주는 편광안경이 스테레오스코피 원리를 통해 착시를 유발한다.

할리우드는 가상현실 기술의 개발에 일익을 담당해 왔다. 에드윈 랜드(Edwin Land)는 3차원 이미지를 구현해내는 컬러 영화를 개발하여

1954년 와이드 스크린 시네마스코프로 상영했다. 1956년 모튼 하일리그(Morton Heilig)는 '센서라마 시뮬레이터(Sensorama Simulator)'를 개발했다. 3차원 이미지, 입체 음향, 냄새 등을 이용해 신경체계를 시뮬레이션하는 오락 장치였다.

'가상현실의 아버지'라 불리는 이반 서덜랜드(Ivan Sutherland)는 미국방성 고등연구 프로젝트국에서 1968년 〈투구형 3차원 디스플레이〉라는 논문을 통해 HMD(Head-Mounted Display)를 구상했는데, 두 개의 작은 CRT(Cathode-Ray Tube)를 통해 두 눈을 둘러쌈으로써 입체적인 영상을 제공한다는 개념이었다. HMD는 현대 VR기술의 집약체로서 VR 게임의 핵심 원리다. 플레이스테이션 VR의 경우 HMD가 추가되어 기존 게임을 HMD로 즐길 수 있도록 했다.

VR 컨트롤러

게임 콘텐츠의 특성이 상호작용이기 때문에 사용자 조작성은 VR 게임에서 매우 중요하다. VR 게임의 관건은 시각 효과 재현과 더불어 사용자의 입력 신호를 어떻게 감지, 반응하느냐다. VR 게임은 전통적인 버튼 및 스틱 컨트롤러가 아닌 사용자의 움직임을 감지해서 반영하고자 한다. 감각 정보를 제공하는 것뿐만 아니라 사용자 반응을 반영함으로써 현장감을 높이려는 것이다.

초기 VR 게임 컨트롤러는 장갑의 형태를 띠고 있었다. 기존 게임 컨트롤러가 '손가락'의 움직임을 통해 상호작용을 추구했다면, 닌텐도 파워글러브의 경우 손의 움직임으로 범위를 확장시켰다. 닌텐도 파워글러브는 저렴한 가격과 나쁘지 않은 조작감으로 상업적 성공을 거뒀으나 글러브 조작의 생소함으로 인한 참신함이 사라지자 묻혀버렸다. 파워글러브 조작으로만 줄 수 있는 새로운 게임플레이의 즐거움을 지속적으로 제공하지 못했기 때문이었다. 유저 입장에서는 손가락으로 패드를 움직이나 글러브를 끼고 손을 움직이나 큰 차이가 없었다. 닌텐도 파워글러브는 게임 조작 방식의 혁신이라는 관점에서는 절반의 성공을 거두는 데 그쳤다고 할 수 있다.

모형 컨트롤러

현실에서 인간의 전신을 모두 사용해야 하는 경우는 드물다. 대부분의 인간 활동은 신체 일부분의 움직임만을 활용한다. 운전의 경우 핸들을 돌리고 페달을 밟는 조작만으로도 모든 움직임이 가능하다. 이 점에 착안하여 운전 시뮬레이션 게임에서는 초창기부터 손가락 조작이 아닌 모형 핸들과 기어, 페달을 조작 장치로 제공했다. 모터사이클의 경우 실제 크기와 형태를 본따 차체 자체를 컨트롤러로 활용하기도 했으며, 도구를 타고 이동하는 스포츠인 스키 활강의 경우노 실세 스키신발 및 지지대 모양새를 본따 모형 컨트롤러를 제공한다.

모형 컨트롤러를 사용하는 게임의 대표적 장르는 건슈팅 게임이다. 세가의 더 하우스 오브 데드 시리즈와 반다이 남코의 타임 크라이시스 시리즈를 건슈팅 게임의 양대산맥으로 꼽는데, 모형 총을 컨트롤러로 활용해 화면의 적에게 격발하는 형식의 게임이다. 타임 크라이시스 시리즈의 경우 단순히 총을 쏴서 적을 쓰러뜨린다는 개념에서 탈피해 총을 가지고 시가전을 벌인다는 컨셉으로 '엄폐' 기능을 재현했다. 타임 크라이시스 유저들은 총과 더불어 페달을 활용해야 한다. 페달을 밟으면 화면 밖으로 엄폐해서 총을 재장전할 수 있기 때문에 진행에 필수 요소다. 엄폐 소작까지 실제 엄폐와 동일하게 구현한 게임이 코나미가 2000년 출시한 '더 경찰관' 시리즈다. 더 경찰관은 동작 감지 센서를 적용했기 때문에 엄폐하려면 실제로 슈팅머신 밖으로 몸을 움직여 피해야 한다. 피하는 위치, 방향까지도 실제 게임에 반영되므로 조금만 게임을 진행하다 보면 유저들이 땀에 젖는 경우가 허다했다.

리듬 액션 게임

운전과 도구를 활용한 스포츠 액션, 건슈팅 액션은 실제 동작을 조작에 활용하는 형식의 게임으로서 크게 보면 체감 액션 게임으로 분류할 수 있다. 체감 액션 게임은 쇠퇴해 가는 오락실의 명맥을 잇는 게임이다. 일반 액션 게임과 체감 액션 게임이 공존했던 시기에 오락실의 중흥을 이끌었던 게임이 리듬 액션 게임이다. 리듬게임의 명가 코나미가 1998년 아케이드로 발매한 댄스 댄스 레볼루션(DDR)은 화면에 나타나는 지령에 맞춰 타이밍에 맞게 발판을 밟아 음을 연주하는 컨셉의 게임이었다. DDR을 플레이하는 모습이 춤처럼 인식되었기에 기존 하드코어 유저들뿐만 아니라 라이트 유저나 비 게이머에게도 높은 인지도와

체감형 리듬 액션 게임 태고의 달인

보급률을 기록했다.

DDR 시리즈의 대박 이후 리듬 액션 게임의 전성기가 열린다. 제작 난이도가 어렵지 않고 유사한 조작감에 선곡의 품질로 승부하는 리듬 액션 게임의 경우 국내 유저에게 익숙한 K-POP을 활용한 국산 게임 의 점유율이 높았다.

모든 리듬 액션 게임이 체감 액션에 포함되지는 않으나, 리듬 액션 게임의 전성기에는 실제 악기 모형을 컨트롤러로 활용하는 체감형 리 듬 액션 게임이 인기를 끌었다. 태고의 달인이 대표적 사례다. 초창기 에는 일본 게임센터 입구에 태고의 달인이 있으면 외국인들이 줄을 서서 일본문화체험 형식으로 플레이하려 했다. 일본의 축제에 빠지지 않는 북(太鼓, 태고)을 실제처럼 쳐볼 수 있는 기회였으니 매력적이었을 것이다. 실제 북처럼 가죽과 나무, 목제 스틱으로 쉴 새 없이 두드려야 하는 게임 특성상 잔고장이 많을 수밖에 없는 게임이었으나 쉽게 접할 수 없는 악기로 흥겨운 음악을 직접 연주하는 경험을 제공했기에 장수 시리즈로 남을 수 있었다.

닌텐도 wii

5, 6세대 콘솔 게임기 전쟁에서 소니와 MS에 밀린 닌텐도는 콘솔 게임기의 컨셉을 전환하기로 한다. 기존의 고성능 고사양 하드웨어 컨셉을 버리고, 유저들에게 '새로운 경험'을 제공한다는 혁신을 추구한 것이다. 닌텐도의 7세대 콘솔 하드웨어 위(wii)는 같은 7세대 콘솔 플레이스테이션 3나 엑스박스 360에 비하면 형편없는 기기 사양으로 비판받았지만, 움직임 감지 센서를 장착한 위모트 컨트롤러를 통해 비 게이머 소비층들을 시장에 끌어들이고 라이트 유저들의 지지를 확보해 판매량을 회복한다. 양손에 콘트롤러를 쥐고 서서 손을 휘젓고 팔을 돌리는 wii의 게임플레이 방식은 혁신이었다.

단일 소프트로 가장 많이 팔린 기록을 가진 게임이 닌텐도 wii 스포츠다. 무려 8144만 장이 팔려 24년간 왕좌를 지켰던 슈퍼 마리오 브라더스의 4024만 장을 훌쩍 뛰어넘었다. 후속작 wii 스포츠 리조트 역시 3천만 장이 넘는 판매량을 기록하며 효자 역할을 하고 있다. wii 스포

닌텐도 wii 스포츠

츠 시리즈는 닌텐도 wii의 체감형 컨트롤러 기능을 백분 활용한 게임으로서 게임과 게이머의 부정적 이미지를 타파하고 실내에서 즐기는 유사 스포츠로 취급받는다. 여럿이 모여서 즐기는 데 특화되어 있기에(계속 몸을 움직여야 하므로 휴식이 필수적이었다) 접대용으로도 각광받았다.

wii로 촉발된 체감 액션의 전성기는 오래 가지 못했다. 핵심 문제는 체감형 컨트롤러를 써야 하는 게임들이 쓰지 않아도 되는 게임과 동등한 게임성으로 귀결되는 획일화 현상 때문이다. 일반 컨트롤러와 체감형 컨트롤러의 조작 효과가 동일하다 보니 체력을 소모시키고 오작동 확률까지 높은 체감형 컨트롤러는 장농행 신세를 면치 못했다.

MS 키넥트

닌텐도 wii의 성공에 고무되어 마이크로소프트는 한 차원 높은 체감 액션을 구현해 시장 점유율 확대를 노린다. MS는 자사의 콘솔 엑스박스 360 및 엑스박스 원 주변기기로 키넥트를 출시해 홍보에 나섰다. 가장 빠른 시간 내 가장 많이 팔린 가정용 기기 1위로 기네스북에 오르는 기염을 토한 키넥트는 음성 및 동작을 인식하는 하드웨어/소프트웨어 패키지다.

그러나 게임뿐만 아니라 가정용 멀티미디어 기기 전체의 혁신을 가져올 것으로 전망되던 키넥트의 현재는 참담하다. 2015년 키넥트는 최악의 상황을 맞이한다. 발매 대기 중인 소프트웨어가 전무했다. 소프트웨어 제작사에서는 더 이상 키넥트용 소프트 개발에 돈 낭비를 할 생각이 사라졌다. 그나마 자체 제작으로 숨통을 틔우려던 MS도 기대를 걸었던 키넥트 스포츠 라이벌즈 판매량이 고작 37만장에 불과하자 시장에서 철수한다.

1인 가구 시대에 평방 4제곱미터 이상의 공간이 요구되는 작동환경도 문제지만, 키넥트의 실패원인은 발매 소프트에 있었다. 뛰어난 감지 센서가 달려있어도 키넥트는 게임기가 아니라 주변기기에 불과했다. VR과 체감 액션이라는 환상에 취해 게임의 본질을 외면한 결과가 wii의 짧은 전성기와 키넥트의 용두사미다. 가상현실 기술만으로는 게임의 재미를 유지할 수 없다. VR을 구현할 수 있다는 기술자랑에 불과할 뿐, 정말로 신경써야 할 부분은 VR이 게임의 이야기 속에 어떻게 활용되어서 이야기의 재미에 기여하는가에 있는데, 제작자도 사용자도 이 점을 간과했다고 보인다.

이야기에 연결되는 감각과 조작 – 체감 액션 게임의 본질

〈소스코드〉라는 SF 영화가 있다. 영화에서는 사망처리된 뇌사 상태의 뇌를 조작하여 뇌 속에 입력된 과거 사건의 정보를 토대로 과거의 시점을 가상현실로 재구성한다. 콜터 스티븐스 대위(제이크 질렌할 분)는 가상현실에서 역사 교사 숀 펜트리스 역할을 맡아 주어진 8분 동안 정보를 탐색해야 하는 임무를 받는다. 8분이 지나고 목표를 달성하지 못하면 폭발사고가 일어나 가상현실은 끝나고 다시 8분의 시간이 주어진다.

콜터가 체험하는 가상현실의 8분이야말로 VR 게임이 추구하는 궁극의 형태다. 가상현실이 얼마나 실제와 가깝게 세세한 정보를 반영하고 있는가는 몰입과 관계없다. 감각을 완벽하게 재현하는 것도 별 의미가 없다. 콜터에게 가상현실공간은 절박한 목표 달성의 과정이고, 관련된 이야기와 정보야말로 몰입감을 제공한다. 가상현실 게임의 몰입감을 유지시켜 주는 것은 현실 재현의 디테일이 아니라 이야기에 연결된 감각, 이야기에 연결된 조작이다. 이야기를 경시하고 감각과 조작의 재현도에만 집중하는 체감 액션 게임은 재미의 본질을 파악하지 못하고 실패할 가능성이 높다.

플레이스테이션 VR 시연회에서 VR 전용 소프트인 서머 레슨이 화제였다. 유저는 교사가 되어 VR로 구현된 방안에서 VR로 구현된 여학생을 가르치며 다양한 상호작용이 가능하다. 이 게임의 성패는 어디에 달렸는가. 비록 발매 전의 게임이지만 서머 레슨의 성패를 가르는 기준은 발전된 가상현실 구현도가 아니다. 높은 현실 구현성은 몰입도를 '지원하는' 요소에 불과하다. 게임의 이야기가 지루하면 아무리 가상현실 기술이 뛰어나도 식상함을 느낄 수밖에 없다. 서머 레슨의 핵심은 교사인 유저의 선택에 반응해 주는 여학생 캐릭터의 매력이다. 유저가 조작하는 캐릭터와 제자가 나누는 대화가 현실감을 얼마나 반영하고 있으며 어떤 이야기가 형성되는가가 중요한 것이다. 이야기 속에서 VR을 통한 체감 액션이 구현될 때 움직임을 통해 감정을 이입할 수 있는가는 중요한 몰입 요소다.

08 변화하는 게임의 법칙
메트로바니아

어려운 액션 클리어하기

즐기기 위해서가 아니라 타인의 지시에 의해 강제로 게임을 하게 된다면 어떨까. 엔딩을 보기 전까진 집에 갈 수 없도록 감금해 놓고 게임을 시킨다면? 온게임넷의 최장수 프로그램 〈켠김에 왕까지(이하 켠왕)〉의 기획 컨셉이다.

진행자인 허준과 친구들을 모종의 장소에 모아놓고 게임의 엔딩을 볼 때까지 계속 시킨다. 먹고 잘 수는 있지만 엔딩을 봐야 촬영이 끝난다. 게임하기 어려운 사람들에게는 부러운 광경으로 느껴질 수 있다. 그러나 녹화 한 번에 걸리는 시간은 보통 30시간 가량이기 때문에, 감

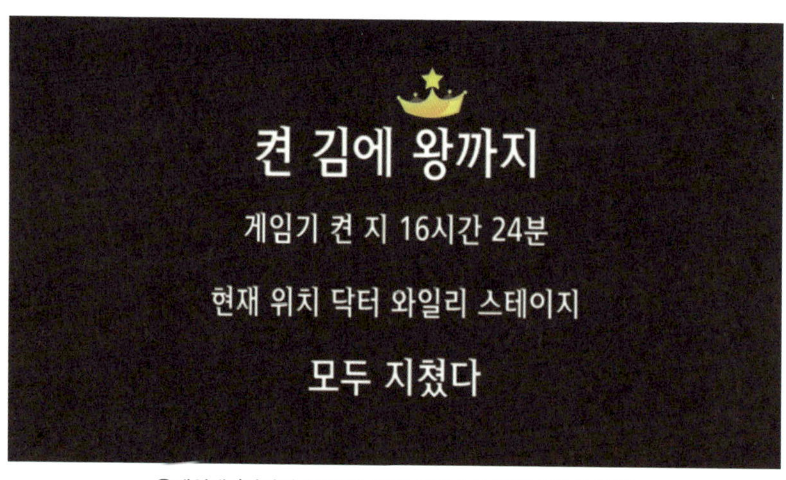

온게임넷 〈켠김에 왕까지〉 인기 에피소드 록맨 9의 한 장면

금된 출연자들의 입장에서는 괴로울 수밖에 없다.

켠왕이 단순한 게임중계 프로그램이 아니라 예능 프로그램으로 분류되는 이유가 있다. 주요 출연자들이 게임을 심하게 못한다. 메인 출연자 허준부터 7년간 실력이 개선되지 않는다. 대부분의 출연자들은 게임 용어로 '발컨(발로 컨트롤한다, 조작실력이 형편없다)'이다. 공략집이나 가이드 없이 도전하는 것은 물론, 영어의 벽으로 인해 중요한 팁이나 아이템 이름을 파악하지 못하는 경우가 종종 있어서 안쓰러울 때도 한다. 하지만 허준 및 다른 출연자들의 실수를 구경하며 답답한 마음을 느끼고, 분노하고 좌절하는 출연자들의 모습을 감상하는 것이 켠왕의 진정한 재미다.

난이도 딜레마

게임이 추구하는 재미의 본질은 과거와 현재가 동일하나 양상은 다르다. 과거에 비해 현대의 게임은 보다 화려한 시각 및 청각 효과, 보다 복잡한 이야기와 게임 시스템을 갖추어야 한다. 미래의 게임은 더 많은 용량과 정보를 포함하고 새로운 경험을 제공할 것이다. 게임의 구조가 복잡해지고, 다양화되었다는 명제를 전제한다면 유저들이 숙지해야 하는 조작행위가 늘어나고 게임 내에서 고려해야 하는 정보 또한 늘어났다는 사실을 추론할 수 있다. 과거에 비해 복잡화, 다양화 추세로 가고 있는 현대의 게임 난이도를 유저들을 어떻게 인식하고 있을까.

켠왕은 고전게임부터 최신작까지 가리지 않고 소재로 삼는다. 그중 오랫동안 시청자들의 기억에 남는 에피소드는 대부분 고전게임이다. 1회부터 허준을 극한 상황으로 내몬 슈퍼마리오 시리즈, 록맨 시리즈 등 고전 액션게임을 시켰을 경우 출연자들의 낮은 조작 실력이 발목을 잡는 바람에 시청자들을 즐겁게 했다.

높은 난이도에 좌절하는 출연자의 모습을 보여주는 대표적 방송이 AVGN(Angry Video Game Nerd)이다. AVGN의 진행자 제임스 롤프는 주로 고전 쓰레기 게임들을 발굴해 얼마나 못 만들었는지 분석하고 창의적인 욕설을 내뱉어 공감을 유발한다. 롤프의 게임화면을 보면 시청자들조차 답답함을 느끼게 되므로 롤프가 내뱉는 욕설에 공감하게 된다. 제임스 롤프가 고전 게임을 선호하는 이유는 그가 게임을 '직관적이고 즉흥적인 놀이'로 간주하기 때문이다. AVGN에서 다루는 게임의

제임스 롤프의 인기 유투브 채널 'AVGN'

대부분은 고전 액션 게임이며, 롤프기 선호하는 장르이기도 하다. 롤프는 쓰레기 게임을 욕하는 것만큼이나 좋아하는 게임에 대한 찬사를 잊지 않는데, 찬양하는 게임들의 공통점이 '직관적이며 일관성 있으며 적당한 난이도에서 스릴을 느낄 수 있는 액션 게임'이다.

켠왕이나 AVGN에서 다루는 게임들로 미루어 보면 고전게임, 특히 고전 액션 게임들은 최신 액션 게임들보다 어렵다. 조작법을 익히기는 쉬우나 숙달하기는 어려운(easy to learn, hard to master) 것이다. 점프와 이동, 공격뿐이지만 다루는 사람의 조작실력에 따라 심한 차이를 보일 수 있다. 자기 힘으로는 영원히 클리어하지 못하는 경우도 있다.

고전게임이 왜 최신게임보다 난이도가 높을 수밖에 없는가에 대한 해답은 간단하다. 플레이 도중 극복하기 어려운 난관을 맞이할 때가 있다. 고전게임이나 최신게임을 막론하고 난관에 반드시 부딪히게 된다. 게임은 결코 만만하지 않다. 쉴 새 없는 문제해결 과정이며 고도의 집중력과 순발력이 요구되는 과업이다. 고전게임 애호가들은 문제해결

과정이 너무 쉬울 경우 흥미를 잃는다.

어려운 게임을 극복하는 방법

게임에서 감당하기 어려운 난관이 제시되었을 때 해결책은? 여러 가지 방법이 있겠지만 크게 네 가지로 정리할 수 있다.

첫 번째, 에이전트. 숙달된 사람을 데려와서 대신 넘겨주길 부탁하는 것이다. 숙달된 사람을 구할 수 없다 하더라도 인터넷을 찾아서 세이브 파일을 덮어쓰면 극복할 수 있다. 그러나 문제를 해결한다기보다 회피하는 것이므로 패배감을 지울 수 없다는 단점은 명확하다.

두 번째, 에디트(편집). PC 게임이라면 트레이너나 치트 프로그램, 콘솔이라면 액션 리플레이 같은 주변기기를 써서 난이도를 낮추거나 캐릭터를 무적으로 만들어 극복한다. 문제는 치트를 습관화시키는 경향이 있다는 것이다. 게임 에디트가 습관화되면 모든 게임이 만만해 보이면서 조금이라도 어려운 상황에 접하면 에디트부터 찾게 되고, 게임 전반에 흥미를 잃는 소위 '게임불능' 증상에 빠질 위험이 농후하다.

세 번째, 트레이닝. 본인의 실력을 키운다. 켠왕과 AVGN이 추구하는 문제해결 방법이다. 조작법 자체는 쉽기 때문에 하다 보면 실력이 늘거나 암기 플레이가 가능할 것이라는 기대를 가지고 해결할 때까지 반복 플레이하는 것이다. 즉 플레이어의 성장을 추구하는 게임법이다. 마스터할 때까지 반복 플레이를 함으로써 발컨을 신컨(신의 컨트롤)로 성장시킬 때까지 수련한다. 정공법이긴 한데 웬만큼 끈기를 가지지 않으면 실천하기 쉽지 않다. 금전과 명예가 들어오는 것도 아니고 컨트롤 실력 늘어봤자 자기만족밖에 없다.

네 번째, 레벨업. 캐릭터를 성장시켜 난이도를 낮춘다. 엄밀히 따져 보자면 액션 게임이라기보다 롤플레잉 게임식 해결법이라 할 수 있다. 액션 게임의 캐릭터에 레벨과 경험치 개념을 도입하고 장시간의 플레이에 대한 보상으로 캐릭터를 더 빠르고 강하고 단단하게 성장시켜 준다. 어렵던 난이도가 쉬워지는 것이다. 게이머의 열정과 시간에 비례해 난이도가 낮아지니 합당한 보상이라 할 수 있다. 세 번째 방법과 네 번째 방법은 '성장'을 목적으로 하지만 성장의 대상이 플레이어인가 캐릭터인가에 따라 갈린다. 시간만 들인다면 문제를 확실히 해결한다는 보장은 있기 때문에. 액션 게임 마니아들은 이 방법론을 배격하며, 롤플레잉은 게임이 아니라고까지 극단적 주장을 펼친다. 그들은 직관적이고 즉흥적인 상호작용을 게임의 본질로 파악하므로 문제의 난이도를 변화시키는 것을 용납할 수 없다는 입장이다.

움직임의 성장 – 메트로바니아의 본질

메트로바니아는 세 번째와 네 번째 방법론 사이에서 제시된 타협점에 가깝다. 메트로바니아로 분류되는 명작 게임들은 액션 게임 마니아와 롤플레잉 게이머 양측에서 긍정적인 평가를 받는 경향이 있다. 기본적인 액션 난이도는 어렵지만 컨트롤을 잘하는 게이머라면 빠른 시간 내로 엔딩을 볼 수 있고, 컨트롤에 자신 없는 게이머라 해도 캐릭터를

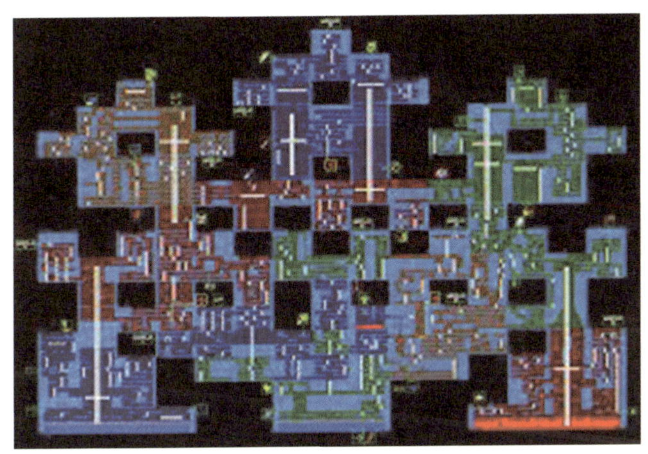

코나미의 갈리우스의 미궁 지도

성장시켜 엔딩을 볼 수 있는 장르이기 때문이다. 캐릭터의 성장을 질색하는 액션 게임 마니아들도 메트로바니아 식의 캐릭터 성장에는 재미를 느끼는데, 메트로바니아 게임 캐릭터 성장의 핵심은 '액션 추가'이기 때문이다.

메트로바니아 게임의 기본 개념은 1987년 코나미의 마성전설 시리즈 2편 갈리우스의 미궁에서 유래되었다. 넓은 미로로 된 성 안을 탐색하며 특수한 능력을 가진 아이템을 모아 이전에 갈 수 없던 곳을 개척하며 보스들을 처치하는 액션 RPG다. 게임의 전체 배경이 던전 형태의 사각형 방 모양으로 구성되어 검게 칠해진 부분을 밝히는 것도 재미의 한 요소였다. 갈리우스의 미궁에서는 캐릭터 성장을 통해 액션 조작이 추가되는 형식이 아닌 특정한 액션이 가능한 플레이어블 캐릭터가 늘어나는 형식을 취했다.

메트로이드 시리즈

1986년부터 닌텐도로 출시된 메트로이드 초기 시리즈는 불친절한 탐색 구조와 난이도로 비판을 받았으나, 후속작 슈퍼 메트로이드부터는 명작 프랜차이즈이자 독자적 게임 플랫폼의 선구자로 인정받았다. 정작 일본 게이머들에게는 큰 반향을 얻지 못했고 북미와 유럽 게이머들에게 흥행하며 명성을 이어나간다. 플레이어블 캐릭터는 폐쇄된 우주선 혹은 우주정거장을 탐색하며 아이템을 모으고 적을 상대하는데, 중간보스 캐릭터를 쓰러뜨릴 때마다 새로운 액션이 추가된다. 초기에는 이동과 점프, 앉기, 빔샷만이 가능하지만 스페이스 점프(초장거리 점프), 매달려 이동하기, 벽타기, 이단 점프(점프 중 다시 한 번 점프), 차지샷(버튼을 눌렀다 떼면 강력한 위력의 장거리 공격 가능), 공으로 변해 좁은 통로 지나가기 등 액션 조작의 잔재미가 추가되므로 성장하면 완전히 다른 캐릭터가 된다.

월하의 야상곡

메트로이드와 함께 '메트로바니아'라는 장르의 원천이 된 게임은 캐슬배니아 시리즈인 악마성 드라큘라 X 월하의 녹턴이다. 1997년 플레이스테이션으로 발매된 코나미의 역작이자 캐슬배니아 시리즈 최고의 명작으로 손꼽히는 작품이다. 몽환적인 분위기를 잘 살려주는 작화와 장엄한 배경음악, 일관성 있고 미려한 액션 조작, 수집욕을 자극하는 다양한 아이템과 합리적인 레벨 성장 시스템, 드라큘라의 아들이 드라큘라 백작을 봉인시킨다는 참신한 스토리 등 어느 하나 뛰어나지 않은 부분이 없는 게임이었다. 주인공 알카드는 드라큘라와 인간의 혼혈답게 인간이 할 수 없는 스타일리시한 액션 조작이 가능했다. 진행 중 특정 이벤트를 거치면 얻을 수 있는 마도기(魔道機)마다 새로운 액션조작이 추가되었다. 이단 점프, 하이 점프, 수중이동 등 이동 관련 액션과 더불어 박쥐 변신, 늑대 변신, 안개 변신 등 변신 액션과 각종 사역마들을 데리고 다닐 수 있는 사역 액션까지 추가된 액션에 따라 유저가 탐험할 수 있는 공간은 확장되었다.

월하의 야상곡이 메트로바니아의 명작으로 칭송받는 이유는 캐릭터 액션의 성장뿐만 아니라 게임 시스템에서도 혁신적인 연출을 플레이로 반영시켰다는 점이다. 유저는 던전탐색을 통해 주어진 지도 전체를 모두 탐험해도 엔딩을 볼 수 없기에 당황하게 된다. 그러나 게임의 절반이 지난 시점에서 이벤트를 통해 게임의 무대인 악마성이 뒤집힌다. 유저는 상하좌우가 반전된 새로운 지도를 개척해야 한다. 초반과 후반이 확실하게 나뉘는 이벤트인 '악마성 반전'은 게이머가 초반에 개척했던 지형의 상하좌우를 반전시킴으로써 익숙하면서도 새로운 액션 플레이를 가능케 한다는 점에서 획기적인 아이디어었나.

메트로바니아의 의의

2015년 문 스튜디오의 오리 앤 더 블라인드 포레스트는 3D 그래픽 효과를 가미한 메트로바니아의 최신 명작이다. 뛰어난 음악과 그래

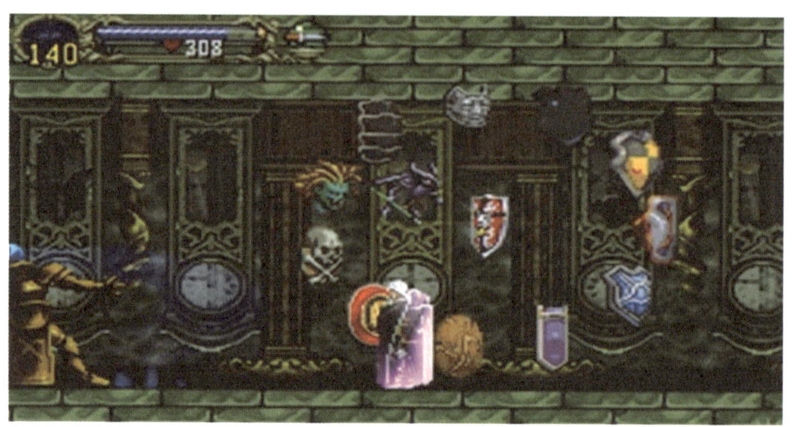

코나미의 악마성 드라큘라 X 월하의 야상곡

픽, 자연스러운 컷신 연결로 애니메이션을 보는 듯한 느낌을 주는 것으로 평가받았다. 주인공인 생명의 정령 오리(Ori)는 죽어버린 숲을 되살리기 위해 다양한 지역을 탐색하며 과제를 수행하는데 동료인 나무의 정령 세인(Sein)은 메트로바니아형 액션 게임의 고유한 특징인 '움직임 추가' 기능을 지원한다. 도전 과제 중에는 초기 액션 조작만으로 게임을 클리어하는 것도 있지만 불가능에 가까울 정도로 어렵다. 게임 난이도가 만만치 않다. 이벤트를 거쳐 주인공 오리에게 다양한 액션 조작을 추가해 주어야 엔딩을 볼 수 있다.

메트로바니아형 액션 게임은 제작 난이도가 높아 다양한 게임이 발매되지는 않았지만, 인디 제작사가 만든 게임이라 해도 일정 수준의 재미를 보장할 수 있는 범용성 높은 장르다. 플레이어의 성장과 캐릭터의 성장을 모두 요구하는 장르이며, 액션 게임의 고질적 한계인 난이도 조절 실패 및 액션 반복으로 인한 지루함에 대한 좋은 대안이다. 휴대용 게임기로 명작이 배출된 만큼 높은 제작비를 소모하지 않고도 제작할 수 있는 형식의 게임이기도 하다. 메트로바니아 게임이 제공하는 재미의 본질은 플레이에 대한 보상으로 다양하고 멋진 움직임을 추가하는 것이다.

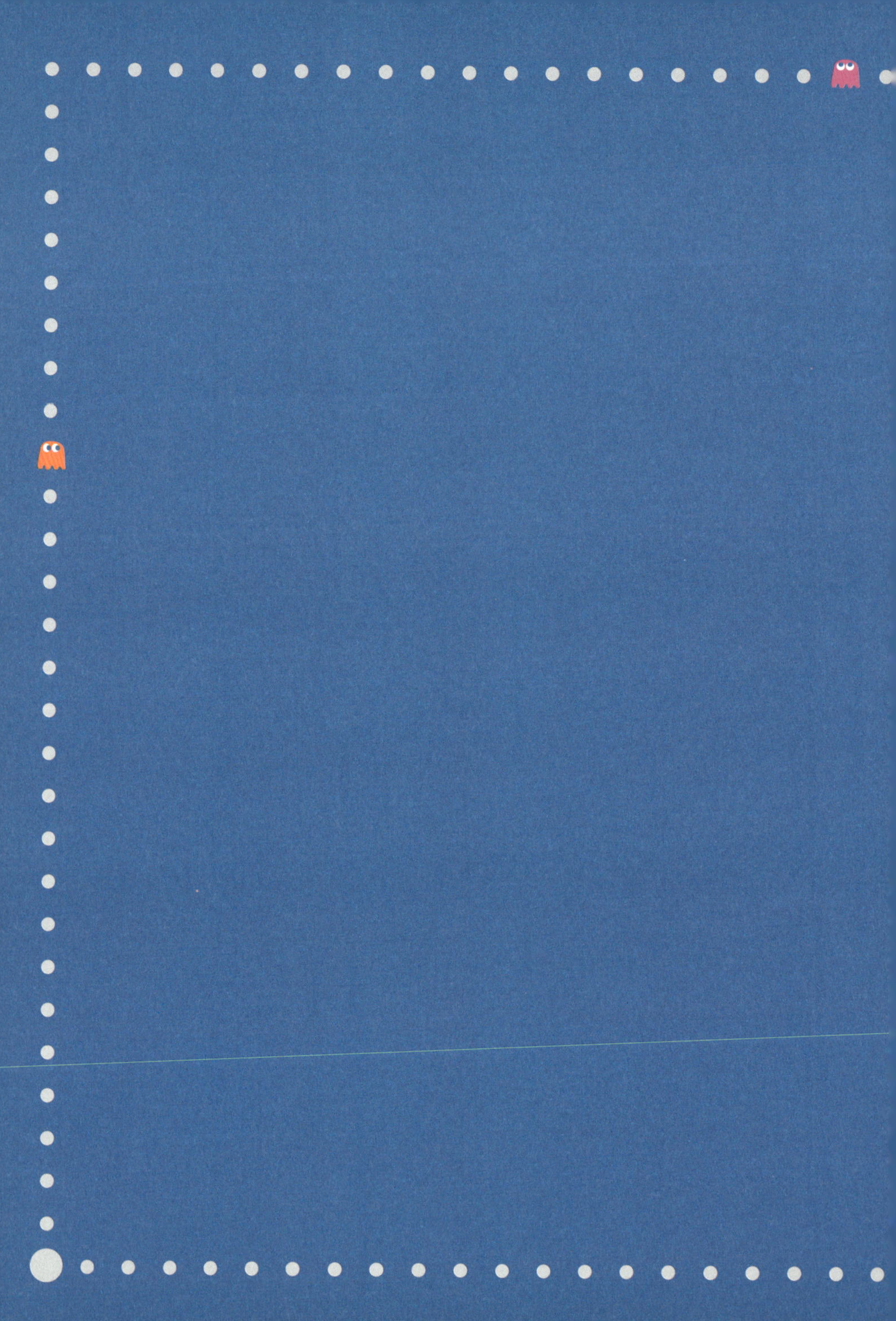

롤플레잉 게임

01 Idea & Replica
TRPG & CRPG

오락실 커뮤니티에서 게임잡지로

흉악범죄만 터지면 모방범죄의 온상으로 지적받던 만화와 애니메이션, 게임의 수난 시대로 돌아가 보자. 기성 세대는 학생, 자녀들이 악의 길에 물들까 우려한 나머지 틈만 나면 21세기형 분서갱유를 행했다. 만화와 애니메이션 애호가들은 이단 숭배자처럼 탄압받았으며 음습한 오락실이 도박장보다 못한 취급을 받았다. 1990년대 후반까지 만화, 애니메이션, 게임을 즐기는 청소년들은 비밀결사 단체 못지 않은 은밀함과 유대감을 공유하며 명맥을 이어갔다. 90년대 후반 PC방과 인터넷 커뮤니티가 청소년들의 주된 놀이문화로 자리잡기 전까지, 오락실

1994년부터 2001년까지 발간된 잡지 〈게임매거진〉

은 게이머들의 유일한 안식처였다. 게이머들은 같은 반, 보통은 같은 학교 내 다른 게이머들과 안면을 틔우며 유대 관계를 형성했다. 문제는 커뮤니티의 구심점이 부족했다는 점이었다. 사회적 인식이 바닥인 게임을 매개로 정식 동아리로 등록될 가능성도 없었다. 이때 전국의 게이머 및 잠재적 서브컬처 창작자들을 묶어준 구심점이 나타났다. 〈게임매거진〉, 〈게임라인〉, 〈게임챔프〉 등 게임잡지 전성기가 시작된 것이다.

게임잡지들은 게임뿐만 아니라 만화, 애니메이션, 코스프레와 팬아트 등 다양한 서브컬처 콘텐츠를 소개함으로써 서울과 지방 사이의 문화격차를 줄이는 첨병 역할까지 담당했다. 당시 한국 서브컬처 콘텐츠의 대부분은 일본을 모방, 수용하는 분위기였기에 수도 서울이나 일찌감치 일본 문화와 교류 가능성이 높은 부산을 제외하면 지방에서 독자적인 서브컬처 문화가 성장할 수 없었다. 전국 단위로 매월 발행되는 게임잡지를 동해서 지방 게이머늘은 업계 트렌드를 파악할 수 있었다.

TRPG

게임매거진은 게임 이외의 다양한 콘텐츠를 적극적으로 소개하는 잡지였다. 특히 국내 최초로 TRPG 리플레이 연재 코너를 마련함으로써 한국 TRPG 문화의 태동에 기여했다. D&D(Dungeons and Dragons) 룰북을 기반으로 하여 5명의 플레이어와 1명의 GM이 만들어낸 TRPG 대화집을 기록한 것이 한국에서 가장 유명한 TRPG 리플레이 '천일모험기'다. 대부분의 국내 TRPG 플레이어들은 천일모험기를 읽고 TRPG를 시작했다고 볼 수 있다.

TRPG(Tabletop Role Playing Game)란 오프라인에서 여러 명이 테이블에 모여 각 플레이어가 설정한 역할을 GM(Game Master)이 설정한 상황에 따라 연기하는(Role Playing) 이야기 형식의 게임이다. RPG는 원래 TRPG를 지칭하는 개념이었으나 컴퓨터와 콘솔을 기반으로 한 RPG가 대중화되면서 현재 RPG에서 TRPG가 가지는 비중은 줄어들었다. 후자를 TRPG와 구분하기 위해 CRPG(Computer Role-Playing

D&D Replay

천일 모험기 -제2회-

지난 달에 이은 리플레이의 연재입니다. 이 리플레이는 지난 95년 2월부터 시작된 S&M(Sword and Magic)팀의 플레이를 적은 것입니다. 또한, 어떤 부분은 사정상 수정되었으며 몇몇 부분은 기록없이 기억에 의존하여 재구성되었음을 밝혀둡니다.

던전마스터	:	김희정, 23세
참가자	:	강대선, 21세 - 드워프 '칼리에산'의 플레이어
		박형구, 26세 - 전사 '호크윈드'의 플레이어
		인지혜, 23세 - 도둑 '케이트'의 플레이어
		정병철, 26세 - 엘프 '위스퍼링레인'의 플레이어
		정병문, 21세 - 성직자 '머즈'의 플레이어
		정성환, 25세 - 마법사 '캘리온'의 플레이어

TRPG 리플레이 천일 모험기 (이글루스 mistjade)

Game)라고 부르기도 하며, CRPG 쪽이 대세인 것은 누구도 부인할 수 없으므로 원조 RPG를 TRPG라는 용어로 지칭하게 되었다.

TRPG는 보드 게임/워게임에서 갈라져 나온 분파에 가깝기 때문에 역사가 길지 않다. 초기의 TRPG는 캐릭터의 역할 구분을 강화하고, 맡은 캐릭터에 경험치와 레벨, 스킬 개념을 도입해 '육성'의 체계적 재미를 부가한 보드 게임이라 봐도 무방하다. TRPG 인구가 늘어나고 D&D 뿐만 아니라 소드월드, 겁스, 크툴루의 부름, 월드 오브 다크니스, 워

해머 40,000 등 다양한 세계관의 룰북이 발매되고 이들을 기반으로 CRPG 게임들이 나오자 TRPG는 초창기 레벨제 보드 게임에서 시나리오와 캐릭터 역할 연기를 강조하는 방향으로 변화하게 된다.

천일모험기 리플레이를 보면 국내 도입시기의 TRPG는 이미 역할 연기가 중심이 되었다. TRPG는 기본적으로 GM이 이야기의 큰 줄기를 설정하긴 하나 여러 명의 플레이어들이 직접 대화를 통해 함께 이야기를 만들어나가는 형식이 된 것이다. 이는 상호작용을 통해 만들어가는 이야기에 부합되는 개념이다. TRPG만큼 게임의 이상을 실현하는 장르가 있을 수 없다. 플레이어와 GM(Game Master)이 테이블에 둘러앉아 지도를 그리고 대화로 캐릭터의 행동을 묘사하고 주사위 등 확률생성 도구를 이용해서 행위의 성패를 결정한다. 화려한 시청각 효과는 없지만 플레이어들의 상상력을 발휘할 수 있고 시스템의 제약 없이 자유롭게 이야기를 진행시켜 나갈 수 있다.

TRPG는 게임이 추구하는 이상에 가장 가까운 방식이므로 현실적인 난관(여러 사람이 스케줄을 맞추기 어려우며 플레이어들의 행위를 통제하기 어렵다)에도 불구하고 재미있다. TRPG는 사회적인 게임이며 플레이어 간, 플레이어와 GM의 의사소통과 상호작용으로만 구성된다. '이야기를 만들고, 보고, 겪는 것을 동시에 할 수 있다'는 즐거움은 오직 TRPG만이 줄 수 있는 묘미이다.

CRPG

TRPG의 매력에 주목한 제작자들은 컴퓨터를 활용하여 RPG의 재미를 표현하고자 한다. 최초의 시도는 가장 대중적인 TRPG 던전 앤 드래곤 시리즈를 PC를 통해 재현하려는 노력이었다. 다만 기술적 한계와 동시적 상호작용을 구현하기는 무리가 따랐기에 TRPG의 일부분, 전투 룰만을 알고리즘화하여 재현하는 형식을 취했다. 제한된 장소에서의 이동과 지속적으로 이어지는 전투에 중점을 둔다. 1980년 등장한 로그는 최초의 CRPG이자 현존하는 RPG의 선조격인 게임이다. 2차원 그래픽을 적용해서 이미지 중심 RPG의 선구자인 로그는 이후 로그라이크(Rogue-like)라는 RPG 하위 장르의 모태가 되었다.

1980년 울티마 1이 발매되며 본격적인 CRPG의 역사가 시작된다. 가상의 행성 소서리아에 떨어진 영국인 로드 브리티쉬가 군주가 된 후 악의 마법사 몬데인을 물리치기 위해 새로운 지구인을 소환하기로 하며, 새로 소환된 지구인이 플레이어의 아바타로서 이야기를 이끌어 간다. 서양 CRPG의 고전, RPG의 전설이자 교과서로 불린다. 30년 후인 현재까지 후속 프랜차이즈의 개발소식이 이어지고 있으며 세계 각국에 팬덤을 보유하고 있는 걸작이다.

울티마 시리즈가 내세우는 특징이자 장점은 '뛰어난 자유도'에 있다. 초창기 CRPG들이 TRPG의 재미를 컴퓨터 기반으로 구현한다는 목적으로 제작되었다는 단서다. CRPG와 TRPG의 차이는 GM을 누구로 보는가에서 비롯된다. GM이 사람인가 AI인가가 게임의 이야기를 좌우하

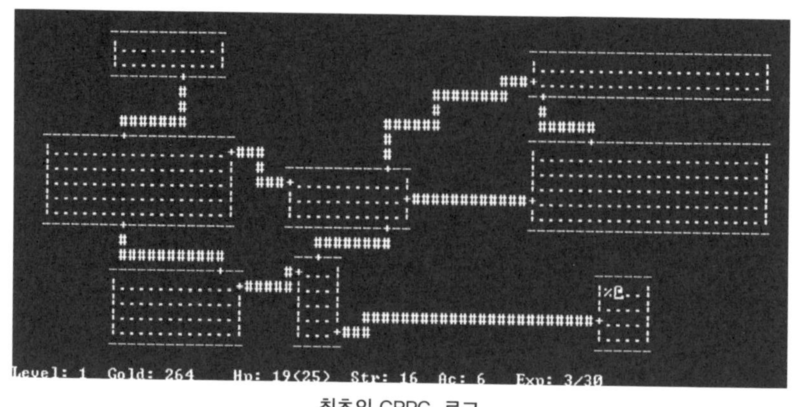

최초의 CRPG, 로그

는 요인이 되는 것이다. AI가 아무리 뛰어나더라도 자체적으로 새로운 이야기를 만들 수 없으며, 플레이어의 반응을 자체적으로 판단해서 대응할 수 없다. CRPG를 플레이하는 유저는 오직 프로그래밍된 if-then 논리에 의해서만 이야기와 상호작용할 수 있다.

RPG의 재미를 PC로 재현하려는 제작자들은 CRPG가 가지는 상호작용의 한계에 부딪힐 수밖에 없었으며, 울티마 시리즈의 기획자 리처드 게리엇은 과감한 선택을 하게 된다. 플레이어의 자유도를 극대화시키기 위해 이야기를 일정 부분 포기한 것이다. 유저는 다른 길로 빠지지 않고 울티마의 공식 스토리를 따라갈 수도 있지만, 메인 스토리를 따라가지 않고 자유로운 선택에 의해 플레이를 할 수도 있다. 이 경우 플레이어의 선택을 통해 새로운 이야기가 생성되지는 않는다. 자유도를 위해 이야기 완성도를 희생시키는 접근법은 후일 MMORPG로 이어진다.

오리진시스템스가 만든 울티마 1

1981년 또 하나의 명작 RPG 프랜차이즈인 위저드리 1이 발매된다. 주인공 캐릭터의 1인칭 시점, 직업을 전환할 수 있는 전직 시스템을 최초로 도입한 작품이다. 일본에서 패미컴으로 이식되며 드래곤 퀘스트 시리즈, 파이널 판타지 시리즈, 여신전생 시리즈에 이르기까지 광범위하게 영향을 미친 시리즈다. 전형적인 던전탐색형 진행방식 RPG로서 울티마 시리즈에 비해 밀도있는 시나리오를 내세워 인기를 얻었다.

세계 3대 RPG 마이트 앤 매직 시리즈는 1986년 뉴월드 컴퓨팅 사에서 내놓았다. SF와 판타지적 요소가 융합된 세계관의 매력과 높은 자유도, 랜덤 생성되는 다양한 아이템 수집의 매력, 4인조 1인칭 시점의 독특한 플레이 방식 등 인기작의 요소를 골고루 갖췄다.

영웅 서사

TRPG는 게임이 추구하는 이상에 근접한 형태다. TRPG가 제공하는 즐거움을 부분적으로 모사하여 컴퓨터 기반으로 게임화한 것이 CRPG 이다. TRPG와 CRPG가 가진 근본적 차이는 GM이 사람인가 AI인가에 의해 결정된다. AI가 사람과 동일한 사고 구조를 갖추지 않는 한 CRPG 는 TRPG를 완벽 재현할 수 없다. CRPG, 즉 현대의 RPG는 TRPG의 레 플리카이며 플레이어가 설정한 아바타 캐릭터의 설정과 능력을 토대로 성장을 거쳐 영웅적 서사를 완성하는 네 재미의 본질이 있다. 레플리카 이긴 하나 TRPG가 제공하는 '이야기를 직접 만들고, 보고, 겪는다'는 동시 참여의 경험이 유저들에게 특별한 몰입감을 제공하므로 미래에도 사랑 받을 수밖에 없는 매력적인 장르다.

02 RPG의 정반합(正反合)
WPRG 대 JRPG

RPG in PC

RPG는 당대 게임의 조류를 반영하는 거울의 역할을 한다. 액션, 어드벤처, 시뮬레이션에서 발전된 시스템과 조작성, 그래픽 효과와 연출은 주로 내적 RPG를 통해 조합된 후 유저들에게 전달되는 경우가 많다. 세계 유저들에게 꾸준히 사랑받은 장르이면서 장르 내에서의 변화와 발전이 파란만장해서 콘솔 하드웨어 흥망성쇠와 밀접한 관련을 가지기도 한다.

RPG가 추구하는 재미와 구현 개념은 초창기부터 시도되었지만, 문제는 기술 수준이 미치지 못했다는 점이다. 현 시대에서는 박물관에서

나 찾아봐야 할 8비트 애플 2 PC가 보급되고 나서야 유저들은 판타지 세계관을 배경으로 하는 RPG의 느낌을 시각적으로 공유할 수 있었다. 슈팅 액션이나 어드벤처 게임처럼 RPG 역시 PC 개발 엔진으로 개발, 출시되었다. 단 아타리 2600과 몰락, 패미콤의 대두와 더불어 여타 장르가 비디오 콘솔로 흐르는데 비해 RPG에서는 PC 플랫폼 기반을 오랫동안 유지한다. 3대 RPG 프랜차이즈로 분류되는 울티마, 위저드리, 마이트 앤 매직 모두 PC 기반이다.

아타리 쇼크를 계기로 세계를 석권하기 시작한 일본 게임 업계가 한때 RPG에서 고전했던 이유는 일본의 PC 기반이 상대적으로 강하지 않았기 때문이라는 점도 있다. 일본 전자산업의 최전성기라는 1970~80년대에도 일본의 PC 하드웨어/소프트웨어는 압도적 위치를 차지해 보지 못했다. 미국의 PC 환경에서 일본어에서 활용하는 대량의 한자를 표현하는 것이 쉽지 않았다. 때문에 70년대 후반부터 일본 PC 제작업체들은 그래픽 기능에 초점을 맞춰 독자 개발한 기종을 각자 보급해 왔다. 전자산업 대국이라 기술수준이 높은 업체들이 뛰어난 성능의 독자 플랫폼 PC들을 내놓으니 일본 국내 업체들끼리 점유율 경쟁의 전국시대가 열린다. 즉 기술 및 생산 역량은 높았으나 표준화에서 뒤처져 버린 것이다. 일본 전자업계 갈라파고스화는 당시부터 시작되었다.

일본 내수 PC시장에서 우위를 차지했던 모델이 PC88 계열 기종이다. 사무용 컴퓨터 강자로 유명한 NEC사는 PC88 계열 기종을 개발해 80년대에서 90년대까지 사무용 워크스테이션 시장뿐 아니라 PC 시장마저 선도해나갔다. PC88 계열 초기작 PC 8801의 경우 그래픽 해상도와 발색 처리능력이 당시 인기 기종이던 애플 2보다 뛰어난 수준이었다. 일본 밖에서는 비싼 가격 때문에 표준화되지 못했으나, 일본산 RPG 게임들의 프랜차이즈의 대다수는 PC 8801 기반으로 시작되었다.

유저 친화적 WRPG

반면 애플 2의 인기를 바탕으로 서양에서 제작한 RPG는 대중적 인기나 작품성에서 표준 이미지를 선점한다. 애플 2 이후 표준 PC로 자리잡은 IBM PC로의 이식도 빨랐기에 90년대 초반까지의 대작 RPG하면 북미에서 제작된 서양식 RPG를 의미했다.

WRPG(Western Role-Playing Game)는 공식적으로 구분되는 장르라고 할 수 없다. 그러나 후일 헤게모니를 차지하게 되는 일본식 RPG (JRPG: Japanese Role Playing Game)와 게임 진행 양상에서 명확한 차이를 나타내며 추구하는 본질에도 차이가 있으므로 관행상 분류하고 있다.

WRPG는 어떤 특징을 가진 게임인가. 게임의 제작 동기, 유저들의 플레이 동기가 TRPG를 계승하는 성향이 강하다. 단지 TRPG가 GM과 플레이어 모두의 재미를 중시하는 데 비해, WRPG는 GM보다는 플레이어의 재미를 재현하기 위한 방향으로 설계한다. 플레이어가 느끼는 재미란 이야기에 참여·개입하여 이야기를 함께 만들어가는 즐거움을 의미한다. WRPG를 논할 때 거론되는 특징이 '높은 자유도'일 수밖에 없다. 플레이어가 선택을 통해 이야기의 전반에 개입할 수 있도록 플레이어의 캐릭터 조작에 제한을 두지 않고 다양한 관점의 이야기와 엔딩을 설정한다.

복잡한 사전 준비

이야기 시작 전 단계에서부터 WRPG는 복잡한 준비과정을 강제한다. 플레이어가 조작할 주인공 캐릭터, 아바타를 설정해야 하는 것이다. 캐릭터의 나이와 성별은 물론이고 키, 몸무게, 체형, 피부색, 종족, 교육과정부터 성격과 가치관까지 선택한다. 3D 그래픽 기술이 발달한 최근의 RPG에선 이목구비와 머리모양, 수염과 털까지 선택에 포함한다.

유저는 게임 시작부분에서 구매한 게임이 WRPG인지 JRPG인지

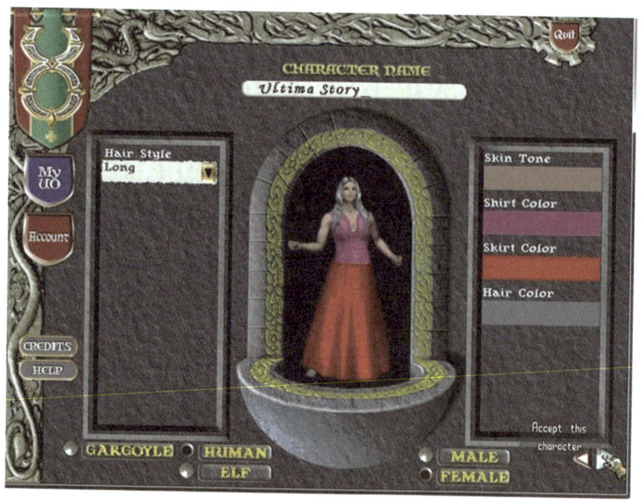

EA의 WRPG 울티마온라인 캐릭터 메이킹

구분할 수 있다. 캐릭터 메이킹 단계에서 5분 이상 시간이 소요되면 WRPG, 캐릭터 메이킹 과정 없이 이야기가 시작되면 JRPG다. JRPG에 익숙한 유저들이 겪는 WRPG 진입장벽 중 하나가 험난한 캐릭터 설정 단계다. 게임 시작 전에 설정할 게 많다 보니 '다음에 시간 넉넉하고 심심할 때 공들여 해보자'고 미뤄두곤 잊어버리는 경우가 잦다.

퀘스트

설정이 끝나면 캐릭터에 따라 이야기의 시작점이 달라지며 '퀘스트'가 주어진다. 퀘스트는 RPG에서 핵심적인 진행 장치다. 플레이어에게 행위 목적을 제시하고 당위성과 세부 진행 과정에 대해 브리핑하는 것을 퀘스트라 한다.

게임의 진행 상황은 설정된 퀘스트를 얼마나 클리어했는가에 의해 결정되며, 퀘스트에 부가되는 각종 이벤트를 통해 플레이어는 캐릭터의 관점으로 이야기에 몰입하게 된다. RPG는 퀘스트에 의해 시작되며 마지막 퀘스트를 완료하면 끝난다. 메인 퀘스트—공주를 구하거나, 마왕을 물리치거나, 세계의 재앙을 막거나—는 보통 세계관 전체 혹은 국가를 좌지우지하는 거대한 이벤트의 성패와 관련된다. RPG는 메인 퀘스트를 달성하기 위한 중간 과정을 게임화한 콘텐츠다. 중간 과정에서 플레이어의 탐색이나 성향, 선택에 따라 메인 퀘스트의 진행에 영향을 약간 미치거나 아예 상관없는 이벤트들도 발생하는데 이를 서브 퀘스트라 한다.

RPG 퀘스트 요약 (림빅엔터테인먼트의 마이트 앤 매직)

TRPG에서는 GM이 플레이어들에게 상황설명을 통해 이야기의 목적을 부여한다. 적을 격퇴하거나, 특정 아이템을 발견하거나, 특정 인물을 만나 설득하는 등 여러 종류의 행위 목적들이 주어진다. 플레이어들은 주어진 목표를 무시하고 행동할 수도 있지만 대개 주어진 목표를 염두에 두고 움직인다. 각자 만들어가는 이야기에는 한계가 있고, 파티 내에서 의사소통을 할 때 주어진 목표를 감안해서 역할 연기를 하는 편이 재미있기 때문이다.

자유도 딜레마

WRPG 제작자의 딜레마는 유저가 퀘스트와 관련없는 행위 선택을 하더라도 대응할 수 있게 설계해야 한다는 것이다. WRPG는 TRPG를 계승해 플레이어의 선택과 참여, 자유도를 중시하기 때문이다. TRPG 플레이어들이 엉뚱한 선택을 해도 행위의 진행 과정과 수반되는 이벤트를 묘사할 수 있는 인격체 GM과는 달리, CRPG의 GM인 AI 시스템은 예측되지 않은 상황에 미리 설계되지 않은 이벤트를 창조할 수 없다. 플레이어의 예측되지 않은 행위를 제재할 수 없기 때문에 차선책을 쓰게 된다.

조직행동학의 행위동기 원리를 따르는 것이다. 유저가 GM이 사전 설정한 행위 방향성과 부합하는 선택을 통해 퀘스트를 완료할 경우 게임 진행에 기여할 수 있는 보상을 지급한다. 반면 준비된 게임진행에 반대되는 행위(NPC 살해 등)를 할 경우 캐릭터에게 불이익을 부여한다. 퀘스트 조건을 통해 신상필벌 원리를 적용하는 것이다.

신상필벌 시스템을 통해 모든 WRPG 플레이어의 행동을 일정한 방향으로 유도할 수는 없지만, 보상과 불이익은 플레이어의 행위를 유도하는 효과뿐만 아니라 게임 플레이 동기 자체를 혁신하였다. 메인 퀘스트와 메인 스토리에 몰입하지 않은 플레이어조차도 보상이 매력적일 경우 보상 획득을 위해 퀘스트에 집중하고 해결을 위해 노력하게 되는 것이다.

플레이어가 높은 자유도에 따라 스토리 진행을 저해하는 선택을 해도 대응해야 하는 WRPG에서 퀘스트 단위의 게임 진행은 필연이다. WRPG 제작의 핵심은 퀘스트 설계다. 유저들을 몰입시킬 수 있는 퀘스트 스토리를 준비했는가도 감안해야 하고, 보상이 동기를 유발시킬

퀘스트 보상 시스템 (림빅엔터테인먼트의 마이트 앤 매직)

만큼 매력적이면서도 밸런스를 파괴하지 않을 정도로 설계해야 한다. WRPG의 관점을 계승한 MMORPG 역시 퀘스트 기반 게임플레이가 중요하다. MMORPG가 유저들 사이의 상호작용을 위주로 운영되는 게임이라 해도 메인 퀘스트의 연출과 디테일, 일관성을 확보하지 못하면 한계를 노출하게 된다.

WRPG 퀘스트의 특징은 클리어 조건이 하나가 아닌 경우가 잦다는 점이다. '마왕 퇴치 퀘스트'가 주어졌을 때 꼭 마왕을 살해해야만 퀘스트가 달성되는 것이 아니다. 마왕을 봉인하거나, 마왕을 설득하거나, 심지어 마왕에게 굴복하고 복종하는 행위까지 퀘스트의 완료 조건이 될 수 있다. 플레이어의 선택과 자유도를 중시하는 WRPG에서 채택하는 진행 방식의 특징은 연쇄 퀘스트 설계다. 주요 퀘스트에서 정석을 거부하는 선택으로 퀘스트 완료 조건을 채울 경우, 후속 퀘스트의 이름과 내용이 변하기도 한다. 퀘스트 진행의 연결고리를 게임북 형식으로 설계한 것이다.

퀘스트 단위에서뿐만 아니라, WRPG는 플레이어가 조작하는 캐릭터와 동료 NPC 캐릭터들 사이의 의사소통에도 주목한다. 동료 NPC에게 디테일한 설정을 부여하고, 동료 캐릭터들의 욕망과 가치관이 의사소통을 통해 다양한 상호작용을 가질 수 있도록 설계한다. 대화문이 선택지의 연속인 경우도 있으며, 동료 NPC와의 의사소통뿐 아니라 게임의 분기에서 플레이어가 선택할 수 있는 긴 대화문의 성격에 따라 이후 퀘스트와 동료와의 관계가 격변하기도 한다.

WRPG는 TRPG를 컴퓨터 게임으로 구현하는 것을 목적으로 삼고 있으며, 플레이어의 선택을 통해 참여하는 이야기를 전달하고자 한다. 캐릭터가 가지는 배경부터 퀘스트, 의사소통, 직업, 목적성, 행위 동기까지도 플레이어의 선택을 반영하려 한다. WRPG가 추구하는 것은 '캐

동료 NPC 대화 선택지 (바이오웨어의 드래곤 에이지)

릭터'가 아닌 '플레이어의 역할 연기'다. 리처드 개리엇이 울티마를 통해 확산시킨 개념, 화신(化身, Avatar — 산스크리트어)이란 캐릭터를 넘어 플레이어의 대행자다. 플레이어의 가치관, 성격, 판단력, 취향을 직접 설정하고 퀘스트 달성요건도 선택 가능하며 동료와의 관계 역시 플레이어의 의지에 달렸다. 플레이어의 의지를 최대한 게임에 투영하는 것이 WRPG의 목적이자 매력이다. WRPG는 역할 연기극이지만, 세계관의 전환을 배경으로 한 플레이어의 이야기이기도 하다. 플레이어는 신이 인간을 설계하듯 직접 캐릭터에게 이름과 외모, 성격과 가치관, 욕망을 부여함으로써 자신의 화신으로 이야기를 진행시킨다.

개인방송 플랫폼 '아프리카TV'의 양대 콘텐츠는 게임방송 그리고 먹방이다. 게임하는 걸 보며 소통하는 방송이 게임방송이라면, 먹방은 얼마나 많이 그리고 맛있게 음식을 먹느냐를 지켜보는 내용의 방송 콘텐츠다. 다른 사람이 진행하는 콘텐츠를 지켜보는 것만으로도 시청자들은 기꺼이 시간과 돈을 지불한다. 이는 JRPG가 게임시장을 석권할 수 있었던 이유와 일맥상통한다.

아프리카TV의 먹방 콘텐츠를 TV 방송 포맷으로 변환해 신드롬을 일으킨 코미디TV의 인기 프로그램 〈맛있는 녀석들〉에서 이야기를 시작해보자. 1시간 동안 육중한 체구를 자랑하는 4명의 '녀석들'이 맛집을 방문해 쉴 새 없이 먹어대며 맛있게 먹는 팁까지 공개하는 방송이지만 팁에 관심을 가지는 시청자는 많지 않다. 시청자들은 따라하기도 어려운 식사량을 손쉽게 완식(完食)하는 '녀석들'의 식사량에 경이로움과 부러움, 대리만족감을 느낀다. 웰빙, 소식, 다이어트만을 진리로 여기고 다이어트 압박에 시달리는 대중들에게 감정적 탈출구가 되어주기도 한다.

프로 불편러

최근 '프로 불편러'라는 유형의 시청자 집단이 인터넷 유행어로 쓰인다. 방송 예능 콘텐츠가 마음에 들지 않는 시청자들이 인터넷 커뮤니티에 작성하는 '이거 나만 불편해?'라고 감정적 동조를 요구하는 게시물을 비꼬아 표현하는 개념이다. 프로 불편러들은 각종 방송 프로그램을 모니터링하며 집단적 의견을 모아 프로그램 제작에 영향을 미치고자 한다. 시청자들과의 소통을 중시하며 소통 과정과 결과까지 보여주는 방송 트렌드에 따라 나타난 현상이라 볼 수 있다.

문제는 프로 불편러들에 대한 옳고 그름이 아니다. 시청자들은 개인의 가치관과 취향에 맞춰 프로그램을 취사선택하고 제작진에 의견을 제시하거나 비판할 자유가 있으니 프로 불편러들이 하는 방식이 틀렸다고 할 수는 없다. 당연히 불편해 할 수 있고, 불만을 표시할 수 있다. 맛있는 녀석들뿐만 아니라 대표적인 소통 프로그램 MBC 〈마이 리틀 텔레비전〉 역시 마찬가지다. 시청자들은 본방 채팅에 참여하여 출연자, 제작자와 소통하는 즐거움을 느낀다. 이는 WRPG가 추구하는 재미의 방향성과 유사하다. 유저가 이야기에 직접 참여해서 함께 만들어나가는 재미. 방송 콘텐츠 제작자들도 소통과 참여, 공동 창작의 매력을 깨닫고 있는 것이다.

그렇다면 WRPG의 방향성은 유저가 느끼는 재미의 본질을 모두 반영하고 있는가? 라는 의문을 제기해 볼 만 하다. 콘텐츠 소비자들은 이야기에 관여도가 높을수록 재미와 만족도를 느끼게 될까? 게임 내 상호작용의 정도와 재미는 정비례하는가?

과장된 측면도 있지만, 상기 프로세스 '예능 프로그램이 망하는 단계'는 현실화된 사례가 적지 않다. 시청자들이 동일한 성향을 가진 군

집체가 아닌 것처럼 유저 역시 다양한 감상과 의견을 가진다. 유저들의 관여도가 높을수록 재미를 느끼는 유저층이 존재하는 것은 사실이다. 직접 설정한 캐릭터를 조작해서 이야기를 취향대로 진행시킨다는 것은 매력적이다. 'RPG 만들기'라는 제목으로 한 편의 RPG를 직접 제작하고 플레이하는 것을 목적으로 하는 게임도 있다. 직접 만들기 식의 게임이야말로 제작사가 제공할 수 있는 상호작용성의 궁극이라 할 수 있다.

하지만 모든 유저들이 이야기를 재미있게 만들지는 못한다. 인간은 이야기를 즐기는 본성을 가지고 있지만 스스로 만든 이야기가 항상 재미있는 것도 아니며, 스스로 만드는 행위에 피로함을 느끼기도 한다. 공감되는 이야기에는 몰입할 수 있으나 내가 만든 이야기는 애초부터 공감(共感)의 대상이 아니다. 타인이 만든 이야기에서만 공감할 수 있는 것이다. 90년대 중반 WRPG 프랜차이즈의 몰락과 JRPG의 대두 현상은 WRPG 제작자들의 오판에서 비롯되었다.

WRPG 제작자들의 착각

WRPG 제작자들은 인간이 이야기에 몰입하는 본성의 이면을 간과했다. 유저들이 원하는 이야기는 '재미있는 이야기'이지 '내가 만든 이야기'가 아니다. 스스로 참여함으로써 몰입감을 높일 수 있는 것도 본래 재미있는 이야기일 경우에 한한다. 상호작용은 이야기의 몰입을 도와주기 위한 장치일 뿐 이야기의 품질을 결정하는 요소가 아니다. 게임은 상호작용하는 이야기지만 상호작용 수준이 높다고 해서 이야기 자체가 재미있어지진 않는다. 이야기 매체들 중 게임만이 상호작용을 이야기에 포함시킬 수 있지만 상호작용이 게임의 전부가 아니다. 이야기의 재미는 기획자나 시나리오 라이터의 역량에 달려 있다. 역할 연기를 통해 참여하는 유저들이 만족할 만한 메인 스토리가 재미있을 경우에 유저들도 참여하는 보람을 느낄 수 있다.

1986년 에닉스 사의 '드래곤 퀘스트(이하 DQ)'를 필두로 JRPG는 일본 내수용 게임에서 벗어나 세계를 제패하기 위한 초석을 닦는다.

일본 내수용 PC 플랫폼 RPG 제작사들은 아타리 쇼크를 계기로 글로벌 콘솔 표준을 차지한 패미컴과 SFC(슈퍼패미컴)에 유명 RPG 시리즈 후속작들을 발매하기 시작한다. 일본의 대표적 게임 기획자 호리이 유지, '드래곤 볼'로 세계적 일러스트레이터가 된 토리야마 아키라, 작곡가 스키야마 코이치는 일본의 국민게임 DQ 시리즈의 핵심멤버이며 뛰어난 역량을 가진 창작자 팀이다. DQ는 호리이 유지의 대사와 스토리 연출, 토리야마 특유의 아기자기한 캐릭터, 분위기를 살려주는 클래식풍 BGM이 융합된 명작 RPG 시리즈이자 JRPG 전성기를 이룰 신호탄을 쏘아 올린다. 한때 RPG팬들에게 울티마와 위저드리를 짜집기한 다음 복잡한 시스템을 생략한 아류작 취급도 받았지만, 기존 TRPG 재현 컨셉에서 벗어나 메인 스토리와 캐릭터 상품성이라는 시도를 통해 JRPG의 기반을 완성했다.

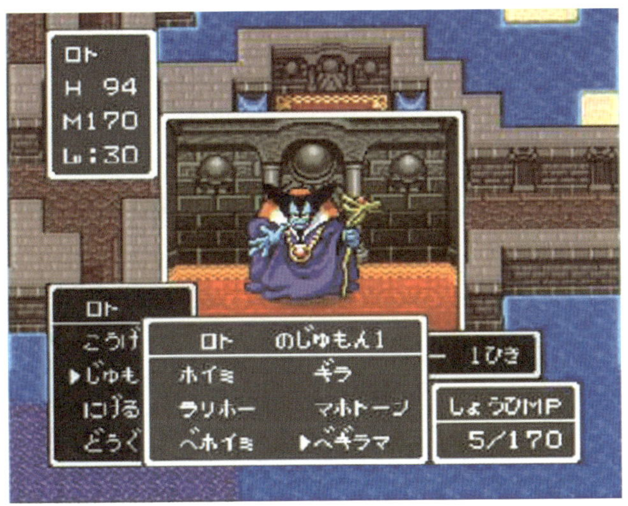

스퀘어에닉스의 드래곤 퀘스트 1

DQ 시리즈, 특히 DQ 1은 RPG라기보다는 텍스트 어드벤처에 가깝다는 평가를 받았다. WRPG가 제공하는 캐릭터 메이킹 프로세스가 날아가고 이름 정도만 변경할 수 있게 했으며 시리즈 대대로 '주인공이 말이 없다'라는 점이 특징이었다. 플레이어는 주인공의 이름 이외에 어떤 설정에도 개입할 수 없으며 주인공의 대사 선택조차 할 수 없다. DQ의 아류작으로 출발했으나 세계적 인지도가 더 높은 JRPG 프랜차이즈 파이널 판타지 시리즈(이하 FF) 역시 플레이어의 개입을 죄소화했다. 이름도 대사도 없는 드래곤 퀘스트 시리즈의 주인공 캐릭터들에 비해 FF 시리즈의 경우 1을 제외하면 짧은 대사 정도는 볼 수 있다. 이름만은 유저들에게 맡긴 드래곤 퀘스트 시리즈에 비해 FF 시리즈의 경우 1을 제외하면 주인공의 이름조차 디폴트로 주어진다. 성별, 연령, 외모,

체형은 선택 불가능하며 성격과 가치관, 욕망은 게임을 플레이해야만 파악할 수 있게 된다. RPG를 시작하기 전에 플레이어는 조작할 캐릭터의 배경을 알고 욕망과 가치관, 성격을 알아야 '역할 연기'에 몰입할 수 있는데 이 부분을 과감하게 삭제해 버린 것이다.

PC 기반 JRPG의 명가 팔콤은 유저가 RPG에 개입하는 방향성을 틀어버린다. 팔콤의 명작 RPG인 이스 시리즈는 플레이어가 캐릭터 아돌 크리스틴에게 개입할 수 있는 방법이 액션 조작밖에 없었다. 레벨과 경험치 성장의 개념은 있었지만 최종레벨이 10이라 금방 의미가 없어졌고, 보스를 쓰러뜨려 엔딩에 도달하는가도 플레이어의 조작 실력에 달려있었다. 플레이어는 자신이 설정에 개입한 캐릭터가 아님에도 불구하고 아돌의 업적, 인간관계, 가치관과 성격에 동조한다. 시리즈마다 주인공이 바뀌는 다른 프랜차이즈 시리즈와 달리 이스 시리즈는 항상 아돌의 모험기를 바탕으로 만든 RPG이며, 추리·액션 어드벤처처럼 멋진 캐릭터인 아돌 크리스틴의 영웅 서사에 몰입하는 것이 재미의 핵심이다.

바르고 정의로우며 신사다운 정통 영웅적인 아돌 크리스틴에 대한 비꼬기 캐릭터가 RPG 주인공으로 활약하는 경우도 있다. 성인취향 RPG 제작사 앨리스소프트는 전사 '란스'의 막장 행보를 그린 RPG 란스 시리즈를 내세워 인기를 얻었다. 란스 시리즈가 제공하는 재미의 본질은 악인 뺨치는 이기적 주인공 란스의 천방지축 행보를 통해 통쾌

니혼팔콤의 이스 2 이터널

한 이야기를 보여주는 것이다. 철저하게 자신의 이익만을 내세우는데다 행위동기가 음란하고 타인에 대한 배려가 전무한 부족한 주인공이지만, 란스가 보여주는 독특한 개성과 매력에 유저들은 몰입하게 된다. 란스의 선택에 플레이어의 의지가 개입되는 순간 란스는 캐릭터 정체성을 잃게 되고 게임의 핵심 재미가 사라진다. 이처럼 TRPG를 세습한 정통 RPG 팬들의 관점에서 보면, JRPG는 상호작용이 거의 없는 이야기로 보일 수 있다.

FF 7을 기점으로 일본 대형 제작사들은 약 10년간 게임소프트 시장 전체를 석권했다. 디스토피아적 세계관과 강대한 적 세력, 행성과 종족

스퀘어의 파이널 판타지 7

의 존망을 가르는 장대한 스케일의 플롯을 개성 넘치는 캐릭터들을 통해 연출했으며, 플레이스테이션의 우월한 성능을 활용하여 영화적 연출의 극치를 보여주며 RPG 역사의 새로운 이정표를 세웠다. FF 7은 참여하는 이야기가 아닌 보고 즐기는 이야기였으며, 유저들은 시나리오 라이터와 캐릭터 디자이너들이 이야기를 미리 부여하는 캐릭터에 매료되어 캐릭터 팬덤을 형성한다. 일본의 독특한 동인문화를 통해 FF 7 캐릭터들은 팬픽과 팬아트 등을 통해 끊임없이 재생산, 재소비를 거듭한다.

JRPG의 대성공은 이야기에서 캐릭터와 연출이 가지는 중요성을 증명했으며, 게임의 재미는 상호작용에서만 유발하지 않는다는 사실을 시사한다. 유저들이 퀘스트를 통해 이야기 순서까지도 조정할 수 있는 비선형 플롯 위주의 WRPG는 참담한 90년대를 보낸다. 반면 제작자가 설계한 고정 캐릭터와 자유도가 거의 없는 단방향 선형 플롯에도 불구하고 미려한 연출과 매력적인 캐릭터를 통해 유저들에게 몰입의 즐거움을 선사하고자 했던 JRPG는 전성기를 누렸다.

WRPG가 캐릭터보다 플레이어를 위주로 하는 상호작용의 재미를 추구했다면, JRPG는 플레이어보다 캐릭터의 연출을 우선시하고 서사의 완성도를 통해 인물과 이야기의 재미를 추구했다. 캐릭터에 플레이어의 개입 여지를 최소화하고 제작자가 설정한 개성을 부여함으로써 캐릭터의 매력을 극대화시키는 방향을 설정한 것이다.

JRPG뿐만 아니라 일본 문화 콘텐츠의 근간은 캐릭터다. 일본의 캐릭터 산업은 서양에 비해 훨씬 앞서나갔고, 최근 슈퍼히어로 캐릭터들을 기반으로 영화산업을 석권하기 시작한 마블 코믹스와 DC조차도 자신들의 기반인 코믹스 산업에서 일본 만화 캐릭터들의 상세에 내해 위협을 느낀 것이 아닌가 하는 해석이 제시되고 있다. 서양 문화콘텐츠는 전통적으로 캐릭터가 약했다. 따라서 서양 이론가들이 대다수인 스토리텔링 실무자나 이론가들도 문화콘텐츠에서 캐릭터의 중요성을 제대로 인식하지 못했던 것이다. JRPG를 위시한 일본 게임소프트가 콘솔시장을 제패하고 일본 만화와 애니메이션이 북미시장까지 점유율을 높여 가자 서양에서도 캐릭터가 스토리텔링의 핵심이라는 사실을 인식하기 시작했다.

콘텐츠 산업에서 캐릭터의 중요성은 아무리 강조해도 모자람이 없다. 콘텐츠의 상업적 성공은 일차적으로 캐릭터에 달려 있다. 캐릭터는 현대 문화콘텐츠의 알파요 오메가다. 2014년 국내 박스오피스 1위를 차지한 영화 〈명량〉을 상기해 보자. 명량대첩 이야기가 몰입을 자아내는 이유는 어디에 있는가. 명량은 스포일러가 의미 없는 영화다. 한국 사람이라면 이순신 장군이 전쟁 막바지 노량해전에서 전사한다는 사실을 알고 있을 뿐 더러, 한국이 현재 일본의 지배를 받고 있지 않다는 사실만으로도 명량해전이 승리로 끝날 수밖에 없음을 안다. 결말에 대한 호기심이 이야기의 몰입감을 좌우한다는 이론은 부분적으로만 옳다. 결말을 아는 이야기라 해도 재미와 몰입감을 끌어낼 수 있으며 결말을 짐작하기 어려운 스릴러라 해도 재미도 없고 몰입도 안 되는 경우가 있다.

영화 명량의 이야기에 몰입하도록 하는 핵심 요인은 캐릭터 '이순신'이다. 이순신 캐릭터가 매력적이지 않다면 명량은 그렇게 잘 만든 작품이 아니다. MBC의 장수 예능 프로그램 〈무한도전〉도 마찬가지다. 에피소드에 정해진 플롯이 없다. 무한도전의 재미는 출연자들의 캐릭터에 달려 있다. 연출된 캐릭터들을 인식하고 이들의 상호작용을 통해 형성되는 이야기이므로 재미를 느끼고 몰입하는 것이다.

캐릭터와 연출의 중요성을 인식하지 못하고 상호작용에 치중한 RPG

영화 〈명량〉

대작들은 20세기 초반까지 지지부진한 반응에 머물렀다. 몰락을 경험한 WRPG 제작사들은 90년대 후반부터 JRPG의 성공 요소를 반영하여 게임성을 혁신하면서 반전을 노리기 시작한다.

발더스 게이트

3대 RPG 프랜차이즈 울티마, 위저드리, 마이트 앤 매직 시리즈들은

바이오웨어의 발더스 게이트 1

90년대 들어 애매한 작품성과 연출 수준으로 유저들에게 외면받기 시작했다. PC 게임의 대세는 커맨드 앤 컨커와 스타크래프트를 위시한 RTS로 넘어는 시점이었다. RPG 게임계는 콘솔 플랫폼의 JRPG 위주로 돌아가고 있었으며, PC 플랫폼에서는 블리자드의 실시간 액션 RPG 디아블로가 아류작들을 양산하는 추세였기에 정통 RPG는 점차 모습을 감추고 있었다.

캐나다의 게임 스튜디오 바이오웨어는 당시 WRPG 제작 경향인 액션 기반 RPG를 거부하고 TRPG를 새롭게 해석해 낸 정통 RPG '발더스 게이트' 시리즈를 선보였다. AD&D(Advanced Dungeon&Dragon) RPG 룰북을 기반으로 제작된 발더스 게이트 시리즈는 'WRPG는 메인 스토리가 천편일률적이다'라는 편견을 깨고 밀도높은 서사를 담고 있었다.

자유도 높은 기존 WRPG에 비해 제한된 시공간에서 강제 진행되는 이벤트 요소를 포함시킨 발더스 게이트는 JRPG같다는 비난을 받기도 했다. 하지만 선택과 분기, 멀티엔딩을 포함한 비선형 서사, 배경 세계관 포가튼 렐름의 매력을 잘 살린 배경 및 설정, 화려한 연출, 동료들 간의 상호작용(비난, 친목, 연애 등), 전투와 퀘스트 위주의 플레이 등 JRPG 팬들과 정통 RPG 팬 모두를 만족시키는 데 성공하며 바이오웨어 RPG의 초석을 닦았다. 발더스 게이트는 액션성이 높고 스피디한 진행을 모토로 하던 디아블로 류의 실시간 ARPG와는 달리 전투가 액션 게임처럼 보이면서도 짧은 단위의 턴제 행동순서로 설계되었기에 정통 RPG의 전략성을 유지할 수 있었다.

발더스 게이트 시리즈는 초기 단계의 멀티플레이를 제공했다. 거대 서버와 개별 PC 클라이언트를 활용한 MMORPG 개념은 아니었으나, 인트라넷 공유기를 활용하면 동시에 여러 유저가 TRPG의 종이와 펜 대신 PC를 매개로 실시간 의사소통하는 방식으로 멀티플레이가 가능했다. 다른 플레이어가 생성한 캐릭터의 경우 등록만 해 두면 플레이어가 조작하지 않더라도 동료 NPC로 파티에 넣고 다닐 수 있다는 점도 재미있는 요소였다.

발더스 게이트 시리즈는 포가튼 렐름 세계관 기반의 '바알스폰 사가'의 일부 에피소드를 메인 스토리로 설정했다. 시리즈를 통틀어 캐릭터들의 연속성을 가지고 진행되는 대하소설, 혹은 연대기(saga)로 묶은 것이다. 시리즈 전체를 관통하는 이슈인 바알스폰의 존재는 동일 세계관을 활용해서 제작된 후속 작품에 연속성을 부여해 높은 몰입감을 선사하였다. 영웅과 동료들의 연대기를 그려내는 '사가' 형식의 RPG가 WRPG에 본격적으로 자리잡는 계기이기도 했다.

드래곤 에이지

RPG의 역사와 본질을 논할 때 바이오웨어는 가장 중요한 부분을 차지한다. 바이오웨어는 RPG 명가라는 자부심을 잊지 않고 초지일관 RPG의 게임성을 혁신하려는 노력을 아끼지 않았으며 만든 게임들 중 대다수가 명작 반열에 올랐다.

바이오웨어는 발더스 게이트 시리즈의 성공에 이어 네버윈터 나이츠 시리즈까지 성공시키며 명성을 굳혀나간다. 명실상부한 RPG의 거물로 떠오른 바이오웨어는 다시 도약을 시도한다. 스타워즈 관련 게임 중 흥행과 작품성에서 최고로 평가받고 있는 스타워즈: 구공화국의 기사단(2003년)을 제작한 것이다. 스타워즈 오리지널 트릴로지가 종료된 지 십 년 이상 흐른 후 프리퀄 트릴로지가 제작·상영되고 있던 시기였으므로 과거의 영웅적 제다이들을 주인공으로 설정한 바이오웨어의 아이디어는 탁월했다. 조지 루카스의 미숙한 연출로 스타워즈 팬덤의 원성을 산 프리퀄 무비 트릴로지와는 달리 구공화국의 기사단은 게임성뿐만 아니라 캐릭터와 플롯이 깔끔했다. 시스템도 시대의 조류를 반영한 액션 RPG였다. 광선검(lightsaber)을 휘두르는 캐릭터를 조작할 수 있다는 사실만으로도 팬들은 열광했다.

바이오웨어의 다음 과제는 독자적 세계관을 설계해서 이야기를 만

바이오웨어의 스타워즈: 구공화국의 기사단

들어 내는 것이었다. 규모의 성장에 따라 가용 자원이 충분했고 세계관 차용을 위해 지불해야 하는 로열티도 만만치 않았으며, 기존 D&D 세계관의 설정을 따지는 유저들과 충돌을 일으키는 것도 피곤했기 때문이다. 구공화국의 기사단부터 바이오웨어는 RPG를 콘솔로 발매해 왔기에 독자 세계관의 처녀작 역시 콘솔 플랫폼 ARPG 제이드 엠파이어 (2005년)였다. 게임성은 나쁘지 않았으나 기존 소비자들은 D&D나 스타워즈 팬덤을 기반으로 형성된 경우가 많았으므로 유저들의 이탈을 피할 수 없었다. 제이드 엠파이어 세계관의 완성도와 매력도 충분하지 않았다. 오리엔탈리즘적 요소를 섞은 판타지 세계관이 이질적인 느낌

바이오웨어의 매스 이펙트 3

을 주었던 것이다. 제이드 엠파이어는 실패한 작품은 아니지만 기대한 만큼의 성적을 올리지는 못했다.

바이오웨어는 독자적 세계관을 활용한 RPG 제작을 포기하지 않았고, 축적한 노하우를 활용해 새로운 스페이스 오페라를 그려내기로 한다. 총싸움 중심의 TPS 액션에 전략성을 가미한 전투방식, 바이오웨어의 특징으로 자리잡은 엄청난 대사량, 주인공 셰퍼드의 캐릭터성과 개연성 있는 SF 설정을 모두 갖춘 세밀하고도 다양한 설정과 효과는 RPG 업계에 충격을 던졌다.

독자적 세계관으로도 성공을 거둘 수 있음을 증명한 바이오웨어는 2009년 드래곤 에이지: 오리진을 발매해 판타지 세계관으로 돌아간다. 바이오웨어의 노하우가 집대성된 드래곤 에이지는 상업적 성공은 물론이고 유저와 비평가들 사이에서도 극찬을 받았으며 타임머신 게임으로까지 분류되었다. 모든 면에서 대작 RPG의 면모를 갖춘 작품이었지만,

바이오웨어의 드래곤 에이지 오리진

드래곤 에이지 오리진은 주인공 캐릭터의 임무와 역할을 명확히 정의함으로써 스토리텔링의 몰입도를 높였다. 시리즈마다 주인공은 바뀌지만 주인공의 역할과 임무는 같은 흐름으로 이어나감으로써 드래곤 에이지 시리즈를 관통하는 이슈, 대재앙과 싸우는 그레이 워든(회색 감시자) 연대기를 완성한다.

WRPG의 혁신

바이오웨어와 긍정적 상호작용을 이루며 WRPG의 부흥에 일익을 담당한 개발팀 블랙아일 스튜디오의 발자취도 주목할 만하다. 블랙 아일 스튜디오는 TRPG 룰북 웨이스트랜드를 계승한 RPG 폴아웃 시리즈를 출발시킨다. 모회사이자 유통사 인터플레이의 경영난으로 폴아웃 3편부터 베데스다가 개발을 담당했으나, 블랙 아일 스튜디오의 초기

베데스다소프트웍스의 폴아웃 1

시리즈가 인기를 견인하지 않았다면 폴아웃 시리즈의 영광은 존재할
수 없었다.

　포스트 아포칼립스는 황폐화된 멸망 직후의 세계를 배경으로 한 콘
텐츠를 의미하며, 이를 기반으로 제작된 대표 RPG가 1997년부터 시작
된 폴아웃 시리즈다. 무거운 분위기와 암담한 퀘스트, 가치관에 따라
세력의 존망이 격변하는 선택지 등 포스트 아포칼립스 이야기의 매력
을 살린 것으로 평가받는다. 폴아웃은 자유도 개념을 혁신한 작품이었
다. 게임공간에서 자유롭게 이동하고 활동한다는 의미의 자유도가 아
니라, 퀘스트 진행 중 플레이어가 취할 수 있는 선택의 폭이 넓었으며
선택에 따라 게임의 흐름이 변화하는 진폭이 넓고 이야기의 개연성이

명확한 방식이었다. 자유로운 시나리오 진행과 개연성에 집중함으로써 TRPG 식의 이야기 자유도를 추구했다. 이야기 개연성을 확보하기 위해 어느 세력에도 속하지 않는 고독한 생존자를 주인공으로 설정했다는 점이 고유한 특성이기도 하다. 극한의 생존 위기에 직면한 인류 사회에서 드러나는 인물들의 극단적인 가치관과 선택이 개연성을 가질 수 있는 점이 폴아웃 시리즈의 매력이라고 유저들은 평가한다.

블랙 아일 스튜디오는 인류가 만들어낸 게임 중 가장 심오하고 철학적이며 완성도 높은 테마와 이야기를 스토리텔링으로 풀어낸 명작으로 인정받는 플레인스케이프: 토먼트를 제작, RPG 역사에 발자취를 다시 한번 남긴다.

What can change the nature of a man?

This question's answer exists in here…

무엇이 인간의 본성을 바꿀 수 있는가?

이 질문의 답은 바로 여기에 있다…

기억을 잃은 채 시체 안치소에서 깨어난 주인공(이름 없는 사)이 기억을 찾기 위해 떠나는 여행을 그린 플레인스케이프: 토먼트는 캐릭터의 의지가 구현되는 독특한 세계관과 작품에 흐르는 음울하면서 유쾌한 분위기가 특징인 걸작이다. 토먼트의 대사량은 발매되었을 당시 컴퓨터 게임 사상 최대급 규모(80만 단어)였으며 몇 번을 다시 플레이해

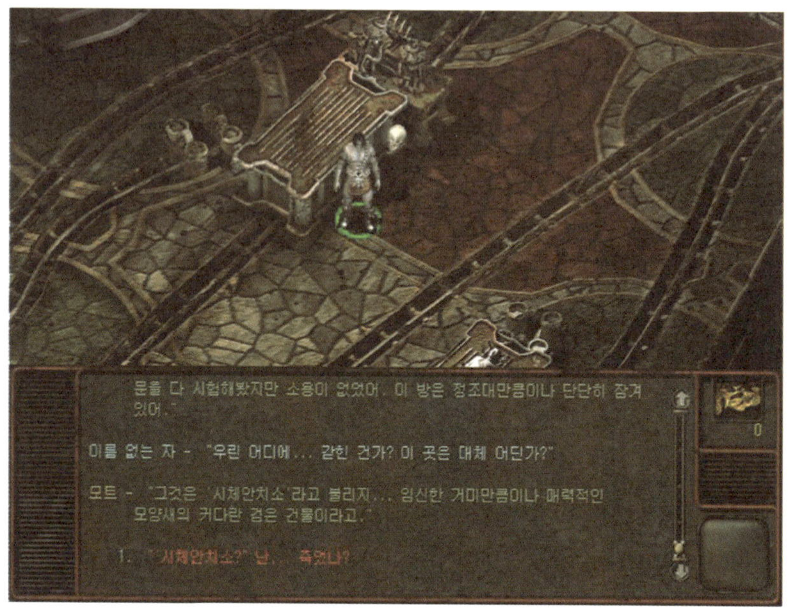

블랙아일스튜디오의 플레인스케이프 토먼트

도 모든 대사를 끌어내기 힘들 정도로 유명했다. 각종 게임대회 수상
작에서 시나리오 부문을 석권하다시피 했으며 현재까지도 RPG 사상
최고의 시나리오를 가진 게임으로 꼽힌다. 이후 토먼트에 필적하는 주
제의식과 상징적 스토리를 추구하는 제작 성향이 이어지진 않았지만,
WRPG가 추구했던 혁신의 방향 중 하나였음은 분명하다.

Return to Saga - RPG의 정반합(正反合)

2015년 최고의 게임상을 휩쓴 더 위처3: 와일드 헌트는 현대 RPG를
대표하는 작품이다. 폴란드의 판타지 소설 〈더 위처〉 시리즈의 열성팬

CD프로젝트RED의 더 위처3: 와일드 헌트

이 모여 만든 CDPR은 소설을 RPG 게임으로 만들기 위해 설립된 회사였다. 더 위처 3: 와일드 헌트는 단순히 세계관을 차용하는 데서 그치지 않고 원작 소설을 기반으로 게임을 통해 스토리를 확장한다. 폴란드소설을 바탕으로 폴란드 제작사가 내놓은 작품이지만, 위처 시리즈는 WRPG보다는 JRPG에 가까웠다. 캐릭터 메이킹이 없는 일자식 선형 플롯을 채택했으며, 수준 높은 이벤트 연출을 통해 주인공인 리비아의 게롤트가 끌어가는 영웅 서사 이야기에 몰입할 수 있도록 했다.

후속작과 DLC(DownLoad Contents)를 통해 서브퀘스트와 시니리오 분기가 추가되며 일자식 JRPG라는 비판에서 자유로워졌으나, 위처 시리즈의 핵심 매력은 원작 이야기를 게임으로 확장하는 데에 있다. 위처(괴물 사냥꾼) 리비아의 게롤트는 시리즈 내내 주인공이며 그의 시점으로 이야기가 표현된다. 드래곤 에이지에서 제시한 주인공의 확고한 역할과 임무, JRPG의 특징인 영웅적 주인공의 행보를 따라가는 스토리 구조가 모두 적용된 작품이다. 로맨스 스토리텔링에서도 진화된 모습을 시도한다. 높은 자유도를 구현하기 위해 다수의 연애 대상자들 중 자유롭게 선택하게 만들었던 기존 RPG에 비해, 위처 3는 히로인 선택이 삶의 방향성과 가치관에 연결된다. '어떤 삶을 살 것인가'보다는 '어떤 가능성을 버릴 것인가'를 고민하도록 설계한 스토리텔링 구조는 위처를 여러 번 플레이하도록 만드는 요인이다. 폴란드는 위처 시리즈 흥행을 통해 게임을 국가기간산업 중 하나로 선정하려는 움직임까지 보이고 있으며, 폴란드를 방문한 미국 대통령에게 수상이 직접 더 위처 카피를 선물할 정도로 자부심을 표현한다.

역할 연기의 본질

롤플레잉 게임은 주어진 역할을 연기하는 게임이다. 하지만 역할 연기는 게임 내용의 일부일 뿐, '왜 역할을 연기하는가'에 대한 고민을 할 때 RPG의 본질에 다가갈 수 있다. 제작자들은 RPG를 제작할 때 무엇을 위한 역할 연기일까부터 고민해 봐야 한다. 역할수행만을 위한 게임이라면 인생 시뮬레이션이라는 장르가 있다. 인생 시뮬레이션은 게임의 내용뿐만 아니라 게임의 궁극적인 목적이 실제 삶의 여러 형태를 재현하는 것이지만, RPG는 그렇지 않다.

TRPG의 기원인 장기와 체스를 상기해 보라. 장기의 차포마상, 체스의 퀸, 룩, 비숍, 나이트는 각각 다른 법칙으로 움직이며 용도와 비중의

체스 또한 롤플레잉 게임

차이가 분명하다. 말들이 각자의 역할을 맡고 전투를 벌이는 목적은 같다. 상대방의 장군/킹을 잡는 것이다. 모든 말들은 하나의 목적을 위해 역할을 분담하여 협력한다. 플레이어들이 펼치는 승부는 시퀀스를 형성하며 서사가 된다.

RPG의 역할 연기 역시 마찬가지다. JRPG가 플레이어들의 자유 의지와 선택을 제한했음에도 불구하고 재미와 감동, 몰입감을 줄 수 있었던 것은 역할 연기보다 영웅 서사 연출에 집중했기 때문이다. WRPG의 몰락과 JRPG의 강세를 통해 RPG 업계는 역할 연기의 목적성에 대해 인식하기 시작했다. 역할 연기는 하나의 영웅 서사를 구성하기 위한 방법론에 불과하며 역할 연기를 통해 만들어지는 스토리보다 완성도기 더 높은 단계의 이야기를 전제하고 플레이어의 역할을 정해주는 편이 훨씬 재미있고 몰입도가 높다. WRPG의 부흥은 JRPG라는 반면교사를 통해 원초적 영웅연대기로부터 출발함으로써 성공하였다.

TRPG를 PC 게임으로 구현하기 위해 시작된 CRPG는 플레이어의 선택과 의지를 중시하는 WRPG와, 캐릭터성과 몰입도 높은 스토리 연출을 중시하는 JRPG를 통해 두 가지 방향성을 적절히 조합하여 구현하는 현대 RPG로 이어지고 있다. 소설을 기반으로 팬덤의 의견을 적극 수용한 끝에 세계 최고의 RPG 제작사로 자리잡은 CDPR의 사례는 국내 RPG 제작자들에게 중요한 시사점을 준다. 향후의 RPG 역시 탄탄한 가상의 세계관을 바탕으로 매력적인 주인공의 행보를 연대기 형식으로 풀어가는 사가(saga) 중심이 될 것이다.

03 다양한 욕구의 동시 충족
ARPG

플레잉 타임 이론

드라마, 영화, 애니메이션, 방송 프로그램 등 영상 매체 콘텐츠에는 일반적으로 'playing time'이 부여되어 있다. TV 애니메이션의 경우 20~30분(프라임 타임일수록 20분에 가까워진다), 드라마는 회당 1시간 근처, 방송 프로그램은 1시간에서 2시간 사이이며 영화는 2시산을 기준으로 하며 길어도 3시간 미만으로 구성된다.

영화가 TV 애니메이션, 드라마, 방송 프로그램에 비해 긴 시간을 활용할 수 있는 이유는 무엇일까. 영화는 폐쇄된 공간에서 목적성을 가지고 자리에 모인 소비자들을 대상으로 제공되는 콘텐츠이기 때문이다.

TV를 앞에 놓고 다른 행위선택이 가능한 TV 애니메이션이나 드라마 혹은 방송 프로그램에 비해 영화는 영화관에서 정해진 시간 동안만 상영한다. 좌석에 앉으면 영화를 보거나, 수면을 취하는 선택지밖에 없는 것이다. 때문에 영화는 영상 콘텐츠이면서도 공연 콘텐츠적 속성을 가지고 있다고 볼 수 있다. 단일한 행위를 위해 마련된 특수공간에서 집합적 경험을 하게 하는 신전의 집단예배가 공연 콘텐츠의 원류이며, 공연 콘텐츠는 제공자와 소비자들 사이에 강제성이 내재된 묵시적 계약을 전제한다. 개인이 아닌 집단을 대상으로 수용되는 이벤트이자 소비자 집단의 반응까지도 공연 콘텐츠의 구성 요소이기 때문이다. 따라서 공연 콘텐츠는 영상 콘텐츠에 비해 집중력 유지시간이 길다. 영상 콘텐츠이면서도 공연 콘텐츠적 속성을 겸비한 영화는 타 영상 콘텐츠에 비해 긴 시간을 활용할 수 있다.

플레잉 타임 증가의 딜레마

상호작용을 전제한 영상 콘텐츠인 게임은 어떨까. MMORPG나 시뮬레이션 게임의 경우 플레잉 타임에 한계가 없다. 이야기 완결성을 중시하는 어드벤처의 경우 30시간 내외에 끝이 난다. 이야기의 중요성이 떨어지는 액션 게임의 경우, 아케이드 오락실 용도로 제작되었던 과거에는 엔딩 소요 시간이 길어도 2시간에 못 미쳤다. 코인 회전율이 중요했던 아케이드의 특성상 플레잉 타임이 길수록 업주에게 손해였기 때문에 난이도가 높아서 쉽게 게임오버되거나 엔딩까지 소요되는 시간이 짧은 게임 위주로 아케이드 오락실에 배치되기도 했다. 아케이드에서 콘솔 및 PC 중심으로 변화한 이후 액션 게임의 플레잉 타임은 길어지는 추세다.

제작사 입장에서는 길어지는 플레잉 타임 추세에 부합하기 위해 어려움을 느낀다. 플레잉 타임이 길수록 유저들이 '지루함'을 토로하기 시작한 것이다. 유저의 눈높이 상승 속도는 게임 퀄리티의 발전 속도를 상회했다. 현대 게임 개발사는 풀 3D 효과에 높은 해상도의 애니메이션 효과, 멋지고 귀여운 캐릭터와 다채로운 음질, 광원 효과와 현란한 연출, 감동적인 이야기까지 요구하는 합리적 소비자 집단의 수요를 만족시켜야 한다.

유저들에게도 길어지는 플레잉 타임이 긍정적인 것만은 아니었다. 온라인 플랫폼의 발전으로 유저들은 언제 어디서든 다양한 게임을 구매할 수 있게 되었고, 금액에 비해 즐길 수 있는 시간이 긴 게임의 특성상 돈보다는 시간이 부족해 구매한 게임도 제대로 즐겨보지 못하는 시대가 되었다. 자유경쟁의 범위가 확대되면서 게이머들에게 선택의 여지는 많아졌으나, 선택에 들어가는 노력과 비용 역시 증가했다.

한국의 상황도 다르지 않다. 게임 창작·제작의 진입장벽 저하와 더불어 외국 게임사들의 적극적인 한국어화 추세로 유저들의 선택지는 넓어졌으나 하루는 24시간으로 고정불변이다. 플레이할 게임을 잘못 선택할 경우 돈보다 아까운 시간을 매몰비용으로 지불한다. 늘어나는 선택 목록 속에서 유저들은 원하는 재미를 제공하는 게임이 무엇인가를 파악해야 한다. 게임은 늘어났지만, 선택의 난이도는 올라갔다. 개인방송 콘텐츠 전성시대에서 게임방송이 대세가 된 이유다. 남이 게임하는 걸 구경하는 재미도 쏠쏠하지만, 게임할 시간이 없거나 실력이 부족할 경우 방송을 통해 미리 시청함으로써 플레이 여부를 판별할 수 있다. 저질 게임에 대해 함께 욕하고, 명작 게임의 좋은 점을 전달함으로써 게임방송이 콘텐츠 큐레이터 역할을 수행할 수 있다. 실제로 이러한 용도로 게임방송 하이라이트를 활용하는 리뷰어들도 상당수다.

선택장애를 위한 레시피

ARPG(Action Role-Playing Game)는 현 RPG 전체라 해도 될 정도로 대세인 장르다. 인기리에 판매중이거나 기대작으로 떠오르는 RPG 시리즈의 대다수가 ARPG이며, 현대 RPG의 표준형태가 ARPG다.

ARPG는 플레잉 타임 딜레마에 대한 대안이다. 제작업계는 지루함을 피하는 동시에 긴 플레잉 타임을 제공해야 한다는 딜레마를 가지고 있으며, 유저들은 풍부한 선택 가능성을 유지하면서도 선택에 소요되는 비용은 최소화하고자 하는 딜레마에 놓여 있다.

사람들은 매일 고민한다. 치킨을 주문할까 피자를 주문할까, 짜장면이냐 짬뽕이냐. 피자를 먹으면 치킨이 아쉽고 짬뽕을 먹으면 짜장면이 아쉽다. 소비자들은 자신이 진정 무엇을 원하는지 확실하게 인식하지 못하는 경우도 잦다.

선택이 어려운 현대인들의 수요가 뷔페로 향하는 것은 당연한 현상

바닐라웨어의 최신 ARPG, 오딘 스피어 레이브슬라사르

이다. 진수성찬을 보고 조금씩 맛을 보면 확실하게 인지하지 못하고 있던 욕구가 구체화되기도 한다. 여러 가지 욕구가 한 자리에서 동시에 충족되기도 한다.

　ARPG는 액션과 롤플레잉의 대등한 조합이다. 액션 게임유저들은 짧은 액션 게임에 '성장'의 요소를 넣어 콘텐츠 플레잉 타임을 연장할 수 있게 되고, 롤플레잉 애호가들은 캐릭터를 성장시키면서 성능 향상 정도를 실시간 조작의 효과로 체감하게 된다. 액션 게임유저와 롤플레잉 게임유저들의 욕구를 동시에 충족시키는 데 그치지 않고, 시너시 효과까지 창출할 가능성이 있기 때문에 ARPG는 시장성 확보에 유리할 수밖에 없다.

ARPG의 발전

ARPG는 RPG의 파생 장르, 하위 장르로 취급되는 경우가 대부분이다. 주어진 선택지를 고르고 AI가 결과를 알려주는 전통적 RPG 전투 방식에 비해, 실시간으로 캐릭터의 움직임을 조작해서 전투와 이동을 제어하는 것이 ARPG다. 게임의 시작부터 끝까지 대화 커맨드 선택을 제외하면, ARPG는 게임 캐릭터의 움직임 대부분에 유저의 조작이 개입한다.

DQ 시리즈와 FF 시리즈로 JRPG가 전성기를 맞이하기 전부터 일본의 ARPG는 꾸준히 시장에 모습을 보이고 있었다. 스퀘어, 에닉스 등 대형 RPG 제작사 인지도에는 미치지 못했지만, 콘솔에서는 남코의 테일즈 시리즈가 ARPG 인기를 견인해 나갔고, 팔콤은 PC 플랫폼으로 영웅전설, 쯔바이 등 인기 ARPG 시리즈를 흥행시켰다. 90년대 중반 인기를 구가한 대전격투액션의 영향을 받아, 이후의 ARPG는 액션 조작성에 대전격투 요소를 가미한다. 전투에서 활용할 수 있는 필살기를 대전격투 커맨드 조작으로 반영한 것이다. 이러한 시도는 대전 격투 게임유저들에게도 ARPG가 어필하는 계기로 작용했으며, 던전 드래곤 시리즈의 대성공으로 이어진다.

북미에서도 RPG에 액션 조작을 가미하려는 시도가 있었지만, 1990년대 초중반 대세가 JRPG로 넘어가며 북미 RPG 업계가 침체된다. 지리멸렬하던 북미 RPG 시장의 구세주가 블리자드의 디아블로(1996년)다. ARPG 최고의 인기작으로 기록될 디아블로의 성공은 한국에서 PC방을

남코의 대표 RPG 테일즈 시리즈

확산시키는 기폭제로 작용하였다. 구형으로 생긴 붉은색 체력 게이지
와 푸른색 마력 게이지, 단축키로 발동되는 휴대형 인벤토리와 구역을
정사각형으로 분할 표현한 인벤토리 시스템을 선보인 디아블로는 현대
ARPG 및 MMORPG의 기반을 확립한 작품이다.

융합 게임 – ARPG의 본질

ARPG는 태생부터 장르 간 융합에서 출발했기에 다양성과 참신성을
갖춘 시도가 많아야 하며, 유저들이 즐길 수 있는 요소를 가능한 많이
구비해야 한다. 성장 요소를 재미의 핵심으로 보는 유저들을 위해 성장
에 따르는 보상 시스템을 세밀하게 설정해야 하고, 성장에 신경 쓰지
않아도 조작 실력을 통해 엔딩까지 클리어할 수 있도록 액션 난이도를
조절하여 다양한 방식의 플레이를 구현할 수 있도록 설계해야 한다. 퀘

스트 및 메인 시나리오의 구성과 연출에도 주의해야 하며, 1인의 캐릭터를 조작해야 하기 때문에 캐릭터 설정과 연출을 일관성 있게 가져가야 한다.

현 게임계는 FPS가 이끌어가고 있으나, RPG만큼의 꾸준한 수요를 유지하지 못할 것이라는 예측이 지배적이다. ARPG는 RPG 중에서도 서로 다른 취향을 가진 유저들에게 어필할 수 있다. 또한 다양한 수요의 동시충족을 요구하는 미래 게임시장의 향방으로 볼 때 지속적인 수요가 예상되는 분야이며 이야기의 완결성 및 캐릭터 중심의 콘텐츠 산업 구조 모든 부분에서 유망한 자원이다.

04 느림의 미학
SRPG

전쟁 이야기

인간은 갈등에 매료되는 경향이 있다. 싸움구경, 불구경만큼 재미있는 일이 없다고 하지 않는가. 인간 사이의 갈등을 상징하는 것이 싸움이라면, 자연현상과 인간의 갈등을 상징하는 빈번한 소재는 불이다. 전쟁과 재해는 이야기 소비자의 몰입을 이끄는 인류 보편적 소재다. 전쟁과 재해의 당사자이거나 피해자라면 이보다 더 끔찍한 악몽이 없겠지만, 구경하는 입장에서는 흥미를 가지지 않을 수 없다.

게임뿐만 아니라 이야기 콘텐츠에서 전쟁과 재해만큼 꾸준한 수요를 창출해 왔던 소재는 흔치 않다. 인간의 의지로 극복하기 어려운 재해 이야기는 천편일률적 전개 때문에 폭발적 수요를 창출하기에는 무리가 있다. 그러나 인간과 인간의 욕망이 충돌해 발생하는 전투 혹은 전쟁 이야기는 무한한 파생 전개와 여러 결말의 가능성을 잠재하고 있기에 선호도가 높다.

전략 게임의 전제

전투의 재미를 유저에게 어떻게 전달할 것인가는 게임 제작자들의 오랜 고민거리였다.

전투, 전쟁을 어떻게 표현하며 싸움의 과정과 결과를 어떤 기준으로 판단하고 묘사하며 전달할 것인가. 오래된 전쟁 게임인 바둑과 체스를 예로 들어보자.

1. 전략 게임은 초기 상태의 유불리의 치우침이 없어야 한다. 전쟁이나 전투의 특성상 미세한 차이가 누적되어 나비효과처럼 게임의 승패를 뒤집기 때문에 초기 자원과 조건이 동일해야 한다. 세력형 전략 게임인 바둑과 이동형 전략 게임인 장기와 체스는 게임의 양상이 다를지라도 초기 조건의 균형을 중시했다. 게임에 임하는 대전자 2명은 아무 세력 없이 시작하거나(바둑), 능력이 동일한 말들을 같은 수와 같은 위치에 놓고 시작(장기, 체스)해야 한다.

   이 합의만으로는 초기 조건의 균형을 달성할 수 없다. '행동 순서'의 유불리가 엄청난 격차로 작용하는 게임 형식이기 때문이다. 선

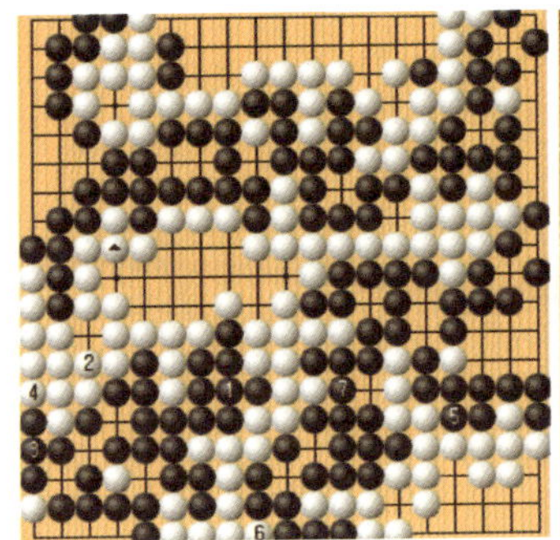

전략 게임으로의 바둑과 체스

공이 후공에 비해 유리할 수밖에 없다. 반상에 차례로 돌을 놓는 바둑의 경우 선공의 이득이 더 크게 작용한다. 바둑은 선공인 흑 돌에게 어드밴티지(6집 반 혹은 7집 반)를 부여함으로써 균형을 맞춘다. 게임의 목표가 상대 왕을 잡는 이동형 전략 게임(체스)에서는 게임 내 밸런스를 맞출 방법이 딱히 없다. 체스 타이틀전에서는 일반적으로 짝수 경기를 편성해서 한 번씩 돌아가며 선공(백)하도록 한다.

2. 전략 게임에는 사전 합의된 승리 조건이 정해져 있다. 바둑의 승패는 대국이 종료될 때까지 양측이 형성한 세력의 크기로 결정된다. 이를 '집'이라고 정의하며 바둑은 집이 많은 대전사가 이기는 게임이다. 한 쪽의 돌이 상대의 돌을 둘러싸 새로 둘 자리가 없게되면 포위된 돌은 반상에서 탈락한다. 체스나 장기의 경우 상대 말이 위치한 곳에 자신의 말을 이동시키면 먼저 위치해 있던 말은 사망처리된다. 기본 룰을 적용해 상대의 킹(장군)을 잡으면 게임을

승리한다.

3. 전투에는 행동 순서(턴)가 존재하며 한 사람이 한 번의 행동 선택을 하면 상대 쪽으로 순서가 넘어간다. 바둑에서는 자신의 턴을 포기하고 상대에게 그대로 턴을 넘겨줄 수 있지만 체스에서는 불가능하다. 반드시 자신의 말을 움직여야 상대에게로 턴이 넘어간다.

전략 게임과 캐릭터 성장의 결합

전략 게임의 캐릭터에 성장 요소를 부여함으로써 재미를 향상시킬 수 있음은 컴퓨터 게임 등장 이전부터 알려진 사실이다. 체스에는 바둑이나 장기에는 없는 흥미로운 규칙이 존재한다. 체스 말 중 최약체인 폰을 움직여 상대편 진영의 끝까지 도달하게 되면, 다음 순서부터 해당 폰은 체스 최강의 말 퀸의 역할을 담당한다. 좌우나 전방 한 칸밖에 움직일 수 없는 폰이 상대진영 끝까지 죽지 않고 도달하는 미션이 어렵기 때문에 실제로 구경하긴 어려운 룰이다. 그러나 힘든 미션을 달성했을 때, 보상으로서 유저(체스 플레이어)의 조작 캐릭터(폰)를 레벨업(폰에서 퀸으로)시켜 줌으로써 게임에 새로운 변수를 주고 전략성을 확대할 수 있다.

체스의 폰 성장 규칙을 RPG 관점으로 치환하면, 체스는 폰을 주인공 캐릭터로 하는 RPG 요소를 포함하는 게임이다. 일반적인 RPG에서 플레이어가 캐릭터를 성장시키는 방법은 대부분 적 캐릭터 및 몬스터와의 전투를 통해 경험치나 돈을 얻어 레벨을 올리고 장비를 업그레이드

하는 식이다. 퀘스트 달성을 통해서 경험치와 돈을 얻기도 한다. 그러나 퀘스트 설계 비용과 한 번 설계하면 반복 사용할 수 있는 몬스터 설계에 드는 비용을 고려해 보면 후자가 효율적이다.

TRPG의 전투 규칙

TRPG부터 역할 플레이는 전투 행위를 중심으로 이야기가 진행된다. 전투가 재미있지 않으면 플레이 몰입도가 떨어지게 된다. TRPG의 전투가 갖춰야 했던 전제 조건들이다.

첫째, 플레이어가 이기는 것을 전제로 했다. 사람과 사람이 겨루는 전략 보드 게임과는 달리 TRPG는 플레이어와 GM이 설계한 적대 캐릭터와의 전투다. 전투의 승패 자체가 목적이자 엔딩이기도 한 전략 보드 게임과는 달리 RPG에서는 이야기 진행을 위한 캐릭터의 성장 이벤트가 전투다. 플레이어가 전투에서 어려움을 겪는 수준까지는 몰입도 향상을 위한 미덕으로 이해할 수 있지만, 승리가 불가능할 정도로 어려운 전투는 금물이었다. 전략 보드 게임의 전제 중 하나인 '동등한 초기 조건'은 중요하지 않았다.

둘째, 전투의 승패는 한쪽의 전투불능(사망 포함) 상태 혹은 도주시로 정해져 있다. 전투 참가자는 고유한 체력수치(HP: Health Point)를 부여받고 수치가 0이 되면 전투불능 혹은 사망 처리된다. 다양한 전투 묘사를 위해서 체력수치와 관계없이 '상태이상'이라는 개념이 도입되는데,

석화(걸린 순간에 전투불능), 마비(일정시간 행동불능), 독(턴마다 일정 데미지 누적), 혼란(일정시간 플레이어의 조작 불능, 캐릭터가 임의로 행동 결정), 매료(캐릭터가 조작 불가능해지고 상대편에 편입) 등이 존재한다.

셋째, 전략 보드 게임과 동일한 전제로서 행동 순서가 부여되었다. GM이 적의 행동을 결정하면 플레이어가 캐릭터의 행동을 결정하는 식으로 돌아가며 전투 행위를 조작한다. 전투는 실시간으로 이루어진다기보다 상황 설명을 듣고 플레이어가 충분히 고심한 후 대응 행동을 결정하는 전략적 전투였다.

RPG 전투 방식의 변천

CRPG 초기에는 TRPG 재현을 목표로 했으므로 TRPG 전투 방식을 프로그래밍으로 모사하였다. 사람인 GM이 시스템 AI로 전환되었을 뿐 전투 시스템은 TRPG의 것과 동일했다. 플레이어의 승리를 전제로 설계되었기 때문에 동일한 초기 조건이 아니었고(동일한 초기 조건이라 해도 AI와 인간지능의 격차 때문에 플레이어가 유리) 실제 전투의 승패결정 룰을 따랐으며, 턴을 돌아가며 행위를 선택하고 결과를 메시지로 전달해 보여주었다. 저용량 소프트였기에 머드게임처럼 모든 상황 묘사와 전투묘사를 텍스트 출력으로 처리할 수밖에 없었다.

게임이 대용량화되고 하드웨어/소프트웨어 처리기술이 발전하여 게임의 배경을 그래픽으로 표현하는 시대에 이르러서도 RPG 전투는 텍스트로 표현되었다. 정지화면 위주의 그래픽 처리능력으로 역동적 전

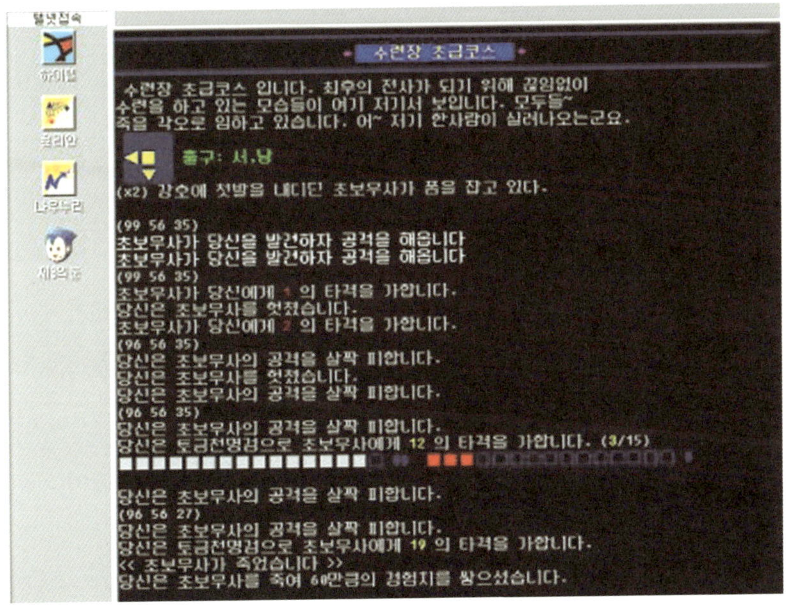

PC통신 시대의 RPG 전투방식

투를 시각 이미지로 묘사하기 위해서는 용량도 기술도 부족했기 때문이다.

90년대에 접어들며 RPG 전투의 그래픽 표현은 진일보했다. 저용량 소프트 위주의 휴대용 게임기 RPG에서도 전투 그래픽 묘사를 지원하는 시대가 온 것이다. 캐릭터 조작 선택지도 다양해져서 공격이나 이동뿐만 아니라 장비교체, 던지기, 마법 혹은 주술 등 전략 요소가 강화되었다. 선택지 증가로 인한 전략 요소의 강화 추세는 실시간 액션 조작성 강화와 더불어 RPG 전투가 발전하는 두 가지 방향성으로 정착했다. 액션 조작성의 강화를 위주로 발전한 장르가 ARPG라면, 선택지 증가를 통한 전략 요소의 강화는 SRPG라는 장르로 이어진다.

SRPG란?

SRPG는 시뮬레이션 롤플레잉 게임(Simulation Role-Playing Game)의 약자로서 원래 의미는 전략(Strategy) 혹은 전술(Tactical) 시뮬레이션 롤플레잉 게임이지만 전략, 전술이 생략된 개념이다. ARPG가 실시간으로 진행되는 전투로서 플레이어의 연속적 조작을 미덕으로 삼는다면, SRPG는 반드시 턴 방식으로 진행되는 전투를 근간으로 삼고 있다. ARPG가 제공하는 박진감을 포기하고 플레이어들의 두뇌 플레이 구현을 통해 재미를 추구한다고 볼 수 있다.

정통 RPG의 전투 양상인 턴 방식을 채용했기에 정통 RPG와 구분이 애매하기도 하지만, 주인공과 동료 캐릭터들의 일부를 조작할 수 있는 정통 JRPG나 WRPG와는 달리 SRPG는 한 캐릭터에 국한되지 않고 '세력 전체'를 일일히 조작할 수 있다. 이는 전략 보드 게임인 체스나 장기와 유사하다.

정통 RPG가 체스의 다양한 역할(폰, 나이트, 비숍, 룩, 퀸, 킹) 중 하나의 말만 조작해서 역할 연기를 추구한다면, SRPG의 경우 8개의 폰, 2개의 나이트, 비숍, 룩, 1개의 퀸과 킹을 모두 조작할 수 있는 것이다. 고전 RPG나 ARPG가 개인의 이야기 관점에 치중하는 반면, SRPG는 주인공 캐릭터가 속한 세력 전체의 집합적 이야기 구도가 메인 플롯이다. 모든 캐릭터들을 조작하는 데 걸리는 시간도 긴데―제한시간이 없다

소프트스타의 고전 SRPG 천사의 제국 2

는 것이 턴 방식의 특징이기도 하다 — 이야기가 대하소설 수준의 스케일을 가지고 있다 보니 필연적으로 플레잉 타임이 길어진다. 순간 상호 작용의 쾌감을 중시하는 액션 게임 마니아들이 선호하지 않는 장르가 SRPG이기도 하다.

단순 반복플레이를 통한 난이도 저하

삼국지 파생 프랜차이즈 중 본편의 인기를 압도했던 시리즈가 삼국지 영걸전이다. 주인공 유비가 속한 촉 세력의 이야기에 집중해 주요 전투를 SRPG로 설계한 삼국지 영걸전은 공전의 히트를 기록하여 SRPG의 전성기를 열었다.

유비 세력으로 플레이 할 수 있는 장수의 수는 보병 19명, 기병 12명, 궁병 9명, 산적 5명, 무도가, 맹수사, 주술사 각각 3명, 이민족 4명(실상 1명), 군악대와 수송대 각각 2명으로 총 62명이나 된다. 플레이어는 최대 62명의 캐릭터를 조작, 관리하여 성장시키며 전투를 승리로 이끌어야 한다. 병종에 따라 활용 특성이 다르고 장수의 이름값에 따라 초기 능력치가 부여되는 점, 장비와 병종간에 상성을 부여하거나 이동에 특성을 부여하는 점, 시나리오 분기에 따라 플레이를 세분화하는 점 등 SRPG의 핵심 요소를 다 갖춘 작품이다.

SRPG는 북미보다 일본과 동아시아에서 인기를 끌었기에 명작 SRPG는 대부분 일본 제작사다. 일본 게임 특유의 집요한 파고들기와 반복 플레이 성향은 SRPG에서 극대화되었다. 유저의 상황인식과 인식에 활용할 수 있는 시간이 무한대였기에 감각과 신체역량보다는 사고력과 아이디어가 플레이의 열쇠이기도 했다. 일본 SRPG의 시조로 볼 수 있는 작품이 인텔리전스 시스템이 제작한 파이어 엠블렘 시리즈다. 파이어 엠블렘의 인기를 기반으로 SRPG 시스템을 삼국지 캐릭터와 이야기에 적용해서 영걸전 시리즈가 탄생했다고 보기도 한다.

영걸전처럼 소설의 유명 캐릭터를 활용하지는 않았으나 파이어 엠블렘은 미려한 일러스트와 짜임새 있는 시나리오로 독자적인 세계관과 매력적인 캐릭터들을 각인시키는 데 성공했다. 파이어 엠블렘의 특징이라면 필드에서 HP가 0이 되었을 경우 사망처리되어 게임이 끝날 때까지 다시는 사용할 수 없다는 점과 캐릭터 능력수치별로 고유한 성장

코에이의 삼국지 영걸전

확률이 붙어있어 레벨업을 해도 캐릭터 성장 결과가 랜덤이라는 점이었다. SRPG에서는 세력의 크기가 크면 클수록 진행이 쉬워진다. 캐릭터는 다다익선이며, 초기 능력치가 출중하고 애써 키운 캐릭터가 퇴장하게 되면 게임 난이도가 비약적으로 상승하게 된다. 캐릭터 성장 효과가 랜덤이기 때문에 파이어 엠블렘은 시스템에서부터 SRPG 플레이의 특성을 내포하고 있었다. SRPG 플레이가 제공하는 재미의 본질이자 선택이 아닌 필수 요소는 소위 말하는 '노가다' 플레이다.

중간 저장 기능을 지원하지 않기 때문에 파이어 엠블렘 플레이어는 실수로 캐릭터가 죽으면 해당 시나리오를 다시 시작하지 않는 이상 캐릭터를 살릴 방법이 없었다. 난이도 높은 캠페인일 경우 반복 플레이를 하며 타개책을 찾아보는 건 기본이고, 캐릭터가 레벨업을 해도 최

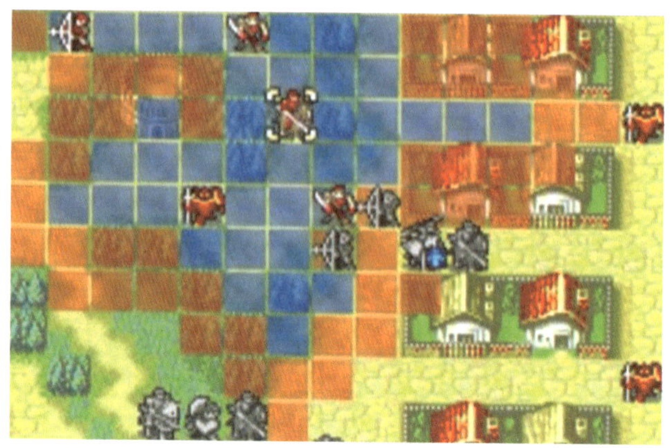

인텔리전트시스템즈의 파이어 엠블렘: 봉인의 검

악의 경우 모든 능력치에 변동이 없는 상황이 발생했기에 캐릭터 성장을 노리는 게이머들은 결과가 만족스러울 때까지 다시 시작해야 했다. 전투불능시 게임에서 퇴장해야 하는 시스템은 파이어 엠블렘과 영미권의 대표적 SRPG 엑스컴의 특징이며, 두 작품 모두 난이도 높기로 유명하다.

효율적 자원 배분 추구

SRPG 진행 중 필드 전투에서 등장하는 적 세력 캐릭터들의 숫자는 제한되어 있다. 플레이어가 조작을 통해 획득할 수 있는 돈과 경험치에 최대 한계치가 존재한다는 결론으로 이어진다. 키워야 하는 캐릭터는 수십 명에 육박하는데, 배분할 수 있는 자원(돈과 경험치)은 유한하다. SRPG가 가지는 또 하나의 전략적 요소다.

SRPG를 잘하려면 전략적인 사고를 통해 한정된 자원을 효율적으로 배분해야 한다. SRPG 플레이어의 목표는 보편화된다. 자원획득 한계 수치에 얼마나 다가갈 수 있는가. 획득한 자원이 최대의 효율적 결과로 드러나도록 배분하는 방법은 무엇인가. 수치적으로 정답이 존재하는 문제인 것이다. 정답에 가까운 플레이를 할수록 진행 난이도는 낮아지게 되고, 메리트를 축적하기에도 용이하므로 선순환 연쇄구조가 성립된다.

반프레스토의 슈퍼로봇대전 시리즈는 자원배분의 효율성을 극단으로 추구하는 SRPG다. 일본 완구회사 반다이의 로봇 피규어 프로모션을 목적으로 제작된 슈퍼로봇대전 시리즈는 수치계산 SRPG의 끝을 보여준다. 기체 능력, 파일럿 능력, 지형, 동료와의 관계, 특수능력, 정신 커맨드 사용, 지휘효과 등 수십 가지 변수가 복합 알고리즘으로 적용되어 결과를 계산한다. 시리즈가 거듭될수록 공식은 복잡해지고 고려해야 할 계산 요소들이 늘어나지만, 대부분의 유저들은 이를 새로운 재미로 받아들인다. 단순함보다 복잡함에서 재미를 발견하는 SRPG 팬들만의 개성이다.

자원 배분 캐릭터 게임 – SRPG의 본질

슈퍼로봇대전 시리즈의 묘미는 정답이 존재하면서도 정답 이외의 매력적인 답안을 다양하게 구현할 수 있다는 점이다. 로봇 완구 관련 상품 마케팅을 위해 기획된 시리즈인 만큼, 로봇대전은 수십 명의 파일럿과 수십 대의 로봇 기체들의 개성을 중시하며 캐릭터성을 추구한다. 수치계산 게임이면서도 유저의 감성에 호소하는 캐릭터 게임이라는 두 가지 목표를 지향해 온 것이 20년간 후속작을 이어가고 있는 슈퍼로봇 대전 프랜차이즈 인기의 본질이다.

효율성보다 캐릭터성을 앞세워서 성공한 SRPG도 적지 않다. 90년대를 풍미한 메사이아의 SRPG 랑그릿사 시리즈의 인기 요인은 캐릭터였다. 전투 시스템이나 시나리오, 숨겨진 요소 등 특유의 게임성도 나쁘지 않았지만 중소 제작사이던 메사이아의 핵심 전략은 캐릭터만 보고도 유저들이 관심을 가지도록 하는 것이었다. 메사이아는 성인물 원화가로 명성을 쌓은 우루시하라 사토시를 랑그릿사 시리즈의 대표 일러스트레이터로 영입했다. 우루시하라 사토시는 성인 게임 수위의 한계에 도전하는 에로틱한 의상의 매력적인 여자 캐릭터들을 내세움으로써 유저들의 관심을 불러일으킨다.

SRPG 열풍은 PC 확산에 힘입어 한국 게임 업계의 약진 계기로도 작용한다. 1996년 12월 한국 패키지 게임 최고의 명작 반열에 오른 소프트맥스의 창세기전 2가 출시되었다. 국산 게임으로 한국 유저들에게 충격을 던져준 창세기전 2는 넘쳐나는 버그와 난이도 설정 실패, 세부 설정 미흡에도 불구하고 국산 게임의 기대치 자체를 바꿔놓을 만큼 재미있었다. SRPG로서 게임성 관점에서는 참신한 요소가 적었으나, 멀티 시나리오와 다중 시점에서의 세력 구도를 짜임새 있게 연출한 기획, 복제하기 힘든 카리스마와 특출한 개성을 갖춘 흑태자 칼 스타이너를 멋

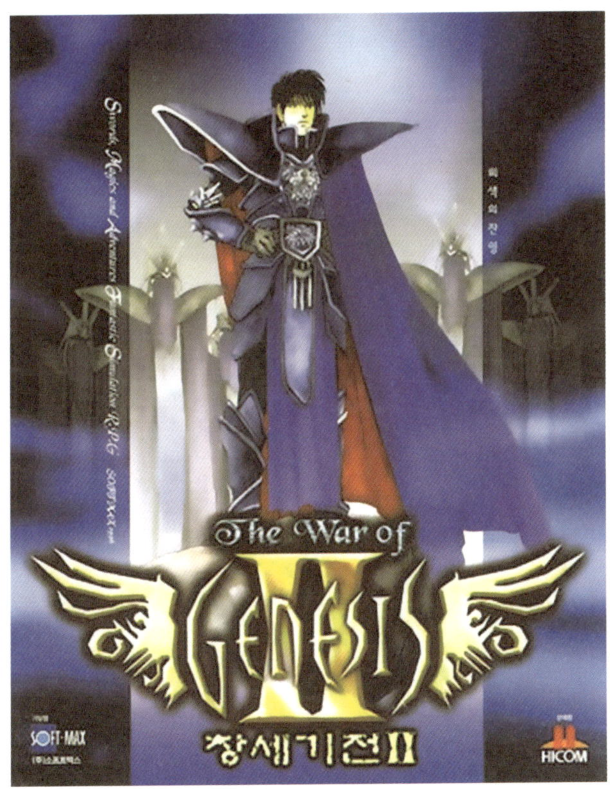

한국 SRPG 대작, 소프트맥스의 창세기전 2

지게 연출함으로써 캐릭터 팬덤을 출발시켰다.

창세기전 2의 성공으로 소프트맥스는 국산 게임 제작사의 대표 이미지를 획득했으나, 창세기전 세계관을 대상으로 만들어진 후속작 서풍의 광시곡(RPG), 외전 템페스트(육성 시뮬레이션)가 연이어 좋지 않은 성과를 거두며 위기에 처했다. SRPG로 회귀한 정식 후속작 창세기전 3를 파트 1과 파트 2로 분할 출시하며 대중성과 작품성에서 명성을 회복하는 기미가 보이나 싶었지만, 새로운 프랜차이즈 마그나 카르타가 불합격 판정을 받으며 패키지 게임시장의 몰락을 주도하고 말았다. 무려 15년이 지난 2015년 소프트맥스는 창세기전 4로 재기를 노리나 정식 출시 이전 단계에서 성공 가능성을 부정당하고 만다. 장르의 황혼기였던 MMORPG로 창세기전을 제작한다고 예고했을 때부터 실패는 정해져 있었다. SRPG만이 가질 수 있는 재미의 본질이 있고, 다른 장르로는 구현하기 어려운 고유한 특성임에도 불구하고 이를 간과한 것이다.

SRPG는 현란한 액션 조작성을 중시하는 현대의 게임 트렌드에 배치되는 장르라고 볼 수 있다. 유저층도 한정적이고 구경하는 재미도 적어 게임방송에서도 인기없는 장르이기도 하다. SRPG는 관전하는 것보다 직접 플레이 해야 재미를 느낄 수 있다. SRPG가 가진 극도의 캐릭터 중심 성향, 자원배분의 효율성을 통한 최적해 도출에는 유저마다 개인차가 존재하며, 캐릭터 선호도와 효율성에 대한 접근 방식에 차이가 크기 때문에 관전만으로는 재미를 제대로 느낄 수 없다. 즉시성과 단순성을 추구하는 최근의 게임 트렌드에 지쳐 게임불감증에 걸린 유저라면 느림과 반복 플레이의 미학을 추구하는 SRPG의 매력을 통해 게임에 대한 열정을 되살릴 수 있지 않을까.

05 그래도 세상은 돌아간다
MMORPG

RPG 이야기의 시작과 끝

20세기까지 RPG에서 역할을 연기하는 플레이어들은 게임을 하나의 '이야기'로 인식했다. 유저들은 시나리오 라이터가 구상한 이야기의 중심인물을 연기하여 영웅 서사의 주인공이 되었다. 동료를 모아 마왕을 물리치고 공주를 구하며 멸망할 뻔한 세계를 구원하는 영웅. 플레이어는 영웅을 연기함으로써 이야기에 매료되었다.

21세기 이전까지 게임계에서 공유하는 대전제가 있었다. 게임의 이야기는 유저가 게임을 구동하는 시점부터 프로그램 혹은 게임기 스위치를 눌러 종료하는 시점까지라는 사실이다. RPG 플레이어는 주인공 캐릭터를 연기하면서 이야기 진행에 관여할 뿐만 아니라 중단과 복귀 시점을 제어할 수 있었다. 진행한 상황을 저장해 놓으면 백년 후라 할지라도 저장 데이터를 읽어 들이는 즉시 백년 전 게임 상황을 재현한다. RPG 세계관 내의 시계는 유저가 관여하지 않으면 멈추는 것이다.

가상 사회의 시초, MUD 게임

기술과 기획의 발전을 통해 RPG의 이야기가 다채롭게 표현되자 유저들은 세계관 자체에 매료되기 시작한다. 가상의 이야기가 펼쳐지는 세계의 정치, 경제, 문화, 언어 등 현실과 다른 부분이라든가 모티브가 된 장치들을 비교, 대조, 추측하면서 새로운 즐거움을 창출하였다. 엔딩을 맞이하면 게임의 공식 이야기는 끝나지만, 게임 세계관에 매료된 팬들은 커뮤니티를 통해 세계관에 관련된 이야기를 교류하기도 했다. 유저들이 게임의 세계관을 활용해 자체 콘텐츠를 만들어내고 소비하기 시작한 것이다. 유저들은 게임의 이야기가 끝난 후 배경 세계관의 설정 정보에 대해 관심을 넓혀갔고, 같은 관심사를 가진 팬덤을 통해 게임 내 설정으로 존재하는 과거 이야기, 주인공과 관계없는 장소에서 일어났던 주요 사건, 엔딩 이후의 후일담에 상상력을 가미해 새로운 이야기를 만들고 공유했다. 유저들은 커뮤니티 활동을 통해 게임 플레이 이상의 재미와 몰입감을 느꼈으며, 커뮤니티 활동으로 창조된 콘텐츠를 게임에서 체험할 수 있기를 원하기 시작했다.

'가상현실 사회'를 목표로 하는 게임은 이전부터 제작되고 있었다.

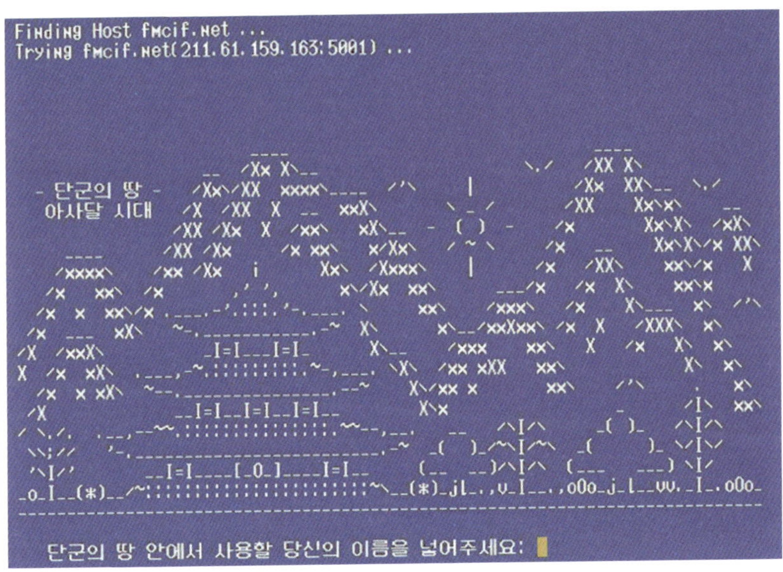

김지호 개발자가 만든 MUD 게임 단군의 땅

MUD(Multi-User Dungeon) 게임이 대표적이다. MUD 게임은 텍스트 기반 온라인 RPG에 가깝다. '그래픽 이미지 = 접속시간 = 통화료'였기에 전화선을 기반으로 한 모뎀 환경에 최적화된 게임이었다. 미국 드라마 〈빅뱅이론〉 시리즈의 주인공 쉘든 쿠퍼는 MUD 게임의 열렬한 지지자로서 MUD 게임을 '가장 뛰어난 그래픽카드인 상상력을 사용하는 게임'이라 평가하는데, MUD 게임의 인기 원인을 적절하게 요약했다고 볼 수 있다.

MUD 게임은 시각 효과와 유저 편의성 측면에서 현대 게임과 비교하기 민망할 정도로 기초적인 시스템이었지만(캐릭터의 행동을 유저가 직접 키보드로 입력해야 한다) 최초의 가상사회 개념을 구현한 게임이었다.

자유도는 사실상 무한이었고, 유저들은 상상력만으로 가상사회의 요소들을 재구성하며 게임 상황을 실제보다 선호하기도 했다.

머드 게임의 진화, MMORPG

하드웨어의 비약적인 발전으로 대용량 소프트웨어를 구동할 수 있게 되자 RPG 세계관을 가상 사회로 활용하려는 게임이 등장하기 시작한다. 1980년대 중반 아일랜드 오브 케스마이, 클럽 카리브 등의 제작사들이 TRPG 세계관을 온라인 가상사회 RPG로 구현해 나갔고, 1991년 바이오웨어의 RPG 네버윈터 나이츠는 풀 3D 그래픽 기반의 온라인 RPG 게임에 초석을 닦은 작품이다. 네버 윈터 나이츠는 당시 획기적 개발 툴 '오로라 엔진'을 활용하여 유저 자체제작 콘텐츠를 게임 내에서 활용할 수 있게 했다. 네버윈터 나이츠 세계관을 활용해서 유저들이 다양한 설정과 이야기를 직접 만들어 즐길 수 있도록 시스템을 보강한 것이다. 네버윈터 나이츠는 싱글 플레이 시나리오의 빈약함에도 불구하고, 온라인 접속을 통해 유저들의 동시적 상호작용 콘텐츠를 지원함으로써 최초의 MMORPG로 인정받는다.

수천, 수만 명의 플레이어가 인터넷을 통해 같은 시스템에 접속하여 선택한 역할을 맡아 게임 내 가상 세계관 속에서 즐기는 RPG를 대규모 다중 사용자 온라인 롤플레잉 게임(Massively Multiplayer Online Role-Playing Game)의 줄임말인 MMORPG로 지칭한다. 1997년 리처드 개리엇은 울티마 온라인을 최초로 MMORPG로 정의한다. 울티마 온라인이 게이머들을 충격에 빠뜨린 이유 중 하나는, 유저의 접속 여부와 관계없이 게임 내 시간은 흘러가고 변화가 일어난다는 점이었다. 유저는 제작자가 정해놓은 구도에서 벗어나 유저들이 구축한 가상사회를 통해 이야기를 만들어 나갔다. 게임 밸런스를 파괴하는 행위만 아니라면 어떤 선택도 인정받았고 이야기의 시작과 끝조차도 없었다. 캐릭터가 죽는다 해도 게임 내 시간은 그대로 흘러갔고 부활하면 다시 이야기는 이어진다.

개리엇이 중시한 MMORPG의 본질은 '무한한 자유도'였다. 개리엇은 유저들이 마음대로 살아갈 수 있는 가상사회를 구현하고자 했다. 울티마 온라인은 달성해야만 하는 특정 목표를 달성하지 않아도 플레이에 지장이 없었고, 게임의 무대인 브리타니아와 여러 국가에서 플레이어가 자유롭게 역할을 연기하며 살아가는 것이 핵심이었다. 용자, 전사, 마법사, 신관, 도적 등 RPG에서 연기할 수 있는 직업 외에 대장장이, 약초사, 목수, 요리사, 나무꾼, 군인에서 노예까지 다양한 국가와 인종, 직업와 성별, 연령, 체형, 외모를 설정해 스스로 목표를 정하고 다른 유저와 상호자용하면서 또 다른 삶을 살아간다.

제작자가 강제하는 필수 목표가 없다보니 MMORPG 게임은 유지 사이의 상호작용으로 콘텐츠가 진행된다. 온라인의 무한한 자유도에 자극받은 전성기 MMORPG 플레이의 꽃은 'PvP와 PvE'라는 두 가지 이벤트였다.

PvP(Player versus Player)란 온라인 게임 내에서 플레이어가 조작하는 캐릭터들 사이에 벌어지는 상호작용을 의미한다. 플레이어 사이의 대전이 게임의 주 콘텐츠인 격투 게임이나 전략 게임은 PvP로 분류하지 않으며, PvP를 지원하는 게임에서 선택적으로 플레이할 때만 PvP로 인정한다. PvP는 게임의 규칙 하에 벌어지는 플레이어끼리의 전투를 의미하는 개념이었으나, 게임에 따라 플레이어끼리의 갈등 전반을 의미할 때도 있다.

PvE(Player versus Environment)란 플레이어가 게임 룰에 의해 NPC와 전투를 벌이는 방식을 말한다. PvE의 원래 의미는 플레이어와 NPC가 싸우는 모든 전투를 포함했지만, MMORPG의 경우 다수의 플레이어가 강력한 NPC를 협동해 쓰러뜨리는 플레이를 의미한다. 기존에 동료 역할을 하던 NPC들을 TRPG처럼 여러 명이 분담해서 조종하는 것이다. PvE는 어려운 몬스터와의 전투에 국한되는 행위가 아니라, 희귀한 아티팩트(artifact)의 제작, 상단 규모의 거래, 국가 간 외교와 협상, 거대 건축물의 축조와 개수 등 다양한 욕구를 자극하는 방향으로 발전했다.

상호작용을 통한 역할 연기 – MMORPG의 본질

MMORPG의 매력은 정해진 이야기가 아니라 주어진 세계관 내에서 다양한 역할을 맡아 자유로운 플레이가 가능하다는 점과, 게임 시스템과 플레이어의 상호작용이 아니라 플레이어와 플레이어 사이의 상호작

온라인 게임 플레이어 성향

용이 핵심 콘텐츠라는 것이다. 기존 RPG에서도 파티 동료와 상호작용을 통해 이야기를 만들어 나가기도 했다. MMORPG는 더 나아가 메인 스토리, 퀘스트(목표)와 상관없이 현실 세계에서 타인과 교류하듯 불특정 다수의 플레이어와 친목, 갈등, 거래, 협력이 가능했다.

MMORPG는 일종의 가상현실을 추구하는 게임 장르다. 오감을 실제와 유사하게 모사하지만 실제 감각에는 도달하기 어려운 기술적 VR과는 달리, 텍스트 기반인 MUD 게임 수준에서도 이미 MMORPG는 현실 이상의 가상사회를 살아가는 재미를 제공하는 것이다.

호불호가 극명한 유저들이 혼재하는 게임계에서 MMORPG는 성향이 다른 유저들에게 매력적으로 다가갈 수 있는 가능성을 제시한다. MMORPG가 제공하는 재미는 복합적이면서도 다양해서 상이한 성향

을 가진 유저들을 같은 게임에 묶어둘 수 있다. MMORPG는 자유도를
보장하는 가상 사회에서 천차만별의 성향을 가진 플레이어들 간 상호
작용을 통해 몰입을 유발한다.

온라인 게임 플레이어의 성향

MMORPG을 이해하기 위해서 MMORPG 유저들의 플레이 유형과
이들이 형성하는 관계성에 대해 고찰해 볼 필요가 있다. 1996년 출판
된 온라인 게임 플레이어들의 성향에 대한 고찰인 〈하트, 클럽, 다이아
몬드, 스페이드: 머드 게임을 즐기는 플레이어들〉이라는 리처드 바틀
(Richard Bartle)의 논문에서는 온라인 게임유저들의 성향을 4가지(달
성가Achievers/탐험가Explorers/사교가Socializers/살인자Killers)로 분류하여
큰 반향을 불러일으켰다.

수직 축의 행동(Acting)은 게임에 준비된 요소들을 성취하는 활동을
의미한다. 예를 들어 아이템 획득을 위해 단체 사냥을 간다던가, 필드
를 돌아다니며 반복적으로 약초 등을 채집하는 행위다. 반면 상호작용
(Interacting)은 게임 요소들이 플레이어들에게 흥미를 주는 상황을 의미
하는데, 예를 들어 제작자들이 숨겨놓은 이스터 에그를 발견하거나 패
러디 등을 발견하여 즐기는 것들이다. 버그를 찾아 재미있는 상황을 연
출하거나 개발자들에게 전달하는 행위도 포함된다. 수평 축은 세계관
(World)에 관심을 두느냐, 플레이어들(Players)에 관심을 두느냐에 따라
갈린다.

온라인 게임 플레이어 분류학

1996년 게임 멀티플레이 환경에서 플레이어의 심리를 분석하여 유형별로 분류하려는 학술적 접근이 시도된다. 리처드 바틀의 분류학(Batle's Taxonomy)은 온라인 게임 플레이어의 성향에 대한 최초의 이론이다.

리처드 바틀(Richard Bartle)은 1978년 MUD 게임 제작인력으로 업계에 참여한다. 바틀은 약 16년간 플레이어들을 관찰해서 MUD 게임유저 욕구를 분석하려 했다. 90년대 중반 MMORPG가 등장하자 바틀은 16년간의 관찰 데이터와 MMORPG 코어 유저들을 심층 인터뷰해서 플레이어들의 유형을 체계적으로 분류하였다. 바틀에게 영감을 준 내용은 MMORPG 고레벨 유저들끼리의 토론 결과였다. 토론의 계기는 단순했다. 바틀은 고레벨 유저들을 모아놓고 질문을 던졌다.

왜 이 게임을 재미있어 하는가?

게임 업계에서 유저들에게 직접 FGI(Focus Group Interview)를 시도한 적이 없던 시절이었으므로 바틀의 화두는 흥미로운 결과를 불러온다. 자리에 모인 유저들이 서로 갑론을박을 벌이기 시작한 것이다. 온라인 게임의 고레벨 유저가 되기 위해서는 적지 않은 시간과 열정을 투자해야 한다. 고레벨 유저는 진정으로 게임을 사랑해서 시간과 돈을 사용하길 주저하지 않는 고객들이었다. 리처드 바틀을 포함한 온라인

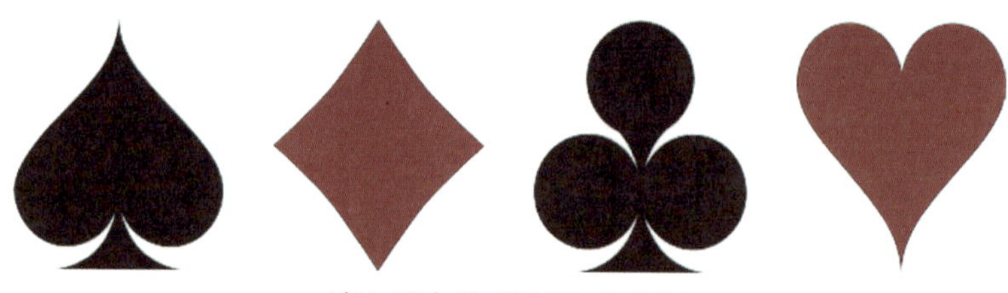

하트, 클럽, 다이아몬드, 스페이드

MUD 게임 제작자들은 고레벨 유저를 하드코어 유저라는 명목으로 묶어 대다수가 동일한 성향을 가지고 있으리라 추정해 왔다. 그러나 같은 욕구와 성향을 나타낼 것으로 추정되던 고레벨 유저들은 게임을 플레이하는 목적부터 큰 차이를 보였다. 유저들은 서로를 이해하지 못했으며 격렬한 토론을 이어나갔다. 고레벨 유저들은 수백, 수천 시간을 플레이하면서도 각자 다른 이유로 게임을 하고 있었다는 사실을 인식하지 못하고 있었다.

바틀은 고레벨 유저들의 토론을 관찰하여 정리한 결과 대략 4가지 정도로 플레이어들의 목적을 분류할 수 있음을 알았다. 이 4가지 유형이 바틀의 분류학을 이루는 근간이 된다.

바틀은 4가지 유형의 플레이어들을 카드의 문양과 대비시켜 분류학을 완성하였다. 온라인 게임유저들을 달성가, 탐험가, 사교가, 살인자의 4가지로 구분한 것이다.

달성가들

달성가(Achievers) 혹은 성취가는 게임에서 주어진 명시적 목적을 중

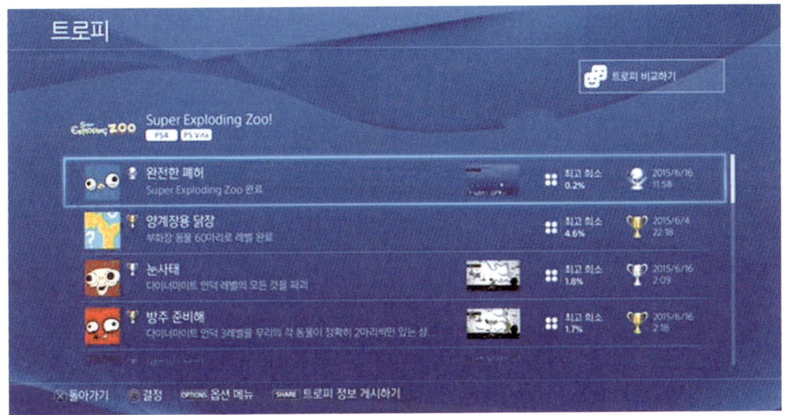

플레이스테이션 트로피 수집

시하는 유저다. 달성가는 게임 내에서 부여된 여러 목표들을 차례대로 달성하고 성취감을 얻음으로써 재미있다고 느낀다. 카드의 다이아 문양에 비유되는 달성가는 RPG의 각종 퀘스트, 슈팅 게임의 하이스코어링, 전투의 승리, 희귀 아이템 획득, 최고 레벨이나 자금벌이 등 명확한 목표를 향해 반복 작업을 마다하지 않는다. 달성가의 욕구는 한 가지 목표를 이루고 다음 목표에 도전하는 수집욕구와 연관되어 있기 때문에 수집가(Collector)로 분류할 수도 있다.

게임 기획자들은 달성가 유저를 위해 평범한 플레이로는 성취할 수 없는 목표들을 삽입한다. 콘솔게임에서 게임 플레이 도중 좌상단에 표시되는 '트로피 달성' 기능이 달성가 유저를 위한 제작자들의 안배다. 게임 진행률을 퍼센트로 표시하고, 필수 진행 요소가 아니지만 얻어두면 도움이 되는 퍼즐이나 아이템, 캐릭터 등 도전 과제 콘텐츠는 게임 제작의 필수 요소로 정착했다.

달성가는 게임을 목표 성취의 매개체로 간주한다. 게임이 제시하는 목표들을 모두 충족시키고 나면, 해당 작품을 정리하고 새로운 작품의 도전 과제를 찾아 나서기 때문에 많은 종류의 게임을 접하는 유형이기도 하다. 달성가는 기본적으로 자기만족감을 통해서 보람을 느끼나 타인으로부터 목표 성취에 대한 인정을 받길 원하기도 한다. 타인의 인정과 칭찬을 통해 자신의 흔적이 게임시스템에 기록될 때 더 큰 성취감을 느끼게 된다. 오락실에서 높은 점수를 기록한 뒤 이니셜을 남겨놓고, 온라인 게임 순위표에 기록되길 원하는 유저는 틀림없이 달성가다. 달성가에게 다른 유저와의 교류는 성취 행위에 기여하기 위해 정보를 습득하거나 잠시 쉬어가는 시간 이상의 의미는 없다. 다른 유저를 살해하거나 공격하는 행위 자체에서는 희열을 느끼지 못하며, 합당한 보상이 주어질 때에만 시도한다.

탐험가들

게임 구석구석을 들쑤시고 다니며 삽질(스페이드)한다는 점에서 스페이드 유형으로 분류된 탐험가(Explorers)가 두 번째 유형이다. 탐험가는 탐구와 발견의 기쁨을 원한다. 달성가가 게임을 플레이하기 전에 공략집이나 가이드북의 조언을 원하는 것과는 달리, 탐험가들은 직접 플레이 요소를 찾아내고 공략법을 발견하길 원한다. 달성가가 공략본을 일종의 교과서로 간주해서 따라하길 원하는 데 비해 탐험가는 공략본에 나와 있는 내용을 하나의 참조 자료로만 취급한다. 탐험가는 공략본보다 창의적인 플레이를 수행할 때 만족한다. 난해한 시스템 구동법이나 복잡한 조작법, 아무도 해보지 않은 플레이 방식이나 새로운 장소, 새로운 공략법, 아이템의 발견 등이 탐험가의 게임 성향이다.

탐험가에게 게임이란 새로운 지식을 얻고 창의력을 발현하기 위한 매개일 뿐 게임을 숙달하는 것에는 큰 관심이 없다. 대다수의 탐험가 유저들은 액션 요소에 관심이 없다. 탐험가는 두뇌회전을 통해 전략적, 창의적 사고를 발현하기 위한 시간을 요구하며, 다 아는 방법을 조금 더 빠르고 정확하게 해내는 데에는 의미를 두지 않는다. 조작 실력이 처참해서 다음 단계로 진행하지 못할 정도라면 문제겠지만, 진행을 무난하게 할 정도만 된다면 실력을 따지는 행위를 무의미하다고 생각한다.

탐험가가 게임을 평가하는 기준은 작품성, 연출과 스토리의 개연성, 게임 세계관의 치밀함에 관한 것들이다. 세계관과 플롯이 개연성과 일관성이 있는가를 중시하고, 기획자의 의도를 유추하며 몰입하는 유형이 탐험가다. 세계관 내의 사소한 정보에도 관심이 많으며, 2차 창작에도 적극적으로 나선다. 다른 유형에 비해 캐릭터에 애착이 크기 때문에 게임 플레이에 몰입도가 높다.

탐험가 유저들이 매료되는 포인트가 이스터 에그(Easter Egg)다. 이스터 에그는 게임 개발자가 게임에 몰래 숨겨 놓은 메시지나 기능을 의미한다. 게임 플레이에 영향을 거의 미치지 않는 요소들이 대부분이기 때문에, 특정 조건을 달성해서 지속적으로 사용할 수 있는 '숨겨진 캐릭

이스터 에그

터'나 무기, 길, 미션 등과는 구분된다. 이스터 에그는 게임의 정상적인 기능이 아니며, 찾는 것 자체에 의미가 있다. 유저들은 순수하게 재미 때문에 이스터 에그를 찾는다. 탐색 난이도가 높다면 게임 발매 수년이 지난 후에 발견되는 경우도 있다. 탐험가는 알려지지 않은 이스터 에그를 찾아낼 때 강렬한 희열을 느낀다.

다른 유저들이 실행하거나 알지 못하는 방식을 발견하기 위해서는 캐릭터의 성능이 뒷받침되어야 하므로 탐험가는 레벨업과 아이템 수집을 중시한다. 캐릭터의 역량이 늘어날수록 플레이의 자유도가 높아지고 더 많은 실험을 시도할 수 있게 된다. 탐험가는 캐릭터 성장을 위해 반복 작업보다는 창의적 방법을 발견하고자 하기 때문에 쉽고 빠른 길이 있다면 망설임 없이 도전한다.

탐험가는 PK(Player KILL)도 탐험의 요소로 포함할 때만 흥미를 가진다. 그러나 상대방의 원한을 사거나 감정싸움으로 번지기 쉽기에 흥미를 잃게 되며 아예 전투를 회피할 수 있는 은신, 비행, 순간이동, 질주 등 다양한 이동스킬을 가진 직업을 선호하기도 한다. 다른 유저와의 교류 역시 오직 정보 수집의 의미로 국한시킨다. 탐험가들은 복잡하고 불가능한 요소를 발견해서 개발자들의 숨겨진 의도를 알아내거나 개발자들을 당황시킬 정도의 경지를 구현했을 때 목적을 달성한다.

사교가들

세 번째 유형으로 분류된 사교가(Socializers)는 타인과의 교류를 위해 온라인 게임을 하기 때문에 하트 유형으로 표현된다. 사교가는 타인과 공감하기를 원하고 그들과의 대화 자체에 흥미를 느낀다. 사교가는 게임의 시나리오, 캠페인, 퀘스트, 심지어 엔딩에도 그다지 관심이 없다. 사교가의 관심사는 화면에 표시되는 타 유저의 말풍선이나 채팅창을 채우기 위한 키보드 자판 위의 손가락뿐이다. PC통신 채팅방에서 밤새워 이야기꽃을 피우던 유저들이 MMORPG 유저가 된 것이다. 사교가에게 게임이란 용량이 크고 과금을 지불해야 하는 채팅 프로그램 이상의 의미는 없다. 시나리오가 조금 어설퍼도, 시스템이 복잡해도, 버그가 많아도 불평할 이유를 느끼지 못한다. 사교가에게는 게임의 접속자 수, 유저들의 분위기와 성향이 우호적인가, 캐릭터 디자인은 귀엽고 예쁜가가 주요 관심사항이다.

퀘스트나 아이템, 레이드(공동 사냥), 레벨업 등 게임 플레이와 관련된 대화 역시 타 유저들과의 교류를 위한 것이다. 캐릭터가 강하고 멋

MMORPG 속 비전투구획

질수록 관심을 가져주는 유저들이 늘어나고 우호적 교류를 만들어갈 확률이 크기 때문에, 레벨업을 하고 좋은 아이템을 갖추기도 한다. 가십거리를 즐기는 사교가에게 달성가와 모험가의 업적은 좋은 대화 소재이고, 유명한 고레벨 유저의 플레이를 함께 감상하며 공감을 얻기도 한다.

MMORPG는 전투공간과 비전투공간의 구획이 뚜렷하다. 비전투 구획인 마을에 상주하는 유저 대부분이 사교가다. 사교가는 마을에서 거래하고 잡담을 나누며 '길드'를 만들고 가입하는 데 의미를 둔다. 길드야말로 사교가들이 MMORPG에서 원하는 맞춤형 흥미 요소다. 길드가 성장하고 길드원 간 친목이 강해지면, 사교가들은 온라인에서뿐만 아니라 오프라인에서도 관계를 지속하고 발전시키고자 한다. 번개, 정모,

정기 채팅 등 각종 친목 활동들은 사교가를 행복하게 한다.

초보자들이 MMORPG를 시작할 때 대가 없이 초보 유저를 지원해 주는 유저는 대부분 사교가다. 사교가에게 게임 실력 차이는 고려사항이 아니며 우호적이고 친밀한 관계를 쌓는 것이 충분한 보상이다. 사교가들이 PK를 극도로 혐오하는 까닭은 관계를 악화시키거나 파괴하기 때문이며, 길드 공통의 적이 아니라면 관심조차 주지 않는다. PK를 당했을 때 억울해하고 분노하며, 다른 유저에게 호소하고 복수를 계획하는 유저들은 사교가인 경우가 많다. 목표를 대부분 성취한 달성가가 몰두할 목표를 찾지 못할 때 사교가로 전향하는 경우도 많다.

사교가는 다른 유저와 대화하거나 교류하기 어려운 싱글플레이 게임에는 큰 흥미를 느끼지 못한다. 그들은 단순명료하면서도 유저들 사이의 원활한 의사소통과 교류활동을 제공하는 멀티플레이 게임을 사랑한다. MMORPG 게임을 넘어 트위터나 페이스북, 블로그나 카페 등 SNS 커뮤니티로 친목 관계를 확장하고 연장하는 데 앞장서기도 하며, 게임이 서비스 종료된 이후에도 친목 관계를 형성했던 유저들과 오랫동안 관계를 유지하는 경우도 많다.

살인자들

마지막 유형은 몽둥이(클럽)에 비유하는 살인자(Killers)다. 살인자는 다른 유저에게 해를 끼침으로서 스스로의 존재감을 확인한다. 살인자의 욕구는 정복욕(lust for conquer)이다. 살인자 유저는 캐릭터의 폭압

적 행위를 통해 관심을 끌고 존재감이 확산되기를 원하기 때문에 다른 유저와 대등한 입장에서 교류하기를 원하지 않는다. MMORPG 유저는 보통 우호적인 관계를 통해 상호이득을 추구하려는 습성이 있기 때문에 살인자 유저에게 우호적 소통은 쓸모없는 짓이다. 살인자는 다른 유저의 캐릭터를 공격하거나 끔찍한 경험을 심어줌으로써 상대에게 트라우마를 남기고 싶어한다. 살인자에게 당한 유저가 분노와 슬픔, 당혹감으로 살인자를 잊을 수 없게 될 때 살인자의 의도는 성공한다.

살인자 유저는 MMORPG를 '인간사냥'으로 인식한다. 정당한 승부나 전투의 즐거움 때문에 다른 유저를 사냥하는 게 아니라, 타인이 겪는 좌절과 고통을 보며 정복감을 얻을 수 있길 원한다. 살인자가 NPC를 사냥하는 이유는 캐릭터를 강하게 만들어 더 많은 유저들을 죽이고 지배하기 위해서다.

살인자는 다른 살인자 성향의 유저와 일종의 동업자 관계를 유지한다. 살인자 유저가 다른 유형의 유저들에게 경원시당하고 배척당하는 분위기가 형성되어 있기에 생기는 현상이다. 동업자 관계임에도 불구하고, 사교가의 경우처럼 우호적 친목 관계를 맺는 것은 살인자 길드의 관심사가 아니다.

살인자는 힘에 의한 상하관계를 인정하고 받아들이며, 현실세계보다 더한 규율과 복종 관계를 유지하려 한다. 살인자가 길드를 조직하는 이유는 단 하나. 더 많은 비 살인자 유저를 죽이기 위해서다. 살인자 유저에게 게임이란 자신의 본능을 해방시켜도 무방한 스트레스 해소

엔씨소프트의 리니지 1 DK 길드 열병식

의 탈출구이며, 레벨업이란 다른 유저를 사라지게 만들기 위한 과정일 뿐이다.

살인자가 지배욕을 달성하는 방법은 전투행위에 국한되지 않는다. 유저 간 전투행위가 시스템적으로 금지된 게임이라 해도, 살인자가 게임을 즐기는 방법이 존재한다. 시장을 독과점해서 유저들이 자신을 통해 거래하게 하는 방법으로 지배욕을 성취하거나, 길드장이 되어 길드를 수직적 명령 체계로 정리해서 권력을 누린다거나 하는 플레이를 추구하는 유형은 살인자 성향에 가깝다.

바틀 분류법의 의의

바틀의 분류법이 가지는 의의는 MMORPG 유저들의 상이한 성향을 정리했을 뿐만 아니라 게임 디자인에 두 개의 축을 도입함으로써 유저들의 성향을 조합시켜 냈다는 점이다. 세로축은 행동(acting)에서 상호작용(interacting)으로, 가로축은 플레이어(player)에서 세계(world)로 이어지는 선호도를 조합한다. 행동이란 반응하지 않는 대상을 향해 영향을 미치는 단방향 전달을 의미한다. 상호작용이란 의사를 가진 다른 플레이어와의 교류이며 양방향 전달을 의미한다. 플레이어는 게임에 접속한 유저들을 의미하며, 세계란 게임의 설정이나 배경 등 게임 내 환경을 말한다.

바틀은 두 가지 축을 2차원 도면에 조합하여 네 가지 유저 성향을 배치했다. 게임보다는 함께 플레이하는 유저에 관심이 있는 유형이 사교가/살인자라면, 게임 자체에 관심있는 유형이 달성가/탐험가다. 일방적인 교류를 통해 성취감을 느끼고자 하는 유저가 달성가/살인자라면, 다른 유저와 함께 제작하고 교류하는 상호작용을 추구하는 유저는 사교가/탐험가다. 달성가들은 세계에 행동하려는 유저들이며, 탐험가들은 세계와 상호작용하길 원한다. 사교가는 다른 유저와 상호작용하기 위해 게임에 참여하며, 살인자는 다른 유저에게 일방적으로 힘을 행사하기 위해 게임한다.

바틀의 분류법은 온라인 멀티플레이 유저를 대상으로 한 이론이었지만, '유저들이 게임 플레이하는 이유가 다양하다'라는 사실은 컴퓨터

유저들의 다양한 욕구와 가치관 (Extra Credits)

게임을 시간 죽이기용 유희로만 바라봤던 게임 업계에 충격을 준다. 바틀의 분류학은 온라인 게임 디자인 분야에서 기초 이론으로 자리잡았으며, 게임을 기획할 때 목표 고객층 설정 과정에서 필수 고려사항이 되었다. 다양한 유저들의 욕구를 어떤 방식으로 만족시켜 줄 것인가를 가늠하기 위해서는 유저들이 어떤 특성을 가지고 있고 무엇을 원하는가를 파악해야 한다.

분류법을 통해 게임 제작자들은 MMORPG 등 온라인 가상사회를 추구하는 게임에 심취하는 유저들이 어떤 욕구를 가진 계층인지, 새로운 요소를 추가할 때 어떤 유형의 유저들에게 환영받고 경원시될지 예측할 수 있는 토대를 마련하게 되었다. MMORPG, 나아가 온라인 게임을 설계하려는 기획자들은 네 가지 상이한 유형의 플레이어가 게임에 매료되는 이유를 파악해야 한다. 나아가 네 가지 유형의 플레이어가 각기 만족할 만한 요소를 게임 설계에 어떻게 균형감 있게 배치할 것인가에 대해 고민해야 한다.

MMORPG를 포함하여 온라인 게임은 접속자 수, 즉 유저가 많을수록 좋다. 유저의 숫자가 늘어나면 게임 기획자의 입장에서 고려해야 할 사항이 늘어나게 된다. 유저들의 상이한 욕구뿐만 아니라 네 가지 유형의 유저들이 마주쳐 형성하는 관계성을 고려하여 게임의 수명주기를 분석하고 운영전략을 짜야 하는 것이다.

유저와의 지속적 상호작용 – MMORPG의 특징

MMORPG는 다양한 유저들이 모여 관계를 만들어 가는 가상사회다. MMORPG가 제공하는 재미의 본질을 한 가지로 정리하는 것은 삶의 재미를 하나로 요약하는 것과 같다. 가치관과 욕망에 따라 수많은 삶의 본질이 존재하는 것처럼, 가상사회를 영위하는 유저들의 성향과 동기가 천차만별일 수밖에 없다.

MMORPG는 광범위한 유저층의 다양한 요구사항을 어떻게 충족시켜야 하느냐에 따라 개발비 단계에서부터 차이가 난다. 스팀 등 게임 유통플랫폼을 통해 액션과 어드벤처 장르에서 개인이나 소규모 제작팀이 만든 인디 게임들이 성장하는 추세이지만, MMORPG만은 인디 게임이 등장하기 어렵다. 수만에서 수백만 단위의 유저들을 유치하며 장기간 운영해야 하는 MMORPG는 소규모 제작사가 감당하기 어렵기 때문이다. 이론상 모든 유저들의 온라인 동시 멀티플레이가 가능해야 하기 때문에 서버 유지관리비가 소요되고 유저들의 클레임, 지속적 콘텐츠 업데이트가 요구되기에 개발보다 운영에 소요되는 비용이 높다는 것이 MMORPG의 특성이다.

21세기 대작 PC 게임들은 대부분 온라인 멀티플레이 서비스를 제공하며 유저와의 지속적 상호작용을 중시하는데, MMORPG의 경우 유저와의 상호작용을 중요시한다. 패키지의 판매 수익보다 매월 일정액의 게임 서비스 사용료로 얻는 수익의 비중이 높기 때문이다. 과금 유저들의 몰입을 이끌어 내면 게임 패키지 가격과는 차원이 다른 수익이 정기적으로 발생한다. 아이템 판매나 캐릭터 추가 복장 등 게임 내 과금 시스템을 활용하면 한 명의 유저에게 수백 장의 게임 패키지 판매를 능가하는 매출을 끌어내는 것도 가능하다.

개발유통사 입장에서 MMORPG의 성패는 콘텐츠 완성도만으로 결정되지 않는다. MMORPG는 온라인 커뮤니티의 운영을 반드시 병행해야 한다. 유저들이 서로의 정보를 공유하고, 운영인력과의 공식적인 소통 창구를 활용하려면 게임사에서 운영하는 온라인 커뮤니티 공간이 필요하다. 게임 콘텐츠의 진부함을 개선해줄 업데이트 예고, 기간 한정 이벤트, 유저들의 클레임에 대응하는 속도와 태도는 유저들이 MMORPG에 가지는 애착과 직결된다. 유저가 MMORPG에 가지는 애착의 강도는 유저가 게임에 투자하는 비용의 핵심 요소다. 유저가 MMORPG에 느끼는 애착이 강할수록 유저의 지갑은 쉽게 열리게 된다. 개발운영사 입장에서 게임 콘텐츠를 잘 만드는 것 이상으로 중요한 것은 유저와의 관계 형성이다.

국산 MMORPG가 경쟁력을 잃은 원인 중 하나가 고객자원관리(CRM: Customer Resource Management) 개념이 기초적 단계에 머무르고 있는 점이다. MMORPG는 가상사회를 제공하는 게임이고, 가상사회에서 유저들의 성향과 욕망은 게임 로그를 통해 신빙성 높은 고객 정보로 기록된다. 가입할 때 입력하는 인적사항을 넘어 유저의 언행 기록이 시스템에 남아 있다는 것은 쉽게 획득할 수 없는 빅데이터 축적 기회임에도 불구하고, 이를 통해 새로운 수익을 창출하고자 하는 시도가 부족했다. 유저가 가진 내적 동기, 가치관, 취향, 행동 성향들을 분석할 수 있는데도 불구하고 가치를 인식하지 못한 것이다.

바틀 분류법에 의한 네 가지 유저 성향 역시 게임 로그만 봐도 파악할 수 있다. 게임 도중에 남긴 대사와 행동이 기록되기에 유저가 무슨 목적으로 플레이하는지 파악할 수 있다. 유저의 성향을 파악하면 해당 유저의 지갑을 어떻게 열게 할 것인가에 대한 전략을 수립하기 쉽고, 해당 유저를 목표 수요층으로 하는 게임을 어떻게 제작해야 할 것인지에 대한 방향성도 정할 수 있다.

유저의 플레이 정보를 분석한다면 전체 유저 중 각 유형별 사용자 분포도를 파악할 수도 있다. MMORPG 유저는 다른 유저와 어떻게든 상호작용을 할 수밖에 없다. 유저들 사이의 상호작용이 어떤 형태로 이루어지며 어떤 결과를 가져오는가에 대한 정보는 MMORPG 고객 관리뿐만 아니라 게임 개발자 관점에서도 중요한 시사점을 제공한다. 각 유형의 유저가 다른 유저를 바라보는 관점을 고찰해 보자.

달성가 관점

소위 '게임 폐인'이라고 불리는 사용자가 가장 많은 유형이 달성가 유형이다. 달성가는 타인과 상관없이 내적 동기에 의해 게임에 참여하며 단순 반복작업에 흥미를 느끼는 경향이 있기에 모든 목표를 빠짐없이 달성하기 전까지는 쉽사리 게임을 떠나지 않는다. 개발사가 MMORPG 콘텐츠 업데이트에 신경써야 하는 이유는 달성가 유저들의 흥미를 자극하기 위해서다.

● 달성가 – 달성가

달성가는 다른 달성가를 선의의 경쟁자로 간주한다. 달성가가 다른 유저에게 자극받는 경우는 같은 달성가와의 경쟁이 일어났을 때다. 달성가끼리 같은 목표를 향해 매진하며 유대 관계가 되어 협력하기도 한다. 기본적으로 경쟁하지만 혼자 달성하기 어려운 목표가 주어질 때 열정적으로 협력하는 경우가 달성가끼리의 파티 플레이(게임 속에서 동일한 목적을 가지고 함계 플레이를 하는 행위)다. 달성가끼리 공동의 목표를 달성하기 위해 협력하는 전략은 목표를 효율적으로 성취할 수 있는 방법이며, 게임 서비스 시작 직후 많은 업적이 달성가 파티를 통해 이루어진다. 공통 목표를 달성하기 위해 협력을 경험한 바 있는 달성가 사이에는 강력한 유대감이 싹트는 경우도 있다.

● 달성가 – 탐험가

달성가가 탐험가를 바라보는 시각은 호의적이지 않다. 대부분의 달성가에게 탐험가는 쓸데없고 보이지 않는 목표에 자원을 투자하는 자들이다. 캐릭터 레벨과 장비뿐만 아니라 게임에서 직면하는 위기를 극복하기 위해 컨트롤 실력을 중시하는 달성가의 입장에서 보면, 플레이 시간에 비해 허접한 조작실력을 보이는 탐험가는 조롱의 대상이다. 때문에 달성가는 탐험가를 '실력은 안 키우고 엉뚱한 부분에 매진하는 패배자'들로 간주하는 경우가 많다.

파티 플레이를 할 때도 달성가와 탐험가의 조합은 균열이 발생하는 경우가 잦다. 효율성을 중시하는 달성가와 효과성을 중시하는 탐험가는 목표를 달성하기 위한 방법부터 다르다. 정공법으로 돌파하고자 하는 달성가와, 달성가가 보기에 꼼수를 추구하다 시행착오를 반복하는 탐험가들은 협력의 효용을 이끌어내지 못하는 경우가 많다.

유저들로부터 'Guru'로 칭송받는 엘리트 탐험가에게도 달성가는 호의적이지 않다. 게임이 제시하는 목표에 매진해야 할 시간에 허구의 목표를 추구한 결과 운좋게 새로운 팁을 발견하여 유명해졌다고 보기 때문이다. 그나마 엘리트 탐험가가 발견한 팁을 공유하는 데는 거부감이 없고, 이러한 경우 탐험가의 존재 가치를 인정하기는 한다.

● 달성가 – 사교가

달성가는 사교가를 무시해도 좋은 대상으로 바라본다. 달성가 입장에서 사교가는 게임을 왜 하는지 이해하기 어려운 타인이다. 하등 도움이 될 일이 없는 유저들이며 NPC만큼의 활용 가치조차 없다고 생각한다. 파티 플레이를 할 때도 목표 달성보다 친목과 사교를 우선시하는 사교가는 달성가의 짜증을 유발한다. 사교가가 초보 유저를 돌봐주는 행위도 시간낭비라고 생각한다.

MMORPG는 서비스 개시 직후 달성가들이 몰려들고, 다음 차례로 탐험가들이 초기부터 추구해온 고유의 목표가 결실로 드러나 성숙기에 접어들면 사교가 비중이 늘어나는 게 대체적 흐름이다. 게임에서 목표와 비기 달성이 거의 종료되면 달성가는 업데이트를 기다리며 사교가처럼 행동하거나 사교가를 괴롭히는 살인자처럼 행동하기도 한다. 유저 중 사교가의 비중이 너무 늘어나면 달성가는 새로운 게임으로 이주하기도 한다. 사교가로 가득한 가상 사회는 달성가에 있어 스트레스 축적의 공간이기 때문이다. 스트레스가 역치를 넘어서면 달성가는 직설적 언어로 사교가를 공격하는데, 소통을 이어가고자 하는 사교가와 지기 싫어하는 달성가의 키보드 배틀은 쉽게 끝나지 않는다. 달성가가 살인자로 선환해 사교가를 사냥하는 계기가 되기도 한다.

● 달성가 – 살인자

달성가는 살인자를 좋아하진 않지만 살인자가 게임을 대하는 열정은 인정한다. 살인자는 다른 유저를 사냥한다는 쉽지 않은 목표(유저 살해는 시스템 상 제재받기도 하고 다른 유저들에게 경원 당하기 때문)에 전력으로 매진하기에 목표 추구를 긍정하는 달성가와 방향성이 다르지 않다고 느낀다. 단지 살인자들이 추구하는 목표가 단순하고 위험부담이 없다고 폄하하기도 한다. 살인자는 대등한 상대와의 승부를 즐기는 것이 아니라 약한 상대를 괴롭히며 학살하고 상대가 절망하는 걸 즐기기 때문에, 달성가 관점으로는 중요한 목표가 아니기 때문이다. 목표 달성 과정에서 살인자가 덤벼들 때는 짜증을 느끼기도 한다. 게임에서 주어진 목표 달성에 최적화된 캐릭터 성장 방향과 장비를 맞춘 달성가는 낮은 레벨이지만 대인전에 특화된 성장 방향과 장비를 갖춘 살인자들 때문에 위기에 처하는 경우가 많다.

특정한 상황이 주어진다면 달성가는 다른 유저를 죽이려 들기도 한다. 이 경우 달성가는 살인자들의 위협이 된다. 달성가 입장에서 공격해도 평판에 문제가 생기지 않는 살인자는 업적 달성을 위한 희생양이며, 다른 유저와 합작해서 살인자 처리라는 목표를 추구하는 것이 재미있기 때문이다. 꾸준히 캐릭터를 강화하고 목표가 정해지면 집요하게 상대를 노리는 달성가는 살인자 사냥 미션에서 행동대장이 된다.

● 탐험가 – 달성가

탐험가는 다른 유저를 어떻게 바라보는가. 달성가가 탐험가를 이해하려 들지 않는 것처럼 탐험가 역시 달성가를 달갑게 여기지 않는다. 탐험가가 바라보는 달성가는 재미없게 노는 존재들이다. 주어진 목표에만 충실한 따분한 유저라고 생각하는 것이다. 탐험가 입장에서 달성가의 근성과 열정은 인정하나 업적에 대한 집착이 과하다고 생각하며 달성가끼리 업적 달성도를 비교하며 우열을 가르는 행태도 의미 없다고 생각한다. 파티 플레이할 때 탐험가는 독자적으로 알아낸 노하우와 팁을 알려주기도 하나, 달성가는 목표 달성에 연관된 정보 이외에는 별로 관심이 없으므로 탐험가는 가진 정보를 모두 풀어놓지 않는다.

● 탐험가 – 탐험가

탐험가는 같은 탐험가에게도 경계심을 낮추지 않는다. 대부분의 연구를 독자적으로 추구하기 때문에 연구가 완료되기 전까지 성과를 공유하는 것은 위험하다. 같은 탐험가를 멀리하는 경우도 있다. 독특한 사고와 실험 정신을 통해 기존에 없던 내용을 발견한 탐험가는 다른 탐험가의 존경심을 이끌어 낸다. 단 검증되지 않은 정보를 공유할 때의 피해가 크기에 다른 탐험가의 발견을 직접 검증해 보기 전까진 바로 수용하지 않는다.

탐험가는 기본적으로 개인 플레이를 즐기며, 파티 플레이를 할 때는 탐험가보다 달성가를 선호한다. 탐험가의 가설을 실험하고 검증해 줄 대행자로서 달성가가 적합한 상대이기 때문이다. 탐험가들끼리의 파티 플레이는 연대감이 부족하고 시너지 효과가 부족할 경우가 많다.

● 탐험가 – 사교가

탐험가는 대체로 사교가와 갈등을 일으키지 않는다. 사교가들이 탐험가의 발견을 칭송해 주지 않는다면 탐험가의 보람이 줄어든다. 탐험가는 자신의 연구와 발견에 사교가들이 관심을 가져주길 원한다. 반면 사교가가 새로운 발견이나 업적을 제시하는 경우가 드물기 때문에 탐험가와 사교가의 소통은 단순한 형태를 띨 수밖에 없다. 탐험가는 친목에 관심이 없는 유형이므로 사교적 발언이 부족하고, 사교가에게 탐험가의 발견은 친목을 다지기 위한 이야기 소재에 불과하다. 사교가는 탐험가가 쌓은 명성이나 탐험가와의 관계에 따라 그들의 연구와 발견을 칭송할지 결정하기 때문에 탐험가는 사교가에게 좋은 인상을 주려고 예절바르게 대하지만, 게임 관련 대화가 아니거나 사교가의 관련 지식이 일천할 경우 형식적 대화만을 이어간다.

  • 탐험가 – 살인자

탐험가에게 살인자란 다른 탐험가와 크게 다르지 않다. 보통의 MMORPG는 PvP를 주 목적으로 하기보다 부가적 요소로 설정하므로 살인자들의 목표 — 약자 살해를 위한 살인기술 연마 — 또한 독자적 연구 주제로 인정한다. 살인자가 탐험가에게 덤벼들지만 않는다면 탐험가는 살인자에게 적대감을 보이지 않으며, 살인자가 공분을 일으킬만한 일을 벌인다 해도 자기와 관련이 없다면 방관한다. 살인자가 탐험가의 연구와 발견을 방해하지 않는다면 탐험가는 자신의 지식과 노하우를 살인자에게 가르쳐 주는 데 인색하지 않다.

문제는 살인자의 공격이 탐험가를 향하는 경우다. 연구를 실행하기 위해 준비를 하고 있는데 살인자의 공격을 받아 수포로 돌아간다면 탐험가는 원한을 잊지 않는다. 캐릭터에 대한 몰입과 집착도 탐험가가 가장 강하기 때문에 격렬하게 타오르지는 않아도 분노의 불길을 오래 유지한다. 탐험가가 살인자에게 공격당한 후 복수에 나선다면 살인자에게 위협이 된다. 살인자가 예상하지 못한 방식으로 타격을 줄 수 있는 유저가 탐험가이기 때문이다. 숙련된 살인자라도 레벨과 장비가 일천한 초보 탐험가의 기상천외한 함정에 속수무책으로 당하고 쌓아온 명성을 한순간에 잃어버리고 비웃음의 대상이 되는 경우도 많다. 탐험가는 살인자에게 쉽게 공격당하지 않는다.

● 사교가 – 달성가

사교가는 다른 유저들과 어떤 관계를 형성하는가. 가상사회에서 맺은 관계성을 진지하게 받아들이는 유저답게 사교가들은 모든 유저에게 기본적으로 호의를 보인다. 사교가는 게임에서 다른 유저와 소통하고 협력하며, 유대감을 나누길 원한다. 사교가는 이야깃거리가 충분하고 코드가 맞는다면 게임과 상관없이 대화만으로 밤을 새울 수 있다. 관계를 저해하는 플레이에 대한 거부감이 강한 유저들이기에 게임에서 형성한 관계가 오프라인 생활까지 영향을 미칠 수도 있다.

사교가는 달성가와 만나 교류하고 싶어한다. 게임에서 새로운 유저들을 만나 대화하려면 게임에 관련된 소재가 최적이기 때문이다. 달성가는 사교가에게 게임 관련 소재에 대한 정보를 업데이트시켜 주기 때문에 친해지고 싶은 유저다. 엘리트 달성가가 이룩한 업적은 공지사항으로 기록되거나 게시판의 화제가 되기 때문에 사교가에게 있어 달성가는 연예인같은 존재다. 사교가가 유명한 달성가와 마주치게 되면 일거수 일투족을 기억해서 자신의 대화 소재로 삼고자 한다. 실상은 사교가가 달성가와 의사소통을 즐긴다기보다 다른 사교가와 대화할 때 달성가에 대해 알고 있는 사실을 주제로 이야기하는 것을 즐긴다고 보는 편이 정확하다.

달성가가 사교가를 파티 구성원으로 선호하지 않는 것과 반대로 사교가는 달성가와 파티를 짜면 편해진다. 난이도 있는 플레이는 달성가에게 맡겨놓고 이야깃거리를 축적할 여유가 생겨나기 때문이다. 달성가가 심하게 비난하지만 않는다면 사교가는 달성가와 잘 지내려고 한다.

● 사교가 – 탐험가

실제 게임 폐인의 대다수는 달성가지만 사교가는 탐험가를 폐인 취급하는 경우가 많다. 달성가와 탐험가는 목표 추구형 유저라는 점에서 같지만, 사교가는 달성가의 목표를 어느 정도 이해하는데 비해 탐험가의 목표에 대해서는 공감하지 않는다. 사교가가 보기에 탐험가는 뭔가 열심히 하긴 하는데 뭘 하는지 알 수 없는 존재다. 탐험가가 개인 플레이를 선호하기 때문에 접점이 많을 수도 없으며, 접점이 생긴다 해도 사교적인 대화가 이뤄지는 유형도 아니다. 탐험가가 알려주는 참신한 정보에도 사교가는 별 관심이 없다.

- 사교가 – 사교가

사교가와 사교가의 관계는 상호 긍정적이다. 사교와 친목, 대화에 중점을 두는 유저가 서로의 욕구를 충족시켜 주기 때문이다. 게임 실력이나 경력, 지식 정도를 따질 필요도 없다. 친화력만 있다면 사교가끼리 게임 외적인 이야기로도 절친한 관계를 형성할 수 있다. 사교가에게 게임은 대화를 즐기기 위한 고급 채팅 프로그램에 불과하며 게임 콘텐츠는 이야기 소재일 뿐이다. 사교가가 모이면 게임 내 커뮤니티가 생성되며, 업적 달성과 성장에 대한 스트레스 없이 친목 활동을 즐길 수 있으므로 장기간 지속되는 길드가 된다.

- 사교가 – 살인자

사교가는 살인자를 증오한다. 살인자의 주된 먹이감이 사교가다. 사교가는 살인자의 공격에 정신적 상처를 심하게 받을 뿐만 아니라 게임 콘텐츠에 열을 올리지도 않고 실력도 부족한 경우가 많다 보니 살인자의 가학성을 만족시키는데 최적의 존재가 된다. 사교가는 다른 유저를 적대하고 공격하면서 희열을 느끼는 살인자의 사고방식을 이해하지 못하며, 피해대상이 자신이 아닐지라도 살인자의 행위에 공분한다. 살인자에게 비참하게 살해당한 사교가는 오직 살인자에게 보복하기 위해 게임에 접속하기도 한다. 사교가는 살인자가 정상적인 인간이 아니라고 믿는다. 사교가는 살인자가 실생활에서 결여된 욕구를 게임을 통해 채우고자 하는 예비 범죄자이며, 자기가 억울한 피해자인데도 보호 받기 어렵다는 억울함 때문에 더욱 살인자들을 증오하고 경계한다.

● 살인자 – 달성가

살인자에게 달성가는 매력적인 사냥감이다. 달성가 유저가 게임에 열과 성을 다해 숙련된 경지에 올랐으면서도 다른 유저와의 전투를 목적으로 성장한 것이 아니기에 대인전에서는 약할 수 있기 때문이다. 승리하기만 한다면 살인자의 명성은 급속도로 올라가고 자신의 강함을 확인할 수 있는 계기가 된다. 쉽게 승리할 수 있는 달성가를 만났을 때 살인자는 집요하게 사냥감을 쫓아 승리의 쾌감을 추구한다. 살인자에게 당할 때마다 게임에 대한 의욕이 급격히 떨어지는 사교가들과는 달리, 게임에 열정을 투자한 달성가는 살인자에게 당한다 해도 게임을 포기하지 않고 사냥감으로 남아주기 때문이다. 달성가는 대체로 대인전투를 즐기지 않지만 이유 없이 공격 받는다는 사실에 크게 충격을 받아 당황하는 모습을 보이는데, 살인자는 오히려 이런 모습에 쾌감을 느낀다. 그러나 강한 달성가를 심하게 자극했을 경우 살인자가 게임을 그만두기도 한다. 달성가의 집요함과 근성이 살인자를 능가하기에 과금을 통한 장비 강화, 급속 레벨업 등의 대처법으로 살인자 추방을 목표로 삼기 때문이다. 이럴 경우 달성가는 목표를 달성할 때까지 포기하지 않는다.

● 살인자 – 탐험가

살인자에게 가장 매력 없는 사냥감이 탐험가다. 탐험가는 살인자가 예상하지 못하는 노하우를 통해 반격할 가능성이 있고, 공격당해 죽는다 하더라도 살인자가 원하는 감정적 동요를 보여주지 않는 경우가 많기 때문이다. 심지어 살인자에게 당하는 공격이 지겨워서 조작을 포기하고 가만히 기다리는 탐험가 유저도 있는데, 이는 살인자에게도 끔찍한 경험이다.

탐험가에게 역습으로 당하기라도 하면 살인자는 쌓아온 명성을 잃게 될 뿐만 아니라 자신을 쓰러뜨린 탐험가에게 '새로운 발견'의 대상이 되므로 더욱 고통스럽다. 보통 살인자가 탐험가를 노리는 경우는 탐험가의 레벨과 장비가 일천하기 때문에 쉽게 처리할 수 있을 것으로 보기 때문인데, 탐험가가 가진 노하우에 역습당하면 탐험가는 이를 새로운 노하우로 간주하고 공유한다. 살인자에게 최악의 상황이다. 이런 우려 때문에 엘리트 탐험가가 아닐지라도 살인자들은 탐험가를 기피하고자 한다.

● 살인자 – 사교가

사교가를 처참하게 살해하는 것은 살인자의 존재 이유와도 같다. 친목을 중시하고 대인전 경험은 없다시피 하며, 죽음을 당하면 고통을 표현하고 억울함을 호소하는 유형이 사교가이기 때문이다. 사교가는 쉽게 죽일 수 있을 뿐만 아니라 반응도 격렬한 유형이므로 살인자는 사교가를 찾아 사냥터를 배회한다. 사교가는 살인자에게 죽음을 당하면 가까운 사교가 유저에게 호소해서 공감을 받으려 하고, 가십을 선호하는 사교가의 특성상 살인자의 악명이 빠르게 전파된다. 살인자에게 사교가는 일석삼조의 효과를 가져다 줄 수 있는 사냥감인 것이다.

사교가가 게임을 그만두는 가장 흔한 이유가 살인자의 사냥감이 되어 참혹한 죽음을 당했음에도 불구하고 복수할 길을 찾지 못하기 때문이다. 살인자 비율이 증가하면 사교가 비중은 낮아진다.

● 살인자 – 살인자

살인자들은 보통 서로를 노리지 않는다. 살인자에게 살인은 지배욕과 과시욕 충족을 위한 수단인데, 같은 살인자를 처리한다 해도 살인자끼리의 분쟁이므로 관심거리가 되지 않을 뿐더러 패배라도 한다면 상대에게 지배당하는 비참한 기분이 되기 때문이다. 메리트는 적고 리스크가 크다면 하지 않는 것이 낫다. 살인자가 다른 살인자를 사냥하는 경우는 초보 살인자가 엘리트 살인자들의 먹이감이 되는 경우가 대부분이다. 숙련된 살인자는 주목 받고자 하는 욕망이 있으므로 동종업계 경쟁자가 늘어 흔한 존재가 되길 원하지 않는다. 초보 살인자를 식별할 수 있는 특별한 수단도 없기 때문에 초보 유저가 어떤 유형이든 구분하지 않고 살인을 자행한다. 그러므로 초보 살인자가 숙련된 살인자로 성장하기 전에 게임을 그만두는 경우가 많은데, 그렇다고 살인자 비율이 쉽게 증가하지는 않는다.

● MMORPG 수명주기

MMORPG가 서비스를 시작할 때 끌어들어야 할 유형은 달성가 유저다. 달성가는 게임 콘텐츠가 얼마나 풍부한가, 완성도가 얼마나 높은가, 퀘스트 설계와 보상은 만족스러운가를 중시한다. 게임 초기 달성가의 찬란한 업적은 다른 달성가의 관심을 불러일으킨다. 달성가의 흥미를 끌지 못할 경우 MMORPG는 초기투자비 회수조차 불투명하다.

게임 초반 활발한 이벤트와 화려한 연출, 풍부한 콘텐츠를 제공해 달성가를 유인하는 데 성공하면 탐험가 유저들이 주도권을 차지한다. 제작사가 준비한 스토리와 퀘스트가 대부분 달성되고 유명 플레이어의 명성이 정착하는 시기에 이르면 탐험가가 발견하는 새로운 콘텐츠가 관심의 대상으로 부상한다. 탐험가의 전성기는 게임 서비스가 초기에서 중기로 넘어가는 과도기적 시점이라 할 수 있다.

게임의 명시적 목표가 마무리되고 숨겨진 요소에 대한 탐구도 마무리될 시점이 되면, 사교가 유저 비율이 급격히 증가한다. 새로운 콘텐츠 업데이트를 기다리는 달성가가 사교가적 행태를 보이고, 달성가가 제공해주는 화제를 활용해 친목을 다지는 사교가의 비중이 커지기 때문이다. MMORPG의 중기이자 전성기라 볼 수 있으며 아이템 과금 시스템이 발전하는 시기이기도 하다.

사교가 비중이 늘어나면 사교가를 사냥감으로 삼는 살인자가 발생한다. 유저 사이의 분쟁이 집단 간 분쟁으로 발전하여 대규모 건축물에서 집단전투를 수행하는 공성전이 일어나고, 새롭게 추가된 거대 몬스

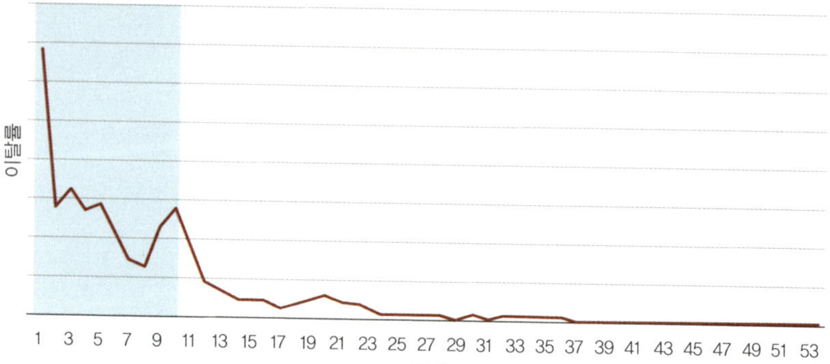

MMORPG 유저의 레벨별 이탈률

터를 집단으로 사냥하는 콘텐츠 등이 등장하는 시기이다. 네 가지 유형의 유저들이 참가하여 가상사회의 활기가 넘치는 시기이기도 하다.

먼저 이탈하는 유저는 탐험가다. 탐험가는 게임의 세계관과 스토리에 비중을 두기에 추가 업데이트 정도로는 만족하지 못하며, 숨겨진 요소와 비기 탐구가 끝나면 다른 탐구 대상을 물색하게 된다. 게임에서 쌓은 관계에 애착도 없고, 이어질 이야기도 없으며 달성가나 사교가, 살인자 역할을 즐길 의향도 없기 때문에 게임 접속을 그만두게 된다.

뒤를 이어 이탈하는 유저가 달성가다. RPG게임에는 레벨 상한이 존재하며 보통 달성가는 레벨 상한에 가장 먼저 도달한다. 고품질 장비도 구비했으며 업데이트를 통한 퀘스트는 갈수록 진부하게 느껴진다. 목표가 부실해지니 달성가의 열정이 식기 시작한다. 장수 MMORPG의 경우 탐험가의 이탈을 막진 못하지만 달성가의 이탈을 막기 위한 콘텐츠 업데이트가 활발하다. 콘텐츠 업데이트가 충실하다면 달성가는 사교가

이탈 이후에도 게임을 즐길 수 있다.

달성가들의 이탈이 일정 수준을 넘으면 사교가의 이탈이 시작된다. 사교가에게 흥미로운 대화 주제를 제공하던 달성가들이 사라지기 때문에 사교가의 대화 소재가 고갈된다. 사교가에게 필요한 것은 유저 수와 대화 주제인데, 탐험가에 이어 달성가마저 떠났으니 전체 유저 수가 감소했고 신규 유입도 없으며 대화 소재도 부족한 공간에 남을 이유는 기존 유저와의 친목 관계밖에 없다. 사교가 이탈이 시작되면 게임유저 수가 급감하며 게임 수명주기의 막바지로 볼 수 있다.

살인자는 게임 서비스가 종료될 때까지 이탈하지 않는 경우가 많다. 살인자는 사냥감, 즉 공격할 수 있는 다른 유저만 있으면 즐길 수 있는 유저들이기 때문이다. 살인자마저 이탈하는 상황은 서비스 종료가 다가왔다는 징조다.

MMORPG 수명주기는 유저 성향과 유저들 간의 상호관계성을 통해 게임 서비스의 흥망성쇠로써 요약되고 예측될 수 있다. 게임개발자 및 운영자들은 MMORPG 수명주기를 예측치로 조망하고 게임 서비스의 시작 이전 단계부터 미무리 단계까지 전략적 우선순위를 도출하여 자원을 적절히 배분해야 한다.

한국 게임 업계의 구세주, 리니지 1

울티마 온라인이 MMORPG의 매력을 전파하기 시작한 다음해인 1998년 한국에서 불멸의 MMORPG가 제작된다. NC소프트의 리니지다. 1998년 9월 첫 상용화 서비스를 시작한 리니지 1은 18년이 지난 2016년까지도 상반기 매출 실적만 944억 원으로 NC소프트 게임 중 1위를 차지하고 있다. 18년이 흐른 현재 각종 사건사고와 게임의 질적 수준 때문에 비판 대상이 되고 있으나, MMORPG 제작 열풍을 불러일으킨 일등 공신이 리니지임은 틀림없다. 리니지 1의 성공으로 중소업체에 불과했던 NC소프트가 연간 수백억 비용이 소요되는 프로야구단까지 운영할 정도의 수익을 창출했기에 게임제작자들은 MMORPG에 매달린다. 한국은 저렴한 가격에 우월한 게임환경을 조성하는 PC방 기반이 구축되어 있기 때문에 몇날 며칠을 PC방에서 기거하며 MMORPG에 시간을 투자하는 유저들이 많았고, 일부는 게임 폐인이라는 따가운 시선에도 불구하고 부와 명예를 획득하기까지 했다.

한국 이외의 국가에서는 흥행하지 못한 내수용 MMORPG이지만, 리니지 시리즈가 MMORPG 업계에 던져준 의의는 거대했다. 다양한 성향의 유저들이 가진 욕구를 충족시키면서 유저 사이의 상호작용을 통한 즐거움을 제공하는 MMORPG 가상사회의 구체적 사례를 증명하였고, 동시에 유저 사이의 상호작용을 활용하여 수익의 극대화에 성공했기 때문이다.

극단적 경쟁 유도

NC소프트가 의도한 것이든 아니든 리니지 1은 유저끼리의 '경쟁'을 부추기는 게임으로 기록될 것이다. 유저 사이의 경쟁 유도야말로 리니

NC소프트의 리니지 1

지의 정체성이며, 아직까지 리니지 1 유저들이 접속하는 원인이기도 하다. 리니지는 유저들에게 하나의 절대 가치를 제시한다. 캐릭터의 강함은 유저 모두가 추구하는 획일적 가치였다. 유저들이 매일 20시간 가까이 컵라면을 먹어가며, 피로회복제를 마셔가며 반복 사냥에 매진했던 이유는 더 강해져서 경쟁에서 승리하기 위함이었다.

리니지의 오랜 인기는 누구의 캐릭터가 더 강한지를 다투는 경쟁을 넘어 다른 경쟁 구도를 만들어 내는 데 있었다. 강함을 다투는 개인끼리의 경쟁에서 패배한 유저가 시도할 수 있는 첫 번째 대안은 현금 투자였다. 게임에 추가 현금을 투자해서 각종 아이템과 장비를 갖춰 경쟁 우위를 차지하는 유저의 수가 적지 않았다. 그러나 모든 유저들이 충분한 돈을 투자할 여력이 있는 것은 아니었다. NC소프트 입장에서는 금전적인 수익을 제공하지 못하는 일반 유저라 해도 무시할 수 없었다.

무과금 유저들이 경쟁의 하층 구조를 차지해야 과금 유저들이 과금의 동기를 부여받을 수 있기 때문이었다.

리니지는 '혈'이라고 하는 길드를 조직해 집단전을 수행할 수 있는 콘텐츠였다. 개인 간 싸움은 집단 전투의 명분이 될 수 있었다. 개인 간 전투에 승패가 갈린다고 해서 갈등이 해소되는 것은 아니었다. 개인 경쟁이 집단 경쟁으로 확산되는 계기에 불과했을 뿐이다. 승자는 세력 규모에서 뒤처지지 않기 위해, 패자는 승자를 따라잡고 넘어서기 위해 끝없이 사냥터를 배회했다.

리니지와 한국형 MMORPG의 쇠락

게임을 시작하는 순간부터 떠나는 시점까지 리니지 유저들은 경쟁 구도에 노출된다. 한국 현실사회에서 일어나는 치열한 경쟁 구도와 유사하다. 리니지가 한국에서만 장수하며 폭발적으로 흥행한 이유의 하나는 리니지라는 MMORPG 가상사회가 한국사회를 반영했기 때문이었다. 리니지 가상사회가 강요하는 극도의 경쟁, 승자독식주의와 강함의 추구라는 가치에 몰두한 게임상이 한국인의 실제 환경과 유사했기 때문에 리니지의 생명력이 지속된 것으로 보인다. 외국 유저의 정서로는 리니지 가상사회에 적응하기 어려웠던 것이다. 물론 외국 게임들도 경쟁을 모토로 성공한 게임이 많은 것은 사실이다. 그러나 유저 사이의 경쟁을 핵심으로 하는 게임에서는 연속성을 배제하는 것이 기본이다. 경쟁과 대결은 상대가 존재해야 가능하다. 시작하기 전부터 넘을 수 없는 격차가 존재하고, 시간이 흐를수록 메꾸기 어렵다면 누구도 경쟁에 관심과 흥미를 기울이지 않게 된다. 리니지의 대박을 모방하고자 경쟁을 부추겼던 한국 MMORPG는 몇 년간의 흥행을 이어가지 못하고 쇠락하고 말았다.

경쟁과 협력

리니지가 대변하는 한국 MMORPG와 게임 폐인이 가득한 PC방의 이미지 때문에 MMORPG의 본질이 경쟁이라는 편견을 가질 수 있다. 그러나 MMORPG가 제공하는 상호작용이 경쟁에만 국한된 것만은 아니다. 원래 TRPG가 추구했던 상호작용은 경쟁이 아닌 협력이었으며, 온라인 기반 구조가 정착된 후 TRPG는 원형에 다가갈 수 있는 가능성을 발견했다.

울티마 온라인은 '자유도'를 핵심 가치로 내세웠고 유저들은 자유를 만끽하기 바빠서 TRPG의 이야기 진행과 엇나가는 선택까지 가능했다. 각자의 희망과 욕구에 몰두하다 보니 다른 유저들과 협력해야 할 이유가 없었기 때문이다. 울티마 온라인은 다수의 사용자가 동시에 접속해서 갈등을 빚거나 우호적인 교류를 하거나 하는 선택을 유저에게 맡겼지만, TRPG에서처럼 동료들과 협력을 통해 어려운 작업을 완수한다는 성취감을 제공하지는 못했다. 혼자서도 하고 싶은 것을 모두 할 수 있게 설계되었기 때문이다.

현대 MMORPG의 표준, 에버퀘스트

1999년 3월 상용화 서비스를 시작한 소니의 에버퀘스트는 MMORPG 업계에 울티마 온라인 이상의 파급효과를 가져온다. 현 시점에서 대작 MMORPG의 표준은 에버퀘스트다. 최초로 1인칭 3D 풀그래픽을 제공하여 시각적 몰입감을 유발했을 뿐만 아니라, 유저 사이의 대인전(PvP)을 시스템상으로 금지하고 대규모 협동 퀘스트를 늘려 유저와 환경의 전투(PvE) 전성시대를 열었던 것이다.

에버퀘스트의 캐릭터 성장 개념은 이전의 MMORPG와 달랐다. RPG는 유저에게 다양한 직업을 선택하게 함으로써 캐릭터를 특성화한다. 경험치 축적에 따라 유저는 캐릭터의 초기 약점을 보완해서 만능 캐릭터로 성장시키는 방식이 대부분이기 때문에, RPG에서 직업 특성화란 개성 중시라기보다 장점 극대화에 가까웠다. 전사라 하면 '근접전을 잘하는 캐릭터', 마법사는 '마법 공격력이 높은 캐릭터'였던 것이다. 성장에 따라 초기 직업을 무엇으로 선택하든 결국 누구의 도움도 받지 않고 홀로 강한 캐릭터가 될 수 있었다.

반면 에버퀘스트의 캐릭터는 약했다. 아무리 성장시켜도 혼자 완료할 수 있는 퀘스트가 드물었다. 전사는 '근접전밖에 못하는 캐릭터', 마법사는 '마법 공격력만 볼만한 캐릭터'였기 때문이다. 에버퀘스트는 직업에 따라 장점은 하나이고 나머지는 약점투성이인 캐릭터를 플레이하게 함으로써 협동을 강제시켰다. 혼자서는 같은 레벨의 몬스터 한 마리조차 사냥하기 어려울 만큼 난이도가 높았던 이유는 캐릭터를 하나만

소니의 에버퀘스트

잘하도록 설계했기 때문이었다. 유저들은 싫어도 다른 유저의 특성화 캐릭터들과 파티를 형성해 서로의 약점을 보완하며 극복할 수밖에 없었다. 에버퀘스트에서는 캐릭터를 아무리 성장시켜도 다른 유저들과 경쟁할 수 없었다. 때문에 남보다 강해지겠다는 욕망으로 숙식을 잊고 게임에 접속해서 반복 사냥하는 행태가 나타날 소지가 없었다. 퀘스트 완료에 무리가 없을 정도의 강함만 필요할 뿐 파티에 기여하는 정도의 성장이 끝났다면 캐릭터의 강함에 몰두힐 이유가 없었다. 그렇기 때문에 유저들은 MMORPG 가상사회를 더 다양한 목적으로 즐길 수 있었다.

레이드

에버퀘스트의 선구자적 면모는 게임 서비스 후반에도 이어진다. 협동을 통한 대규모 사냥 퀘스트 '레이드(Raids)'를 MMORPG의 핵심 콘텐츠로 정착시킨 것이다. 시나리오상 스테이지 보스에 해당하는 몬스터를 사냥하기 위해서는 두 자리, 혹은 세 자리 수 단위의 유저들이 동시에 몰려가 보스 몬스터의 공격을 받아내고 데미지를 가하고 동료를 회복시켜야 했다. 레이드야말로 현존 MMORPG들이 제공하는 신규 콘텐츠의 정수다. 레이드 일정이 확정되면 파티 유저들은 계획된 일정에 맞춰 수 시간, 혹은 수 일간의 준비 과정을 마치고 전략전술을 연구한 다음 성공할 때까지 도전해서 성취감을 만끽한다.

어그로

대단위 협동전투에서 '어그로(aggro)' 개념을 적용함으로써 대단위 전투의 박진감을 제공한 게임 역시 에버퀘스트다. 도발(Aggravation)의 줄임말인 어그로는 몬스터에게 부여된 공격 우선순위 메커니즘이다. 기존 RPG 전투에서 몬스터는 가장 거리가 가까운 캐릭터나 자신을 공격하고 있는 캐릭터를 목표로 공격하는 알고리즘을 가지고 있었다. 따라서 협력 전투에서 유저 전술은 동일했다. 체력과 방어력이 높은 전사나 기사를 앞세워 공격을 받아내고 성직자가 피해를 회복시키며 버티는 동안 영창시간이 필요한 마법사가 강력한 마법을 준비해서 치명타를 입히는 전술이다.

그러나 어그로 메커니즘이 발전하자 양상은 달라진다. 몬스터들의 공격 우선순위가 파티의 전투 지속력을 담당하는 성직자나 힐러가 우선으로 설정된 것이다. 성직자와 마법사는 체력과 방어력이 약하기 때문에 쉽게 사망하며 이들이 사망할 경우 레이드 성공률은 낮아진다. 파티의 회복과 부활을 담당하는 힐러가 사망하면 거의 실패라고 판정해도 무방했다. 따라서 파티의 체력과 방어력을 담당하는 근접전 캐릭터들은 온갖 방법으로 몬스터의 주의를 집중시키는 전술을 연구하게 된다. 어그로 시스템의 발전으로 레이드가 전략전술이 난무하는 MMORPG의 핵심 콘텐츠이자 TRPG로 구현했던 협력 플레이를 능가하는 재미를 제공할 수 있게 된 것이다.

블리자드 하면 스타크래프트부터 떠오르는 것이 보통이지만 블리자드의 진정한 브랜드 가치는 MMORPG 월드 오브 워 크래프트(WOW: World of Warcraft)다. 중소 제작사에 불과했던 블리자드(스타크래프트가 흥행한 시점에서도 블리자드의 규모는 크지 않았다)를 세계 최대 게임제작유통사 EA에 비견되는 제작사로 만들어 준 MMORPG가 WOW다. 2004년 첫 상용화 서비스 시작 후 전성기에는 중소국가 인구수만큼의 계정을 확보했으며, 2016년 현재 500만에 필적하는 유료 사용자를 유치하고 있다. WOW의 최전성기는 MMORPG의 최전성기이기도 했으며, 당시 기준으로 MMORPG 시장 전체의 60퍼센트 이상을 WOW, 한 작품이 확보했다.

WOW의 배경은 90년대 흥행한 실시간 전략 게임 워크래프트 세계관을 채용했다. 아제로스라는 가상의 대륙에서 벌어지는 다양한 종족

간 패권 다툼이 주요 줄거리이며, 유저는 인간/엘프/드워프/노움이 주축이 된 '얼라이언스' 세력과 오크/트롤/타우렌/언데드가 주축이 된 '호드' 진영 중 하나를 선택해 가상사회의 일원이 된다. WOW는 워크래프트 3의 정식 후속작이므로 스토리가 연결되어 워크래프트 3의 이야기가 WOW를 통해 완결되는 구조다.

이후 10년 넘은 시간이 흘렀지만 판타지 세계관을 기반으로 한 어떤 다른 MMORPG 작품도 WOW를 능가할 만한 새로운 변화가 없다. WOW는 장르의 장점을 집대성하고 해당 분야에서 너무나 앞서나간 작품이었기 때문이다. 울티마 온라인이 추구했던 자유도, 유저의 소속 진영을 나누어 스토리 갈등 구조와 연결시킨 대인전 PvP 콘텐츠, 에버퀘스트가 제시했던 파티 전투시스템과 레이드 구조, 그래픽과 음향 효과 모두 당대 최고였다. 액션 게임유저들이 선호하는 액션 스피드와 일관성, 타격감 측면에서도 뛰어났고 탄탄한 판타지 서사시를 십분 활용하여 영웅 캐릭터들을 부각시키고 세계관의 주요 사건들과 캐릭터 특성을 적절하게 연관시킨 퀘스트를 설계해 싱글플레이 RPG로 봐도 흠잡을 곳이 없었다.

WOW가 최고의 MMORPG로 군림할 수 있었던 또 다른 이유는 충실한 추가 콘텐츠 업데이트다. MMORPG의 고질적 문제는 콘텐츠 고갈이다. MMORPG는 시작부터 유저들에게 다양한 콘텐츠를 제공하는 것이 보통이나, 대규모의 사용자가 동시에 접속해서 하루의 대부분을 플레이하는 장르 특성상 콘텐츠 소모 속도가 타의 추종을 불허한다. 경쟁

블리자드의 월드 오브 워 크래프트

유발에 집중하는 리니지 같은 MMORPG라면 추가 콘텐츠 고갈의 타격을 덜 받겠지만, 유저 간 협동 플레이를 중시할 경우 협력을 통한 달성감을 고취시켜야 하기에 MMORPG의 추가 콘텐츠는 서비스의 지속 가능성을 좌우한다. 에버퀘스트의 전성기가 길지 않았던 원인도 콘텐츠 고갈이었다. 제작사는 열심히 추가 콘텐츠를 내놓았지만 유저의 욕구를 충족시키기에는 부족했다

WOW가 집중했던 부분이 콘텐츠 고갈에 대한 대안이었다. 기반 세계관에서부터 캐릭터까지 모든 요소를 새로 창조해야 했던 에버퀘스트와는 달리, 블리자드는 이미 3개의 작품을 흥행시킨 워크래프트 세계관이 있었으며 풍부한 영웅담이 준비되어 있었다. WOW의 경우 워크래프트 세계관을 바탕으로 한 아제로스 사가를 이어나간다는 목표를

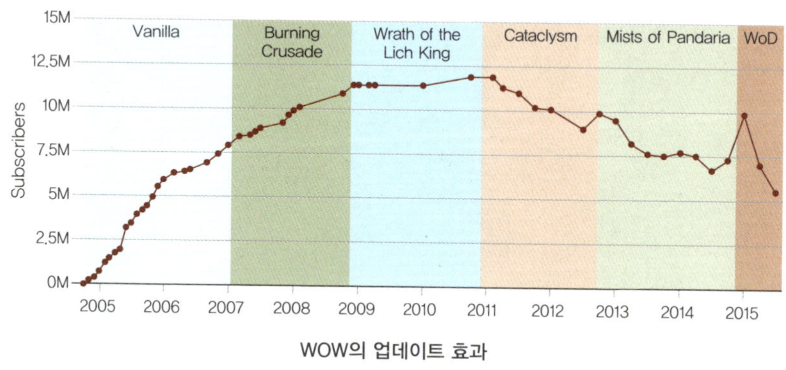

WOW의 업데이트 효과

가졌기에 WOW 추가 콘텐츠는 시리즈 후속작으로 간주해도 무방했다. 불타는 성전, 리치왕의 분노, 대격변, 판다리아의 안개, 드레노어의 전쟁군주, 군단에 이르기까지 WOW는 총 6번의 대규모 패치를 실시한다. 패치가 될 때마다 그래픽, 캐릭터, 시스템, 스토리에 이르기까지 엄청난 분량의 콘텐츠가 추가되었고 유저는 후속작을 하는 기분으로 콘텐츠를 즐길 수 있었다.

이브 온라인

MMORPG의 배경은 흔히 D&D 같은 판타지 세계관을 연상하게 되나 다른 분위기의 세계관으로 흥행한 MMORPG도 많다. 아이슬란드 제작사 CCP가 2002년 서비스를 시작한 EVE 온라인이 대표적이다. 234세기 스페이스 오페라 MMORPG 이브 온라인은 15년째를 맞이하는 2016년에도 여전한 전성기를 구가하고 있다. CCP는 2007년 아이슬란드 소프트웨어 총 매출액의 40퍼센트를 이브 온라인이 차지했다

CCP의 이브 온라인

고 발표한 바 있으며, 아이슬란드 인구가 30만을 넘어서는 데 천 년 넘게 걸렸으나 이브 온라인 유저는 고작 7년 만에 30만 명을 달성했다는 우스개소리도 있다. 동시 접속자 때문에 다수의 서버를 분리하는 일반 MMORPG와는 달리 이브 온라인은 서비스 개시로부터 현재까지 단일 서버를 운영한다. 실제로 가상 세계를 구현하기 위해 노력했다는 사실이 드러난다.

이브 온라인은 방대한 연표를 작성하고 내용을 지속적으로 추가함으로써 설정 정보의 방대함과 디테일에서 차원을 달리했다. 방대하고 세밀한 메인 스토리뿐만 아니라 이야기 중심축에서 벗어나는 영역에서도 흥미로운 이야기가 넘쳐난다. 아예 소설가를 기획부서에 배치하고 게임에 등장하는 수많은 세력과 캐릭터, 아이템에 배경 이야기를 입혀가고 있으며 시스템 구조 하나에도 개연성을 만들어 체계화하였다.

이브 온라인의 배경은 전 은하계이므로 천문학적 크기의 게임 공간을 구현한다. 유저는 78.34 × 15.09 × 95.64광년의 K-universe에서 살아가게 되며 총 5405계의 성계 어디든 갈 수 있다. 웜홀을 통해 K-universe를 벗어나 1628 × 325 × 2012광년의 W-universe로도 갈 수 있다. 게임 공간의 최대 길이는 무려 136광년. 방대한 우주에서 유저에게 무한의 자유도를 허용하고 유저들을 단일 서버에 모았으므로 자유도 측면에서 이브 온라인 이상 가는 게임은 나오기 어렵다.

MMORPG의 쇠퇴

2011년을 기점으로 MMORPG 업계를 석권하던 WOW의 유저수는 감소한다. 1200만 유료 계정 숫자가 3년 후 절반으로 줄고, WOW 등장 시점부터 성장이 정체된 리니지 시리즈는 후속작 리니지 2가 전작의 유저들을 계승하지 못해 쇠락하게 된다. 성장일로를 걷고 있던 PC방 사업 역시 침체기에 접어들었다. 플레이스테이션 3와 엑스박스 경쟁으로 촉발된 콘솔게임의 부흥기와 스팀 플랫폼의 급성장으로 인해 MMORPG 장르 자체가 정체되기 시작한 것이다.

다양한 성향의 유저들을 가상사회에 끌어들여 실시간 상호작용의 재미를 구현했던 MMORPG의 쇠락 원인은 무엇일까. MMORPG는 다시 부활해서 업계를 지배할 수 있을 것인가. 고사 직전에 이르렀던 한국 게임 업계를 부흥시킨 MMORPG 장르의 쇠락 원인을 분석하고 한국 MMORPG의 문제점을 정리하는 것이 다시금 위기를 맞이한 한국 게임 산업의 재도약 방안 도출에 기여할 것이다.

콘텐츠 부족

가장 큰 문제는 역시 콘텐츠 부족이다. MMORPG는 자유도를 기반으로 성립된 게임인 만큼 '할 수 있는 것'은 무궁무진했지만 '해야만 하는 것'은 많지 않았다. MMORPG 창시자인 리처드 개리엇조차 게임에서 당위를 '자유도를 방해하는 요소'로 인식했기 때문이다. 과연 자유도가 높은 것이 긍정적이기만 한가? 자유도가 높기만 하면 유저는 더 재미있을까? WRPG의 흥망은 자유와 재미의 비례 관계에 긍정적 해답을 내면서도 자유도만으로는 재미를 보장할 수 없다는 사실을 시사한다. MMORPG 초기 달성가들은 '해야만 하는 것'이 얼마나 풍부하고 도전적인지에 따라 재미를 느낀다. 콘텐츠 소모 속도는 달성가에 의해 결정되는 것이다. 초기 유입 유저들이 많을수록 제작사는 지속적으로 유저들에게 '해야만 하는 것', 즉 추가 콘텐츠를 제공해야 한다. WOW가 장수 콘텐츠로 정착할 수 있었던 이유는 콘텐츠 고갈에 대응하기 위해 추가 콘텐츠에 성의를 다했기 때문이다.

초인플레이션 현상

초인플레이션 현상 역시 MMORPG 장르의 한계다. MMORPG는 성장 요소를 핵심 콘텐츠로 채택하고 있는 이상 인플레이션을 억제할 수 없다. 사냥을 통해 경험치와 돈이 생성되고 몬스터는 일정 주기로 리스

최저가 물품

종류	등급	물품제목	판매 수량	단위가격	거래가격	기준가격 (100만)	등록일
아데나	S	【200%】 ■♡■[아][침]♥[햇][살]■♡■	1,900만~1,900만	100만당 5,000원	최소 95,000원	5,000원	17:00
아데나	S	@@@@@리니지 안전한아데나 팝니다@@@@@	1,000만~8억	100만당 5,000원	최소 50,000원	5,000원	16:51
아데나	S	@@@@@리니지 안전한아데나 팝니다@@@@@	1,000만~8억	100만당 5,000원	최소 50,000원	5,000원	16:50
아데나	S	$ $ $ 캐시템 정리 아덴 팝니다 $ $ $	1,000만~7,500만	100만당 5,010원	최소 50,100원	5,010원	17:01
아데나	S	■■ 【아덴천국】 【아데나창고】 【아덴천…	6,100만~6,100만	100만당 5,010원	최소 305,610원	5,010원	16:58
아데나	S	++++발렌타인+초 스피드거래+100%안전 ++++	1,000만~5억 9,000만	100만당 5,020원	최소 50,200원	5,020원	17:01
아데나	S	------최고신용+안전아덴 +100%보상------	1,000만~5억 9,700만	100만당 5,020원	최소 50,200원	5,020원	17:00
아데나	S	┌─│졸│─│겨│─│찾│─│기│─┐	500만~1억 6,700만	100만당 5,030원	최소 25,150원	5,030원	17:03
아데나	B	┌─│졸│─│겨│─│찾│─│기│─┐	500만~1억 6,700만	100만당 5,030원	최소 25,150원	5,030원	17:01
아데나	G	┌─│졸│─│겨│─│찾│─│기│─┐	500만~1억 6,700만	100만당 5,030원	최소 25,150원	5,030원	17:00
아데나	G	■■■■■■ [안전][대기중] ■■■■■■	500만~5,700만	100만당 5,050원	최소 25,250원	5,050원	17:02

MMORPG 아이템 거래게시판

폰(재생성)되기에 게임 내 통화가치는 계속 하락한다. MMORPG의 추가 콘텐츠를 구현할 때 반드시 시스템 내 인플레이션을 완화할 수 있도록 통화량을 조절하는 보강이 이루어져야 한다. MMORPG의 초인플레이션 문제에 성공적으로 대처한 사례로 이브 온라인을 들 수 있다. CCP 는 게임 내 경제분석 담당직원을 고용해 유저가 획득할 수 있는 시간당 게임 화폐 수익을 조절함으로써 안정적인 경제 구조를 조성하였다.

지나친 경쟁

캐릭터 성장 시스템의 한계도 일조했다. 다중 사용자들과의 동시 플레이에서 다른 유저와 어울리려면 캐릭터의 강함 척도에서 뒤처지지 않아야 했고, 이런 점이 지나친 경쟁 요소로 작용하는 경우가 많았다. 때문에 MMORPG 대부분이 신규 유저 유입감소 시점부터 하락세를 되돌리기 어렵게 된다. 신규 유저 유입이 감소하는 이유는 게임의 진입 장벽이 높아졌기 때문이다. 이미 많은 시간과 돈을 투자한 유저와 막 시작한 유저들 사이에는 넘을 수 없는 격차가 가로막고 있었다. 뒤늦게 출발한 유저들은 격차를 완화하기 위해 엄청난 돈을 투자하거나 폐인처럼 시간을 투자하지 않으면 가상사회의 일원으로 대접받을 수 없었다.

운영인력 소요

대규모 사용자들의 동시 플레이를 구현하는 장르 자체가 가진 구조적 한계도 MMORPG의 매력을 감소시켰다. 유저들 간 상호작용이 핵심 콘텐츠이기에 상호작용으로 촉발되는 분쟁과 갈등 조정은 제작사의 몫이다. MMORPG 제작사는 게임 개발뿐만 아니라 서비스 시작 이후 유저 대응에 요구되는 인력 규모가 적지 않다. 게임 출시 이후 개발자의 비중이 줄어들고 지속적 수익을 가져다주는 유저들에 대응하는 운영인력의 중요성이 더 커지게 되므로 콘텐츠 개발에 자원을 효율적으로 투자하지 못하는 것도 쇠락의 한 원인이 된다.

초기투자비용 문제

MMORPG는 실시간으로 수천, 수만 명이 동시 접속 플레이를 끊김없이 제공해야 하므로 서버 유지관리비용이 상당하다. 인디 게임이 나오기 힘든 원인이다. 기본 투자비가 백억 원을 넘어가는데다 홍보비용과 운영비용 또한 지속적으로 소요되므로 대규모 투자를 확보하지 않으면 참여할 수 있는 분야가 아니다. 모험심 넘치거나 창의성 있는 기획 없이, 성공한 게임 따라 하기에만 급급한 한국 MMORPG 기획 풍조는 생존 면에서 이해되는 부분도 있지만 체질개선이 시급하다.

유저 시간배분

한 유저가 하나의 작품밖에 할 수 없다는 점도 MMORPG가 가진 한계다. MMORPG는 한 사람의 유저가 수백, 수천 시간을 들여도 끝이 보이지 않는 장르다. 동시에 여러 개의 MMORPG를 하는 경우는 작품을 갈아타는 경우에만 가능하다. 이는 MMORPG 사이의 경쟁뿐만 아니라 다른 장르의 게임과도 연관된다. 유저들이 다른 장르의 게임을 플레이하는 시간만큼 MMORPG 장르 전체가 타격을 입는다. 다른 게임에서는 서로 병행 플레이가 가능하지만, MMORPG는 유저가 가진 시간을 모두 할당받아야 지속적 수익을 창출할 수 있기 때문이다.

MMORPG의 미래

빛나는 가능성에도 불구하고 MMORPG의 쇠락은 예정되어 있었다. 게임계의 트렌드가 AOS로, FPS로 변해가는 장르적 대세 변화 때문만이 아니라 이야기와 캐릭터 중심으로 편성되는 콘텐츠 소비 풍조도 MMORPG에 불리하다. 콘텐츠 소모 속도를 감당하지 못하고 콘텐츠 고갈로 말라버린 MMORPG의 우물에 단비가 내려 채워지는 시기는 올 것인가.

MMORPG의 긍정적인 미래를 예상하기 어렵다. MMO(Massively Multiplayer Online)는 이제 RPG만의 매력이 아니라 다른 장르에도 적용되고 있으나, 유저들은 게임계의 과도한 MMO 흐름에 식상함을 느꼈는지도 모른다. 궁극의 게임이자 가상사회의 표본으로 여겨졌던 MMORPG의 장르적 쇠락은 게임 전문가들의 예측을 빗나가 버렸다. 이러한 현상은 아직 게임이 인간을 매료시키는 이유에 대해 연구, 고찰할 부분이 많이 남아있다는 사실을 시사한다. 과연 인간은 게임을 플레이함으로써 무엇을 얻으려 하는가. 어떻게 재미를 느끼는가. 더욱 체계적인 연구과 고찰이 필요한 시점이다.

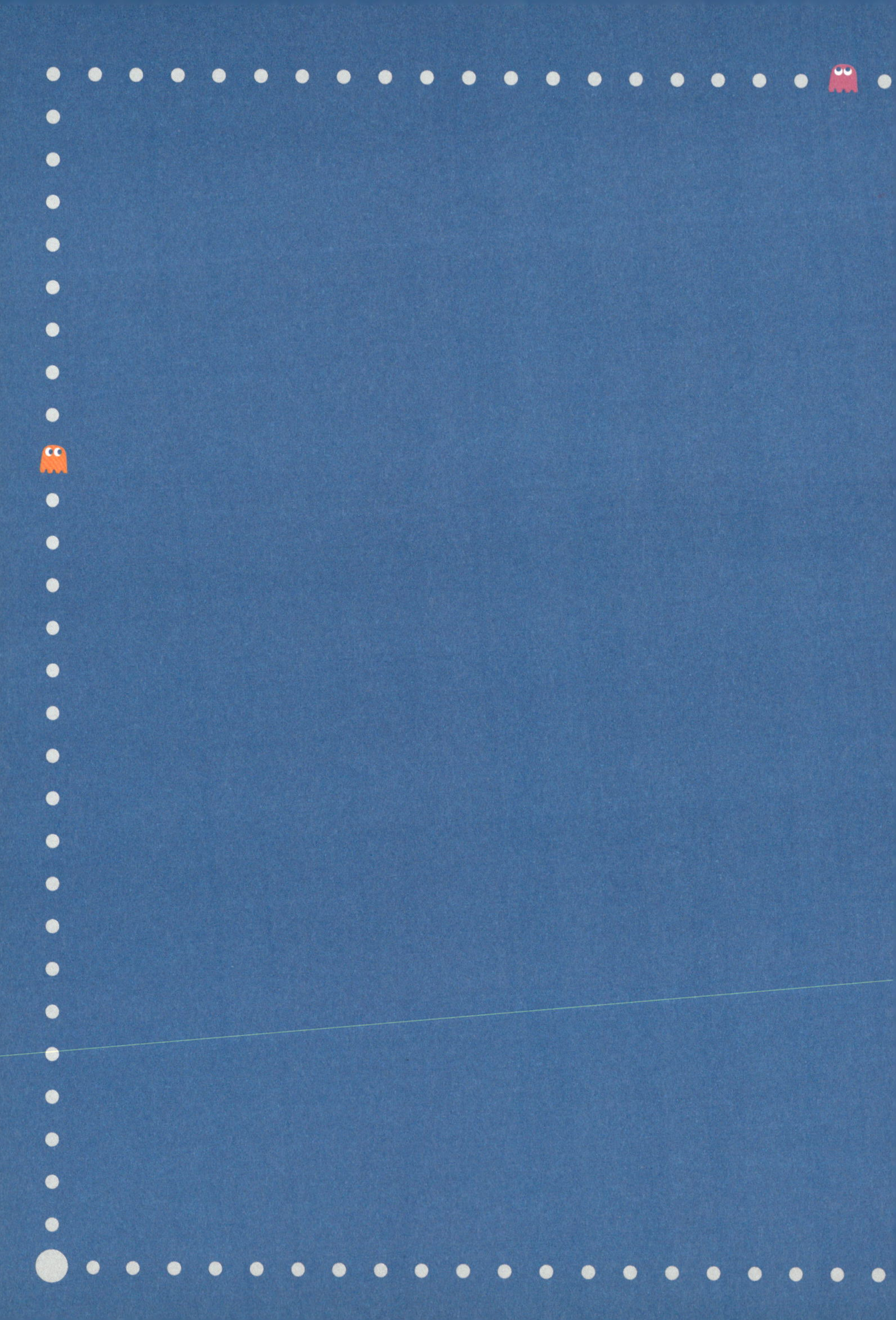

Chap Ⅵ

게임과 미디어 믹스

미디어 믹스 시대에서의
게임기획

플레이스테이션4 pro 대란

2016년 11월 10일부터 수개월간 한국의 콘솔 게이머들은 소니 인터랙티브 엔터테인먼트(SCE)의 8세대 콘솔 하드웨어 플레이스테이션 4의 상위 호환 모델 플레이스테이션 4 프로(이하 PS4 pro)를 구하기 위해 게임전문점과 중고판매점을 오가고 있다. 수요에 비해 공급이 태부족하다 보니 정가인 49,8000원보다 20퍼센트 이상 높은 중고 되팔기 피해자가 속출한다.

PS4 pro를 사고자 하는 소비자 중 상당수는 기존 모델인 PS4를 보유한 경우가 많다. 기존 모델을 중고로 처분하고 웃돈을 주고서라도 신

플레이스테이션4 pro

형 모델을 구하고자 하는 것이다. 성능의 차이는 있으나 게임 소프트웨어 구동 여부의 차이는 없다. 즉 PS4 pro에서 구동되는 게임은 모두 기존의 PS4에서도 무리 없이 구동이 가능하다는 의미이다. 제작사 SCE는 앞으로도 전용 소프트웨어 타이틀은 없을 것이라 공언하였다.

재미있는 것은 PS4 pro 구매 대란이 발생한 국가는 한국이 유일한 사례라는 것이다. 수요에 비해 물량이 부족했다는 점은 감안해야겠지만, 수요예측을 제대로 하지 못했던 것은 콘솔 게이머의 불모지로 평가받는 한국 게임시장의 잠재력에 대한 편견 탓이 크다.

독점작의 시대

한국이 콘솔게임의 불모지로 인식되었던 것에는 몇 가지 이유가 있었다.

첫째, 소프트웨어 불법복제로 인해 게임 상품에 정당한 대가를 지불하려는 소비문화가 형성되어 있지 않았다. 게임에 대한 부정적 편견들 하에서 떳떳하게 정가를 주고 취미생활로서의 게임을 영위할 수 있는 구매력이 청소년들에게 부족했기 때문이다. 그러나 기성 세대의 탄압 속에서도 취미생활을 포기하지 않은 청소년들은 2, 30년이 지나 구매력을 갖춘 사회인으로 성장하였다. 청소년기 전입장벽으로 작용했던 소프트웨어 정가가 큰 문제는 더이상 큰 문제가 아니다.

둘째, 개인용 컴퓨터(PC) 및 초고속 인터넷망 기반 구조가 강력한데다 저렴하기까지 했다. 한국의 게임 구동환경에서 PC는 콘솔에 비해 압도적으로 편리함을 제공할 수 있었다. 온라인 네트워크 기반 게임보다 싱글플레이에 집중했던 콘솔에 비해 온라인 플레이에 특화된 환경을 통해 유저들을 극도의 경쟁으로 몰아넣었던 PC 온라인 게임들은 수익성에서도 점점 앞서나간다. 그러나 스타크래프트를 위시한 실시간 전략 게임(RTS)와 리니지, WOW를 위시한 MMORPG가 쇠퇴하고 유저들이 게임의 이야기와 연출을 중시하는 성향을 드러내자 게임 업계의 획일화 현상도 약화되기 시작한다.

셋째, 언어 장벽이 작용하였다. PC 게임의 경우 프로그래밍 전문지식을 갖춘 유저들이 소프트웨어 알고리즘을 분석, 변형하여 적극적인 한국어화 작업을 할 수 있었다. 이들의 노고를 통해 대부분의 PC 인기 게임은 한국어화가 완료되었고, 한국 유저들은 쉽게 접근할 수 있는 한

카와구치 시로 전 SCEK 사장

국어화 PC 게임을 선호할 수밖에 없었다. 그러나 2010년경부터 소니코리아는 시장확대를 위해 적극적인 콘솔 소프트웨어 한국어화를 주도하였다. 수익성이 담보되지 않았으나 사장 카와우치 시로는 유저들과의 적극적인 소통을 시도하며 본사를 설득하여 꾸준히 한국어화 게임을 추가하였다.

이례적으로 소비자들에게 압도적 지지를 얻으며 노력했던 그의 노고에 힘입어 한국시장에서 플레이스테이션의 위상은 절대적으로 굳어지기 시작한다. 각종 대작과 콘솔기기 독점작들이 성공적인 한국어화를 통해 소비자들에게 다가갈 수 있었던 것이다.

한국 게이머의 가을, 제작사의 겨울

2017년 전반기는 한국 게이머들에게 축제와도 같은 시기다. 하고 싶은, 할 만한 게임들이 너무 많아서 고민이라는 행복 섞인 푸념까지 등

카와구치 사장에게 전달된 한국 유저들의 감사패

장하고 있다. PC 온라인과 모바일 게임은 여전한 인기를 구가하고 있으며 콘솔시장은 역대 최고의 화제성과 수익을 기록하고 있다. 본격적인 가상현실 시대를 예고한 VR기기와 이를 위한 소프트웨어들의 발매 예고, 완성도 높은 한국어화 등 호재들이 연속되고 있다.

그러나 게이머들과는 달리, 한국의 거대 게임 제작사들의 가을은 끝나가고 겨울이 다가오고 있다는 사실은 부정할 수 없다. 교묘한 과금시스템과 MMORPG, FPS 획일화를 주도했던 한국 제작사들은 연이은 흥행실패와 낮은 작품성 평가로 인해 고전을 면치 못하고 있다. 한류 영상물 전체 수익의 70배에 다다르던 게임 수출 수익 역시 몇몇 프랜차이즈를 제외하면 유명무실한 상태로 접어들었다.

게이머들의 수요가 다양화된다는 것은 경쟁의 법칙 역시 다양해진다는 의미와 상통한다. 그동안 게임 업계는 사회 주류층의 무시와 우월한 IT기반구조, 언어 장벽을 바탕으로 왜곡된 성장을 거듭해 왔다. 더 이상 기존의 성장 모델로 성공을 담보할 수 없다는 사실이 분명하다.

미디어 믹스

현 시대는 한국 게이머들의 전성기일뿐만 아니라, 한국 문화콘텐츠 소비자들의 전성기이기도 하다. 적어도 아시아권에서는 경쟁력을 확보하고 있는 한류 음악과 영상 콘텐츠, 재능있는 창작자들을 끌어들여 성장하고 있는 웹툰 및 웹소설 산업, 헐리우드에 맞서 독자적 영역을 구축해 다양성과 작품성을 보여수고 있는 영화 콘텐츠 등 문화콘텐츠 소비자들의 선택지가 넓어지는 시대다.

한국 게임의 경쟁 상대가 외국 게임뿐일까? 정보기술의 발달은 문화콘텐츠의 국가적 경계를 허물었을 뿐만 아니라 미디어 유형 사이의 경계마저도 무너뜨린다.

콘텐츠 소비자들은 가상 이야기에서도 현실감 있는 캐릭터와 개연성 높은 플롯, 방대하고도 정교한 세계관 설정 정보가 갖춰져 있길 원

한다. 성공적인 문화콘텐츠를 완성하기 위해 소요되는 비용과 인력, 아
이디어의 품질과 총량은 기하급수적으로 증가할 수밖에 없다. 이 때문
에 갈수록 문화콘텐츠는 소비 연한을 늘리기 위해 하나의 이야기 소스
를 다양한 미디어 콘텐츠로 재생산하는 방향으로 나아가고 있다.

기술과 학문뿐만 아니라, 미래에는 문화콘텐츠 전반에 걸쳐 융합이
이루어질 것이다. 하나의 원작 콘텐츠가 소설, 만화, 드라마, 영화, 디오
라마, 테마파크, 게임으로 제작되어 통합 시장에서 경쟁하게 된다. 북미
의 만화 제작사 마블 코믹스는 애니메이션과 테마파크 산업의 선도기
업인 디즈니와 제휴를 맺고 코믹스의 슈퍼 히어로들을 활용해 마블 시
네마틱 유니버스라는 연작 영화 시리즈를 위한 가상 세계관을 완성했
다. 코믹스의 슈퍼 히어로들이 헐리우드 시장에서 성공적으로 자리를
잡자 캐릭터를 활용한 디오라마, 이동형 테마파크, 게임까지 시장에 진
출해 소비자들의 시선을 사로잡고 있는 것이다.

이미 대작 콘텐츠는 다양한 미디어 매체로 변환, 융합되어 소비자들
의 시선을 모으고 있다. 이를 미디어 믹스(media mix) 혹은 미디어 프
랜차이즈 전략이라 한다. 원작 콘텐츠를 텍스트 콘텐츠로 변환하는 노
벨라이즈(novelize), 만화로 구성하는 코미컬라이즈(comicalize), 드라마
화, 영화화, 모형 소품으로 만드는 디오라마화, 공간을 재현하는 테마파
크, 이야기 등장인물들의 의상을 모방해 입어보는 복식화, 애니메이션
화, 원작 콘텐츠를 리뷰하거나 중계·2차 창작하는 메타콘텐츠화, 그리
고 원작 콘텐츠의 세계관 정보와 캐릭터를 활용해 게임을 만드는 게임

화까지 미디어 믹스의 유형과 범위는 다양하다.

미디어 믹스와 게임의 미래

미디어 믹스 시대에서 게임 콘텐츠의 경쟁 상대는 다른 게임 콘텐츠를 넘어 다양한 문화콘텐츠 전체로 확대될 수밖에 없다. 소비자의 돈과 시간은 유한한데 경쟁 범위는 늘어나고, 보다 다양한 매력을 가진 상대와 경쟁해서 생존해야 하는 것이다.

이 책은 전반적인 미디어 스토리텔링의 일부로서 게임을 다루었다. 게임의 본질과 매력에 대한 이해와 더불어, 향후 게임이 나아갈 길은 미디어 믹스 전략에 대한 이해를 수반해야 할 것이다. 아직 국내 콘텐츠 산업에서 미디어 믹스 전략이 중요하게 받아들여지고 있지는 않다. 그러나 이미 세계 게임 산업에서는 미디어 믹스 전략을 기반으로 소비 범위를 확대시키고 콘텐츠 수명을 연장시키는 데에 성공한 흐름에 주목하고 있다. 특히 게임 콘텐츠는 상호작용을 통해 진행하는 이야기라는 고유한 특성을 가지고 있기에 미디이 믹스 전략의 중심에 설 수밖에 없다. 결국 게임 스토리텔링의 중요성은 게임을 넘어서, 문화콘텐츠 전반의 산업전략 수립 핵심으로 확대될 것이다.

상호작용 이야기

우리는, 왜, 게임에 몰입하게 되는가

2017년 6월 9일 1판 1쇄 박음
2017년 6월 20일 1판 1쇄 펴냄

지은이 이용설
펴낸이 김철종
책임편집 김성은   **디자인** 이찬미   **마케팅** 오영일
인쇄제작 정민문화사

펴낸곳 (주)한언
출판등록 1983년 9월 30일 제1 - 128호
주소 110 - 310 서울시 종로구 삼일대로 453(경운동) KAFFE빌딩 2층
전화번호 02)701 - 6911   **팩스번호** 02)701 - 4449
전자우편 haneon@haneon.com   **홈페이지** www.haneon.com

ISBN 978 - 89 - 5596 - 798 - 2   13000

* 이 책의 무단전재 및 복제를 금합니다.
* 책값은 뒤표지에 표시되어 있습니다.
* 잘못 만들어진 책은 구입하신 서점에서 바꾸어 드립니다.

이 도서의 국립중앙도서관 출판예정도서목록(CIP)은 서지정보유통지원시스템 홈페이지(http://seoji.nl.go.kr)와
국가자료공동목록시스템(http://www.nl.go.kr/kolisnet)에서 이용하실 수 있습니다.(CIP제어번호: CIP2017013062)